钻井工程造价管理概论

黄伟和　著

石油工业出版社

内 容 提 要

本书概述了钻井工程的基本概念、作用、地位、特点、方法、分类,说明了钻井工程造价的构成及造价管理发展方向,建立了"管理需求、管理手段、管理机制"三位一体的钻井工程造价管理模型。从建设单位和施工单位两个方面,阐述了决策阶段、设计阶段、准备阶段、施工阶段、竣工阶段、后评价阶段钻井工程全过程造价管控重点,详细说明了管理机制运行过程有关内容。运用实际案例分析了"混合制+企业制"和"市场制+混合制"管理机制的实际效果,并说明了钻井工程全面造价管理机制总体效益。还从宏观角度介绍了钻井工程造价管理研究中应用到的主要经济学和管理学相关理论、工程项目管理基本概念和内容、工程造价管理基本概念和发展情况、中国工程造价管理基本制度。

本书可供石油工程相关管理人员、经济研究人员、造价专业人员参考,可作为钻井工程造价管理人员的培训教材。

图书在版编目(CIP)数据

钻井工程造价管理概论/黄伟和著.

北京:石油工业出版社,2016.4

ISBN 978-7-5183-1221-4

Ⅰ. 钻⋯

Ⅱ. 黄⋯

Ⅲ. 钻井工程-工程造价-造价管理-中国

Ⅳ. F426.22

中国版本图书馆 CIP 数据核字(2016)第 066525 号

出版发行:石油工业出版社

  (北京安定门外安华里 2 区 1 号　100011)

  网　址:www.petropub.com

  编辑部:(010)64523533

  图书营销中心:(010)64523633

经　销:全国新华书店

印　刷:北京中石油彩色印刷有限责任公司

2016 年 4 月第 1 版　2016 年 4 月第 1 次印刷

787×1092 毫米　开本:1/16　印张:14.5

字数:370 千字　印数:1—3000 册

定价:98.00 元

(如出现印装质量问题,我社图书营销中心负责调换)

前言|Preface

在笔者从事石油钻井工程造价管理和研究工作 15 周年之际，《钻井工程造价管理概论》一书终于可以付梓了。这是一项不懈探索而形成的综合研究成果，经过了实践—认识—再实践—再认识的螺旋式上升发展过程。在个人知识和经验方面，经历了知识学习、问题探索和经验丰富 3 个阶段；在工程造价管理技术体系方面，经历了体系开创、体系发展、体系升华 3 个阶段；在工程造价管理理论方面，经历了工程预算定额管理、全过程工程造价管理到全面工程造价管理 3 个阶段。近年来笔者先后出版的主要著作有《石油钻井系统工程造价技术体系研究》（2008 年）、《石油天然气钻井工程造价理论与方法》（2010 年）、《石油天然气钻井工程工程量清单计价方法》（2012 年）、《石油钻井工程市场定价机制研究》（2013 年）、《石油钻井关联交易长效管理机制研究》（2014 年）。

本书共分 8 章。从第 1 章到第 8 章，总体上是一个从基础到顶层、从微观到宏观逐渐展开的过程。第 1 章主要概述钻井工程基本概念、作用、地位、特点、方法、分类。第 2 章主要阐述钻井工程造价管理的基本概念、发展方向，建立"管理需求、管理手段、管理机制"三位一体的钻井工程造价管理模型，并且在第 3 章、第 4 章、第 5 章分别展开说明。第 3 章主要从钻井工程造价管理基本流程、需求分析、技术体系 3 个方面详细说明管理需求。第 4 章主要从钻井工程计价方法体系、计价标准体系、造价管理平台 3 个方面详细说明管理手段。第 5 章主要从钻井工程造价管理机制设计、机制建立、机制运行 3 个方面论述管理机制。第 6 章主要从建设单位和施工单位两个方面，阐述决策阶段、设计阶段、准备阶段、施工阶段、竣工阶段、后评价阶段钻井工程全过程造价管控重点，进一步详细说明管理机制运行过程的有关内容。第 7 章采用两个实际案例分析"混合制+企业制"和"市场制+混合制"管理机制的实际效果，并且从 5 个方面说明钻井工程全面造价管理机制总体效益。第 8 章从宏观角度介绍钻井工程造价管理研究中应用到的主要经济学和管理学相关理论、工程项目管理基本概念和内容、工程造价管理基本概念和发展情况、中国工程造价管理基本制度。

钻井工程造价管理是一门涉及自然科学和社会科学的综合性交叉专业学科，需要站在经济学和管理学的高度，居高临下总体研究和掌握。在众多复杂的经济学理论丛林中，钻井工程造价管理研究中应用到的主要有新制度经济学的交易费用理论、产权理论、企业理论、制度变迁理论和信息经济学的信息不对称理论、经济机制设计理论。这些理论的代表性经济学家有 11 位获得诺贝尔经济学奖。在管理学方面主要有科学管理理论和全面造价管理理论，前者由"科学管理之父"F. W. Taylor 所创，标志着现代管理学的诞生；后者代表着 21 世纪工程造价管理发展方向。

这项研究成果也是伴随着中国石油天然气集团公司钻井工程造价管理人员培训教材的编写而发展起来的。2004 年开始举办第 1 期中国石油天然气集团公司钻井工程造价培训班，至今已经举办 12 期。培训教材也在不断改进，总体上已经发展到第 3 套培训教材，包括《钻井工程造价管理概论》、《钻井工程工艺与技术》、《钻井工程计价标准》、《钻井工程计价方法》。

本研究总体目标是建立一套具有中国特色的钻井工程造价管理机制，解决全过程钻井工程造价信息不对称和钻井管理主体激励不相容问题，并在总体上实现钻井工程造价管理信息有效利用、资源配置合理、激励措施相容，保证中国石油天然气集团公司整体效益最大化。

在研究过程中，中国石油天然气集团公司规划计划部、勘探与生产分公司、工程技术分公司、海外勘探开发公司、各油田公司、各钻探公司，以及中国石油工程造价管理中心、中国石油勘探开发研究院廊坊分院的有关部门领导和专家给予了指导和帮助；中国石油大学（北京）、中国地质大学（北京）、天津大学、天津理工大学等高校的教授和研究生参加了部分研究工作；中国石油工程造价管理中心廊坊分部张纯福、魏伶华、司光、周建平、毛祖平、郭正、陈毓云、刘海、郝明祥、李臻、马建新、孙晓军、胡勇、吕雪晴、丁丹红给予了大力支持。另外，许多数据来自中国石油经济技术研究院，有些数据和知识来自百度百科、MBA 智库百科等网络信息，无法获知作者。此外，由于研究时间很长，提供帮助的人很多，参考资料很多，在参考文献中没有一一列出，在此一并表示感谢。

由于石油天然气钻井行业非常复杂，钻井工程造价管理涉及面非常广，加之笔者水平和知识有限，书中的缺点和不足在所难免，敬请广大同仁、专家、学者批评指正，以便今后不断完善。

目录|Contents

1 钻井工程概述 ······ (1)

1.1 钻井工程基本概念 ······ (1)

1.2 钻井工程作用和地位 ······ (1)

1.3 钻井工程主要特点 ······ (4)

1.4 钻井工程基本方法 ······ (5)

1.5 现代油气钻井技术发展简介 ······ (6)

1.6 石油天然气井分类 ······ (7)

2 钻井工程造价管理概述 ······ (12)

2.1 钻井工程造价概念 ······ (12)

2.2 钻井工程造价构成 ······ (12)

2.3 钻井工程造价特点 ······ (14)

2.4 钻井工程造价管理概念 ······ (15)

2.5 钻井工程造价管理发展方向 ······ (16)

2.6 钻井工程造价管理模型 ······ (17)

3 钻井工程造价管理需求 ······ (18)

3.1 钻井工程造价管理基本流程 ······ (18)

3.2 钻井工程造价管理需求分析 ······ (19)

3.3 钻井工程造价管理技术体系 ······ (22)

4 钻井工程造价管理手段 ······ (23)

4.1 钻井工程计价方法体系 ······ (23)

4.2 钻井工程计价标准体系 ······ (36)

4.3 钻井工程造价管理平台 ······ (46)

5 钻井工程造价管理机制 ······ (48)

5.1 钻井工程造价管理机制设计 ······ (48)

5.2 钻井工程造价管理机制建立 ······ (51)

5.3 钻井工程造价管理机制运行 ······ (60)

6 钻井工程全过程造价管控重点 ················ (63)

6.1 决策阶段钻井工程造价管控重点 ············· (63)

6.2 设计阶段钻井工程造价管控重点 ············· (66)

6.3 准备阶段钻井工程造价管控重点 ············· (75)

6.4 施工阶段钻井工程造价管控重点 ············· (81)

6.5 竣工阶段钻井工程造价管控重点 ············· (86)

6.6 后评价阶段钻井工程造价管控重点 ··········· (94)

7 钻井工程全面造价管理机制效果分析 ·········· (109)

7.1 "混合制+企业制"管理机制案例分析 ········· (109)

7.2 "市场制+混合制"管理机制案例分析 ········· (113)

7.3 钻井工程全面造价管理机制总体效果分析 ····· (127)

8 钻井工程造价管理相关知识 ················ (131)

8.1 经济学相关理论 ························· (131)

8.2 管理学相关理论 ························· (143)

8.3 工程项目管理概述 ······················· (147)

8.4 工程造价管理概念与发展 ················· (164)

8.5 中国工程造价管理基本制度 ··············· (177)

附录 A 钻井工程工程量计算规则 ············· (189)

A.1 钻前工程工程量计算规则 ················· (189)

A.2 钻完井工程工程量计算规则 ··············· (192)

A.3 试油工程工程量计算规则 ················· (197)

A.4 工程建设其他项目工程量计算规则 ········· (203)

附录 B 钻井工程概算指标模式 ··············· (205)

附录 C 钻井工程估算指标模式 ··············· (220)

参考文献 ······························· (225)

1   钻井工程概述

1.1   钻井工程基本概念

1.1.1   钻井工程概念

井是人类探查地下资源并将它们采出地面必要的物质和信息通道，按开采地下矿藏资源的种类可以分为水井、油井、气井、盐井、硫黄井等。

钻井就是利用机械设备和人力从地面将地层钻成孔眼的工作，是围绕井的建设与信息测量而实施的一项资金与技术密集型工程。

从石油工业角度讲，钻井工程是建设地下石油天然气开采通道的隐蔽性工程，即采用大型钻井设备和一系列高精密测量仪器，按一定的方向和深度向地下钻进，采集地下的地层和石油、天然气、水等资料，并且建立石油天然气生产的安全通道。

1.1.2   钻井工程成果

钻井工程的最终成果包括两种形态的资产。第一种是有形资产，即具有石油、天然气开采价值的探井、开发井和做其他用途的地质报废井。第二种是无形资产，即反映地下地质情况和油气藏的生、储、盖、运、圈、保等信息的资料。

1.2   钻井工程作用和地位

1.2.1   钻井工程作用

钻井工程是石油天然气勘探开发项目中的一个关键工程，其作用主要表现在：

（1）钻井工程是发现油气田的最终手段。所有通过地质调查、地震、重力、磁力、电法、化探等地球物理、化学勘探得到的对地下认识，所有经各种论证而确定的勘探部署方案，都要钻探井来证实。通过钻开地层，直接从地层取得地下信息资料，发现油气层。因此，决定勘探效益的关键环节落在钻井工程上，钻井工程是油气勘探部署最终决策的落脚点。

（2）钻井工程是油气田新增储量和保持产量的主要措施。每年都需要钻大批的评价井、开发井来保证油气田增储上产。根据石油公司年度报告，2000—2010年世界排名前10位的国际大石油公司年度钻井数量统计结果参见表1-1，变化趋势参见图1-1。中国石油的钻井数量为中国石油天然气股份有限公司国内油田的钻井数量，不包括中国石油天然气集团公司的海外钻井数量。表中钻井数量数据为净值，即指扣除其他方权益后的数值。

表1-1 2000—2010年世界排名前10位国际大石油公司钻井数量统计 单位：口

年份	沙特	伊朗	埃克森美孚	委内瑞拉	中国石油	英国石油	壳牌	康菲	雪佛龙	道达尔
2000	255.0	152.0	1035.0	691.0	7486.0	974.8	736.0	354.0	1732.0	170.7
2001	269.0	141.0	1429.0	1285.0	7611.0	1145.7	841.0	476.0	1773.0	198.7
2002	312.0	137.0	1385.0	951.0	7232.0	708.3	873.0	462.0	1398.0	198.9
2003	329.0	124.0	1160.0	965.0	9647.0	738.9	762.0	645.0	1508.0	198.4
2004	311.0	176.0	1218.0	1156.0	9950.0	919.4	772.0	940.0	1331.0	225.6
2005	372.0	188.0	997.0	1277.0	13139.0	978.5	763.0	886.0	1422.0	508.9
2006	434.0	180.0	1085.0	1510.0	12996.0	929.9	904.0	1480.0	1607.0	322.4
2007	484.0	240.0	971.0	1553.0	14513.0	806.7	924.0	1286.0	1624.0	439.4
2008	515.0	240.0	763.0	1611.0	16848.0	688.3	953.0	1475.0	1660.0	511.3
2009	454.0	240.0	863.0	1209.0	18109.0	1022.1	992.0	1043.0	1279.0	294.8
2010	440.0	240.0	1249.0	1406.0	19267.0	912.9	1014.0	642.0	1199.0	377.2
年平均	379.5	187.1	1105.0	1237.6	12436.2	893.2	866.7	880.8	1503.0	313.3

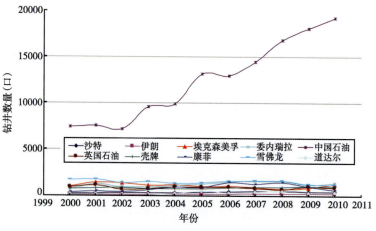

图1-1 2000—2010年世界排名前10位国际大石油公司钻井数量变化趋势

目前国内石油行业上游市场主要是中国石油、中国石化、中国海油和延长石油 4 家公司。根据公司年报数据和年鉴数据，2000—2010 年中国国内主要石油公司钻井数量如表 1-2 所示，变化趋势如图 1-2 所示。表中钻井数量数据为净值，即指扣除其他方权益后的数值。

表 1-2 2000—2010 年中国国内主要石油公司钻井数量情况　　　单位：口

年份	合计		中国石油		中国石化		中国海油		延长石油	
	数量	比例（%）	数量	比例（%）	数量	比例（%）	数量	比例（%）	数量	比例（%）
2000	10737	100.00	7486	69.72	2297	21.39	103	0.96	851	7.93
2001	11864	100.00	7611	64.15	2649	22.33	132	1.11	1472	12.41
2002	12105	100.00	7232	59.75	2692	22.24	124	1.02	2057	16.99
2003	14569	100.00	9647	66.22	2430	16.68	130	0.89	2362	16.21
2004	17796	100.00	9950	55.91	2955	16.61	154	0.86	4737	26.62
2005	20383	100.00	13139	64.46	2893	14.19	175	0.86	4176	20.49
2006	25246	100.00	12996	51.48	3144	12.45	158	0.63	8948	35.44
2007	32653	100.00	14513	44.45	3533	10.82	183	0.56	14424	44.17
2008	27951	100.00	16848	60.28	3705	13.26	195	0.70	7203	25.77
2009	31182	100.00	18109	58.08	3679	11.80	373	1.20	9021	28.93
2010	33417	100.00	19267	57.66	3940	11.79	418	1.25	9792	29.30
年平均	21627	100.00	12436	57.50	3083	14.26	195	0.90	5913	27.34

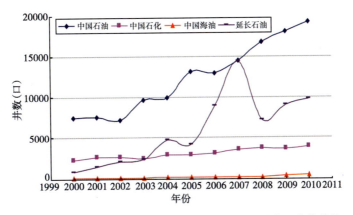

图 1-2 2000—2010 年中国国内主要石油公司钻井数量变化趋势

（3）钻井工程是石油天然气勘探开发项目中投资最大的工程。钻井工程投资一般占石油天然气勘探开发项目总投资的 60% ~ 70%，钻井工程造价的高低决定了石油天然气勘探开发项目投资的高低。

1.2.2 钻井工程在石油工业中的重要地位

钻井工程是石油工业中的一个基础性、关键性、控制性工程，相当于航天工业中的火箭工程。如果没有火箭发射各种设备仪器甚至人员到太空，就不可能有人造卫星和航天员的太空行走，更不可能有今天人人使用的手机和电视。同样，如果没有钻井深入地下数百米至数千米处发现并采出石油天然气，就不可能有汽油、柴油和各种化工产品，更不可能有家家用的天然气和各种日用品。上天靠火箭，入地靠钻井。没有钻井就没有现代石油工业，就没有现代生活。

1.3　钻井工程主要特点

钻井工程与一般地面建设工程有很大不同，主要有以下 6 个特点。

（1）施工对象隐蔽性。钻井工程施工对象在地下，施工范围是直径几十厘米到十几厘米、深度数百米到数千米的圆柱形井筒，看不见，摸不着，是一个完全隐蔽性工程。

（2）施工手段集成性。钻井工程以大型设备和高精密仪器为主要施工手段，必须是成套的钻井设备、固井设备、测井设备，每一套都是数百万元至数千万元，甚至于上亿元。

（3）专业技术密集性。施工队伍人员一般以设备为前提设置，钻井队按钻机型号编制队号，如 ZJ50 钻井队、ZJ70 钻井队等；测井队按测井仪器系列编制队号，分为 CSU 测井队、3700 测井队、5700 测井队、EXCELL2000 测井队等。每一套设备的操作和使用都需要很强的专业知识和专业技能，各专业之间不能互相替换，需要共同完成一口井建设。

（4）生产组织连续性。石油天然气井一旦开钻后，施工过程一般不能中断，必须每天 24h 连续施工，各工种之间配合必须按程序连续作业，如钻井队打完进尺后，必须马上由测井队进行裸眼测井，测井完成后，必须由固井队紧接着下套管固井。

（5）工程投资大额性。钻井工程投资额度大，每口井的投资一般都在数百万元至数千万元，有些井的投资在亿元以上。2000—2009 年美国陆地钻井平均单井价格为 400～2800 万元，中国石油国内平均单井价格为 280～600 万元。

（6）风险因素多样性。钻井工程涉及地质风险、环境风险、技术风险、经济风险、政治风险等各种各样的风险。

地质风险：主要指地下情况复杂而对钻井工程造成的影响，如设计地层厚度与实际钻遇地层厚度的变化很大、设计地层压力与实际地层压力差异大等；根据美国《石油基础数据手册》（Basic Petroleum Data Book）资料分析，由于地下地质条件复杂，1987—2003 年美国干井率为 32.3% 到 12.1%，平均每年为 22.5%，美国平均每年约有 42 亿美元投资花费在干井上，无法回收。

环境风险：一方面指自然环境影响，因为石油天然气钻井常常是在无人区的野外露天施工，暴风雨、暴风雪、洪水等恶劣天气都会影响施工，以及环保要求导致钻井工程造价发生变化；另一方面指社会关系协调量大，租用土地、开通道路、供水等都需要同当地政府和群众打交道，某个环节出了问题，都会直接影响到施工，甚至可能造成停工，发生额外费用。

技术风险：主要指由于设计、施工操作和测量的不完善，可能导致工程报废，甚至发生井喷、火灾等恶性事故。据近年统计分析，处理复杂情况和钻井事故的时间约占钻井施工总时间的 6%～8%。一个拥有上百台钻机的油田，一年之中就相当于有 6～8 台钻机全年都在处理复杂情况和事故。

经济风险：主要指市场价格变化对钻井工程造价的影响，如油料、化工材料、工具等价格变化对工程成本的影响。

政治风险：主要指考虑油气资源是战略资源，政治经济政策的变化甚至政府的更替都会对工程产生直接影响。

1.4 钻井工程基本方法

钻井方法的历史变革归结为 4 种方式：人工掘井、人工冲击钻井、机械顿钻（绳索冲击钻）钻井、旋转钻井。目前石油天然气钻井方法有顿钻钻井和旋转钻井两大类，旋转钻井又分为转盘旋转钻井、井下动力旋转钻井、顶部驱动钻井 3 种方法。旋转钻井是从机械顿钻钻井演变而来的，但旋转钻井比顿钻钻井优点多，已被世界各国广泛应用。

1.4.1 顿钻钻井

顿钻钻井也叫冲击钻井，它是通过地面提升设备将钢丝绳拉起，使钻头提离井底，再向下冲击，岩石随之破碎；再不断地向井内注水，将岩屑和泥混成泥浆；再下入捞砂筒捞出岩屑，使井眼不断加深，如图 1-3 所示。

顿钻钻井是一种古老的钻井方法，功率小，速度慢，只适用于几十到几百米的浅井。这种钻井方法虽然早被淘汰，但在某些地区埋藏浅的油层，用顿钻钻井，成本很低；如果用旋转钻机，钻井成本就会大幅度上升。

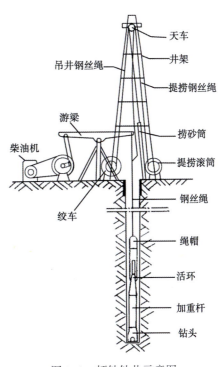

图 1-3 顿钻钻井示意图

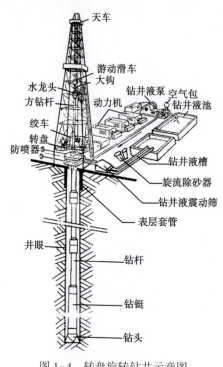

图1-4　转盘旋转钻井示意图

1.4.2　转盘旋转钻井

转盘旋转钻井是通过地面一套设备，即钻机、井架和一套提升、旋转系统，将井下钻具提起、下放、转动，使钻具带动钻头旋转，不断破碎岩石；破碎了的岩屑被泵入井内的钻井液沿着循环系统带到地面；钻头磨损以后，将钻具起出来换上新的钻头，再重新下钻钻进，使井眼不断加深，如图1-4所示。

1.4.3　井下动力旋转钻井

井下动力旋转钻井就是在钻头上接上井下动力钻具，以钻井液循环作动力，通过井下动力钻具的转子旋转带动钻头破碎岩石，使井眼不断加深。井下动力钻具包括涡轮钻具和螺杆钻具，这类钻具转速高，配合使用金刚石钻头后，大大提高了钻井速度。这种钻井方法特别适用于钻定向井、丛式井和水平井。

1.4.4　顶部驱动钻井

顶部驱动钻井是通过安装在水龙头上的顶部驱动装置（TDS），从井架空间上部直接旋转钻柱，并沿井架内专用导轨向下移动，完成钻柱旋转钻进。顶部驱动钻井不仅比转盘旋转钻井具有更大的功率，而且可以节省接单根时间，提高钻井效率。同时，顶部驱动钻井还可以进行倒划眼操作，解除在起下钻过程中出现的卡钻等复杂情况，从而大大缩短了钻井周期，使得这种钻井方法在近些年得到了较快发展。

1.5　现代油气钻井技术发展简介

综合分析，现代油气钻井技术发展大体上分为5个阶段（表1-3）。

表1-3　现代油气钻井技术发展阶段

序号	时间节点	技术发展阶段	主要技术特征
1	1859—1900年	顿钻钻井	1859年，德拉克（E. H. Drake）上校在美国宾夕法尼亚州的石油湾采用绳索冲击钻方法钻出第一口具有商业开采价值的油井（井深21.64m）。普遍认为这是现代石油工业的开始

续表

序号	时间节点	技术发展阶段	主要技术特征
2	1901—1948 年	旋转钻井	1901 年,采用钻头加压旋转、以机械破岩方式为主的旋转钻井方式问世。1901—1920 年为旋转钻井概念时期,将钻进与洗井结合在一起,开始使用牙轮钻头和注水泥固井技术。1921—1948 年为旋转钻井发展时期,牙轮钻头、固井工艺及钻井液技术进一步发展,同时出现大功率钻井设备
3	1949—1969 年	科学化钻井	钻柱力学与井斜控制技术、喷射钻井技术、无固相不分散钻井液及固控技术、钻井参数优选、地层压力检测和井控技术及平衡钻井技术等得到迅速发展
4	1970—1999 年	自动化钻井	工具方面开发出 PDC 钻头和螺杆钻具,使得井下动力钻井比重逐步上升,转盘旋转钻井比重逐步下降;测量技术方面引入计算机技术,1979 年开发出无线随钻测量系统(MWD),1989 年开发出无线随钻测井系统(LWD);装备方面开发了用于深井超深井的自动垂直钻井系统(VDS)和顶部驱动装置。这些高新技术的开发极大地提升了钻井水平。20 世纪 70 年代突破定向井,80 年代突破水平井,90 年代突破深井、大位移井、多分支井和小井眼。1992 年在俄罗斯科拉半岛钻成世界最深井 CY-3 井(12200m);1999 年 BP 公司在英国 Wytch Farm 油田钻成水平位移达 10728m 的 1M-16SPZ 井
5	2000 年以后	智能钻井和完井	斯伦贝谢公司研制出测传马达和遥控可变径稳定器,开发出自动旋转导向钻井系统,传感器距钻头仅 2m 左右,解决了薄油层精确测量问题。贝克休斯公司 2001 年初采用自动跟踪旋转闭环钻井系统,在 15 个国家钻井 486 口、进尺 71×10^4 m,节省 3×10^8 美元。大位移井技术、欠平衡钻完井技术、多分支完井技术、完井投产和增产措施等突飞猛进。斯伦贝谢公司与多家大学合作,研究最大限度提高多分支水平井产量的完井方法,完井从钻井工程的最后一道工序逐渐分离成一个独立的完井工程。1999 年哈里伯顿公司组织一批技术专家完成《Petroleum Well Construction——Drilling & Well Completion》(《石油建井工程——钻井和完井》)一书

1.6 石油天然气井分类

石油天然气井分类形式很多,分类的标准也有所不同。石油天然气井的类型不仅体现了钻井的目的,而且是加强钻井工程管理和施工的重要依据。因为探井和开发井、直井和定向井的钻探工艺要求不同,考核的项目不同,各项技术经济指标的水平也不同,风险程度也不同,所以对石油天然气井进行分类是非常必要的。

根据中国石油天然气股份有限公司统计核算研究组编制并于 2004 年出版的《统计核算指标解释》，石油天然气井的 4 种分类如图 1-5 所示。

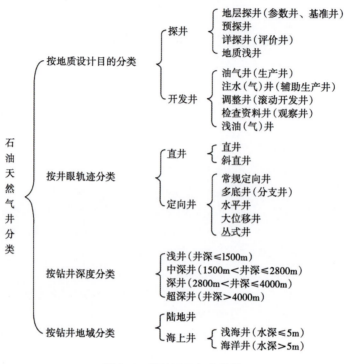

图 1-5　石油天然气井分类

1.6.1　按设计目的分类

按照地质设计目的分为探井和开发井两大类。

1.6.1.1　探井

探井指为查明地层及油气藏情况所钻的井，包括地层探井、预探井、详探井和地质浅井等。

（1）地层探井（也有称区域探井，国外一般称野猫井，又称参数井或基准井）。指以了解构造的地层年代、岩性、厚度、生储盖层组合等，并以为地球物理解释提供各种参数为目的所钻的探井。

（2）预探井。指在地震详查和地质综合研究后所确定的有利圈闭上，以发现油气藏为目的所钻的探井，以及在已知的油气田上，以发现未知的新油气藏为目的所钻的探井。

（3）详探井（又称评价井）。指在已发现油气的圈闭上，以探明含油气面积和储量，了解油气层结构和以建产能为目的所钻的探井。

（4）地质浅井（又称剖面探井、制图井或构造井）。指为配合地面、地质和地球物理勘探工作，以了解区域地质构造、地层剖面和局部构造为目的所钻的探井。

1.6.1.2 开发井

开发井指为开发油气田、补充地下能量及研究已开发地下情况的变化所钻的井，包括油气井、注水（气）井、调整井、检查资料井及浅油（气）井等。

（1）油气井（又称生产井）。指为开发油气田，用大中型钻机所钻的采油井、采气井，包括生产井、基础井、生产探边井、生产评价井、扩边井、控制井、完善井、加密井、更新井、挖潜井、基础准备井等。

（2）注水（气）井（又称辅助生产井）。指为合理开发油气田，有计划有目的地给地层补充能量所钻的用于注水、注气和开采稠油的注入井。

（3）调整井（又称滚动开发井）。指在油田开采过程中，为提高采收率而在老油田上按新井网所钻的井。

（4）检查资料井（又称观察井）。指在已开发的油气田内，为了解、研究开发过程中地下情况变化所钻的井。

（5）浅油（气）井。指为开发浅油气层，一般用轻便钻机所钻的500m以内的采油井、采气井。

1.6.2 按井眼轨迹分类

按照井眼轨迹轴线方向分为直井和定向井两大类。

1.6.2.1 直井

（1）直井。指井眼轴线大体沿铅垂方向，其井斜角、井底水平位移和全角变化率均在规定要求范围内的井（图1-6）。

（2）斜直井。指根据设计井斜角和方位角的要求，从地面一开始就钻出一条斜直井眼轨迹的井（图1-7）。

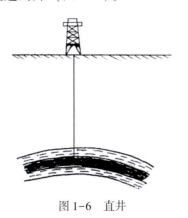

图1-6 直井

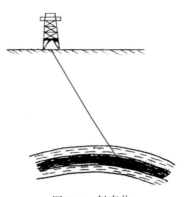

图1-7 斜直井

1.6.2.2 定向井

定向井指采用特殊的钻井工艺，按设计的井斜角和方位角钻达目标点的井。特点是井眼轨迹为倾斜状。定向井又分为常规定向井、多底井（分支井）、水平井、大位移井和丛式井。

（1）常规定向井。按设计给定的井斜角和方位角，井眼轴线在某一个给定平面内变化（图1-8）。

（2）多底井（又称分支井）。采用特殊的钻井工艺，在一个井筒内按设计要求向不同的方向和距离钻两个以上的井眼。特点是下部有多个井底（眼），并呈放射状向不同方向展开，地面只有一个井口（图1-9）。

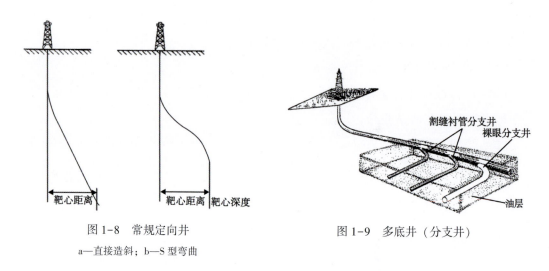

图1-8 常规定向井

a—直接造斜；b—S型弯曲

图1-9 多底井（分支井）

（3）水平井。井斜角不小于86°，达到水平段以后，井眼在目的层中继续延伸一定长度的定向井（图1-10）。

（4）大位移井。通常是指井的水平位移与井的垂深之比（HD/TVD）不小于2的定向井（图1-11）。

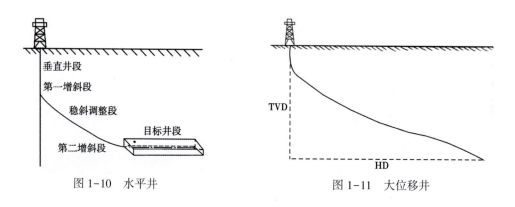

图1-10 水平井

图1-11 大位移井

（5）丛式井。按照钻井设计规定，采用特殊的钻井工艺和手段，在一个井场内，按照预定的要求，向不同方位和距离钻两口以上的井（图1-12）。

1.6.3　按钻井深度分类

按照钻井深度分为浅井、中深井、深井和超深井4类。图1-5中给出了一种按钻井深度的分类情况，此外还有3种分类情况，参见表1-4（表中 H 表示井深）。前两种主要是国内的分类情况，后两种主要是国外的分类情况。

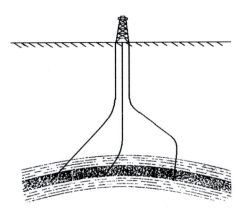

图1-12　丛式井

表1-4　按钻井深度分类情况

类别	分类1	分类2	分类3	分类4
浅井	$H \leqslant 1500m$	$H \leqslant 2000m$	$H \leqslant 2000m$	$H \leqslant 2500m$
中深井	$1500m < H \leqslant 2800m$	$2000m < H \leqslant 4000m$	$2000m < H \leqslant 4500m$	$2500m < H \leqslant 4500m$
深井	$2800m < H \leqslant 4000m$	$H > 4000m$	$4500m < H \leqslant 6000m$	$4500m < H \leqslant 6000m$
超深井	$H > 4000m$		$H > 6000m$	$H > 6000m$

1.6.4　按钻井地域分类

按照钻井地域分为陆地井和海上井两大类。

1.6.4.1　陆地井
指在陆地范围内所钻的井，包括在湖泊和沼泽地区所钻的井。

1.6.4.2　海上井
指在海洋范围内所钻的井，可分为海洋井和浅海井。

（1）海洋井指在水深超过5m的海域内所钻的井。

（2）浅海井指水深在5m以内（含5m）海域所钻的井，包括在海滩、滩涂和潮汐波及区内所钻的井。

1.6.5　按投资管理分类

根据石油天然气勘探开发项目管理和年度投资计划管理规定，钻井工程分为探井、评价井、开发井3类。

2 钻井工程造价管理概述

2.1 钻井工程造价概念

第一种概念：钻井工程造价指石油天然气勘探项目或油气田开发建设项目中的钻井工程投资，即完成一个石油天然气勘探开发建设项目中的钻井工程预期开支或实际开支的全部费用的总和，表示石油天然气勘探开发建设项目中的钻井工程所消耗资金的数量标准。

第二种概念：钻井工程造价指建造一口油气井的钻井工程价格，即由众多施工队伍和承包商共同建造一口油气井所花费的生产成本、利润和税费之和。

这里所讲钻井工程造价主要是指第一种概念。

2.2 钻井工程造价构成

钻井工程造价实质上是钻井固定资产投资。根据相关规定，决策和设计阶段钻井工程造价由工程费、工程建设其他费和预备费组成（表2-1）。准备阶段和施工阶段钻井工程造价主要是工程费，竣工阶段钻井工程造价包括工程费和工程建设其他费。

表2-1 钻井工程造价构成

钻井工程造价	工程费	钻前工程费
		钻完井工程费
		试油工程费
	工程建设其他费	建设管理费
		工程设计费
		土地费
		环保管理费
		工程保险费
		贷款利息
		……
	预备费	基本预备费
		价差预备费

2.2.1　工程费构成

工程费包括钻前工程费、钻完井工程费、试油工程费。

2.2.1.1　钻前工程费

钻前工程是为油气井开钻提供必要条件所进行的各项准备工作。钻前工程费由勘测工程费、道路工程费、井场工程费、搬迁工程费、供水工程费、供电工程费、其他作业费和税费等8部分构成。

2.2.1.2　钻完井工程费

钻完井工程是按照钻井地质设计和钻井工程设计规定的井径、方位、位移、深度等要求，以钻井队为主体，相关技术服务队伍共同参与，采用钻机等设备和仪器，从地面开始向地下钻进，钻达设计目的层，建成地下油气通道。钻完井工程费由钻井作业费、钻井服务费、固井作业费、测井作业费、录井作业费、其他作业费和税费等7部分构成。

2.2.1.3　试油工程费

试油工程是在钻达设计要求的全井完钻井深后，以作业队为主体，相关技术服务队伍共同参与，采用修井机等设备和仪器，按设计确定的试油方式进行施工，直至交井。试油工程费由试油准备费、试油作业费、录井作业费、测井作业费、射孔作业费、测试作业费、压裂作业费、酸化作业费、其他作业费和税费等10部分构成。

2.2.2　工程建设其他费构成

工程建设其他费包括建设管理费、工程设计费、土地费、环保管理费、工程保险费、贷款利息。

2.2.2.1　建设管理费

建设管理费指建设单位实施钻井工程管理所发生的各项费用，包括建设单位管理费、钻井工程监督费等。

2.2.2.2　工程设计费

工程设计费指设计单位实施钻井工程设计所发生的相关费用，包括钻井设计费、试油设计费等。

2.2.2.3　土地费

土地费指进井场道路、井场、生活区等占用土地所发生的租用费用，包括临时租地费、临时用地费、建设用地费等。

2.2.2.4　环保管理费

环保管理费指按照相关规定和政府主管部门要求实施环保管理所发生的相关费

用，包括环境影响评价费、环保监测费、地质灾害评估费、水土保持评估费、矿产压覆调查费等。

2.2.2.5 工程保险费

工程保险费指按照国家和企业相关规定计取的保险费。

2.2.2.6 贷款利息

贷款利息指石油天然气勘探开发项目建设期中钻井工程承担的并应计入固定资产的贷款利息。

2.2.3 预备费构成

预备费包括基本预备费、价差预备费。

2.2.3.1 基本预备费

基本预备费指在可行性研究和初步设计阶段难以预料的工程费用和其他费用，包括在项目实施中可能增加的工程和费用、一般自然灾害造成的损失和预防自然灾害所采取的措施费用、为鉴定工程质量而对钻井工程进行必要测试和修复的费用。

2.2.3.2 价差预备费

价差预备费指由于人工、设备、材料等价格变化和政策调整等变化因素而引起钻井工程造价变化的预留费用。

2.3 钻井工程造价特点

2.3.1 工程造价的差异性

每一口探井或开发井都有其特定的地理位置、井身结构、完钻井深、用途、功能，因此工程内容和实物形态都具有个别性、差异性，进而决定了每一口探井或开发井的造价也不同。

2.3.2 工程造价的动态性

石油天然气勘探项目和油气田开发建设项目从决策到竣工交付使用，都有一个较长的工程建设期间。由于不可控因素影响，钻井工程造价在整个建设期间处于不确定状态，直至竣工决算后才能最终确定钻井工程的实际造价。

2.3.3 工程造价的层次性

一般来讲，一个建设项目构成包括建设项目、单项工程、单位工程、分部工程、分项工程等多个层次。对于钻井工程而言，单项工程分为钻前工程、钻完井工程、试油工程等。钻前工程中的单位工程又可分为道路工程、井场工程等。每一个层次需要分别计价。造价的层次性取决于工程的层次性。

2.3.4　工程造价的复杂性

在整个项目建设过程中，要分别确定估算价、概算价、预算价、合同价、结算价、决算价；做预算时要分别计算直接费（人工费、设备费、材料费、其他直接费）、间接费、税金；招标投标和谈合同时还要确定甲方费用、乙方费用。

2.3.5　工程造价的大额性

钻井工程造价高昂，动辄数百万、数千万、数亿或数十亿元以上。工程造价的大额性使它关系到有关各方面的重大经济利益，这就决定了工程造价的特殊地位，也说明了造价管理的重要意义。

2.4　钻井工程造价管理概念

2.4.1　钻井工程造价管理内容

钻井工程造价管理以钻井工程为研究对象，以钻井工程的造价确定与造价控制为主要内容，运用科学技术原理、经济与法律管理手段，解决钻井工程建设活动中的技术与经济、经营与管理等实际问题，从而提高投资效益和经济效益。

钻井工程造价管理基本内容就是合理确定工程造价和有效控制工程造价。所谓合理确定工程造价，就是在油气勘探开发项目建设程序的各个阶段，合理确定钻井工程投资估算价、概算价、预算价、合同价、结算价、决算价。所谓有效控制工程造价，就是在优化建设方案、设计方案的基础上，在油气勘探开发项目建设程序的各个阶段，采用一定的方法和措施把工程造价的发生控制在合理的范围和核定的造价限额以内。

因此，钻井工程造价管理基本内容包括油气勘探开发项目的决策阶段工程造价管理、设计阶段工程造价管理、准备阶段工程造价管理、施工阶段工程造价管理、竣工阶段工程造价管理。

2.4.2　钻井工程造价管理目标

钻井工程造价管理目标是按照经济规律的要求，根据市场经济的发展形势，利用科学管理方法和先进管理手段,合理地确定钻井工程造价和有效地控制钻井工程造价,提高建设单位投资效益和施工企业经营效果。

2.4.3　钻井工程造价管理任务

钻井工程造价管理任务是加强工程造价的全过程动态管理,强化工程造价的约束机制,维护有关各方面的经济利益,规范价格行为,促进微观效益和宏观效益的统一。

2.5　钻井工程造价管理发展方向

以全面造价管理理论为指导,钻井工程造价管理发展方向是实现全过程、全要素、全风险、全团队的全面钻井工程造价管理。

2.5.1　钻井工程全过程造价管理

实现对于决策阶段、设计阶段、准备阶段、施工阶段、竣工阶段、后评价阶段等钻井工程项目全过程造价的全面管理。包括两个方面:一个方面是要合理确定由各项具体活动造价构成的钻井工程项目全过程造价;另一个方面是要科学控制各项具体活动过程的造价和钻井工程项目全过程的造价。

2.5.2　钻井工程全要素造价管理

实现对于影响钻井工程造价的工期、质量、造价 3 个基本要素的全面管理。这 3 个要素是可以相互影响和相互转化的。因此,对于钻井工程项目的全面造价管理,必须掌握一套从全要素管理入手的全面造价管理具体技术方法,分析和找出工期、质量、造价 3 个要素的相互关系,进而实现全要素造价集成管理。

2.5.3　钻井工程全风险造价管理

实现对于钻井工程的风险性造价和完全不确定性造价的全面管理。钻井工程造价的不确定性是绝对的,确定性是相对的。随着钻井工程项目的展开,钻井工程项目的大部分造价都会从最初的不确定性造价逐步地转变成为风险性造价,然后转变为确定性造价。一般只有项目完成时才会形成一个完全确定的钻井工程项目造价。因此,要实现对于工程项目全风险造价管理,首先要识别一个钻井工程项目中存在的各种风险,并且定出全风险性造价;其次要通过控制风险事件的发生和发展,直接或间接地控制钻井工程项目的全风险造价;最后要开展对于包括风险费和预备费在内的各种风险性造价的直接控制,从而实现整个项目的全风险造价管理目标。

2.5.4　钻井工程全团队造价管理

实现对于参与钻井工程项目建设的建设单位、设计单位、施工单位、供应商等多个不同利益主体的全面管理。需要建立一套综合配套的造价管理制度，能够有效沟通各方间的信息，协调各方间利益，建立起造价管理合作思想和收益共享的机制，以保证全面造价管理团队成员之间的真诚合作，实现钻井工程建设项目造价的最优化。

2.6　钻井工程造价管理模型

钻井工程造价管理模型如图 2-1 所示。

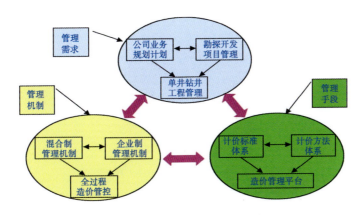

图 2-1　钻井工程造价管理模型

实施全面钻井工程造价管理，需要从钻井工程造价管理需求出发，建立科学合理的钻井工程造价管理机制和配套的管理手段。管理需求、管理机制、管理手段必须有机地结合在一起，三者互相依存，缺一不可。

管理需求包括 3 个层面：公司业务规划计划、勘探开发项目管理、单井钻井工程管理。公司业务规划计划和勘探开发项目管理分属于规划计划部门和勘探开发部门等不同的业务管理主体，两个层面处于平行状态，最终都要落实到具体建设单位的单井钻井工程管理。

管理手段包括 3 个部分：计价标准体系、计价方法体系、造价管理平台。全过程计价标准体系和计价方法体系配套使用，二者要保持一致，并且共同在一个造价管理平台上发布和运行。

管理机制包括 3 个方面：混合制管理机制、企业制管理机制、全过程造价管控。混合制管理机制用于建设单位和施工单位之间的运行管理，企业制管理机制用于钻井工程各专业之间的一体化运行管理，两种管理机制配合应用，贯穿于决策阶段、设计阶段、准备阶段、施工阶段、竣工阶段、后评价阶段的全过程钻井工程造价管控。

3 钻井工程造价管理需求

3.1 钻井工程造价管理基本流程

钻井工程造价管理基本流程具体表现在组织机构业务管理中钻井工程造价管理、油气勘探开发项目中钻井工程造价管理、单井钻井生产组织中钻井工程造价管理3个方面。

3.1.1 组织机构业务管理中钻井工程造价管理流程

在组织机构中钻井业务管理方面，钻井工程造价管理表现为两纵两横的管理流程，如图3-1和表3-1所示。

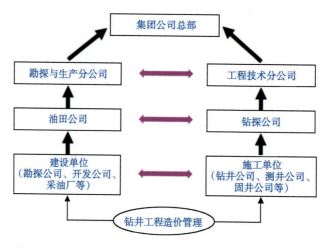

图3-1 组织机构业务管理中钻井工程造价管理流程示意图

表3-1 组织机构业务管理中两纵两横钻井工程造价管理流程

纵向	横向
（1）建设单位（如采油厂）、油田公司、勘探与生产分公司直到集团（股份）公司总部； （2）施工单位（如钻井公司）、钻探公司、工程技术分公司直到集团公司总部	（1）建设单位和施工单位、油田公司和钻探公司、勘探与生产分公司和工程技术分公司； （2）各级机关的计划、财务、造价、审计等综合部门和勘探、开发、工程等业务主管部门

3.1.2 油气勘探开发项目中钻井工程造价管理流程

按照油气勘探开发项目建设基本程序，需要建立决策阶段、设计阶段、准备阶段、施工阶段、竣工阶段和后评价阶段螺旋上升、持续改进的管理流程。基于油气勘探开发项目建设基本程序的钻井工程造价管理流程如图3-2所示。

3.1.3 单井钻井生产组织中钻井工程造价管理流程

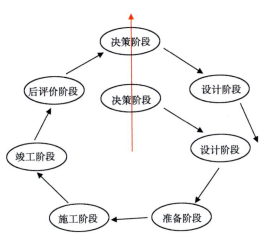

图3-2 油气勘探开发项目建设基本程序中钻井工程造价管理流程示意图

单井钻井生产组织管理流程实质上就是一条钻井生产流水线的管理流程，按照钻井设计要求，总体上要实施钻前工程、钻完井工程、试油工程，才能完成整个建井工程，进行竣工交井，油气井才能投入生产，通常需要 20～30 支施工队伍共同完成（图3-3）。

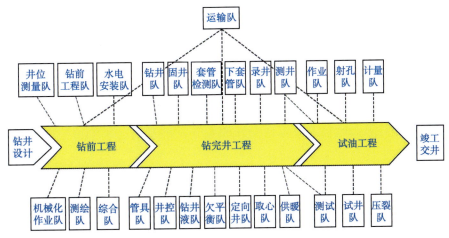

图3-3 单井钻井生产组织中钻井工程造价管理流程示意图

3.2 钻井工程造价管理需求分析

钻井工程全过程造价管理需求包括决策阶段、设计阶段、准备阶段、施工阶段、竣工阶段的工程造价确定与控制，总体上可以分为 3 个层面：公司业务规划计划、勘探开发项目管理、单井钻井工程管理。表3-2 给出了钻井工程全过程造价管理基本程序，表 3-3 给出了钻井工程全过程造价管理矩阵。

表 3-2　钻井工程全过程造价管理基本程序

序号	建设阶段	公司业务规划计划	勘探开发项目管理	计价需求	计价标准
1	决策阶段	中长期业务规划	项目立项	工程投资匡算	参考指标
2		年度投资建议计划	可行性研究	工程投资估算	估算指标
3	设计阶段	年度投资实施计划	初步设计方案	工程投资概算	概算指标
4			单井钻井工程设计	工程费用预算	概算定额 预算定额
5	准备阶段		单井钻井工程招标	工程合同价确定	
6	施工阶段		单井钻井工程施工	工程结算价确定	
7	竣工阶段		钻井工程竣工验收	工程决算价确定	

表 3-3　钻井工程全过程造价管理矩阵

管理机构	公司业务规划计划	勘探开发项目管理	单井钻井工程管理
集团（股份）公司总部	★★★	★	
专业分公司	★★★	★★	★
地区公司	★★★	★★★	★★
建设单位、施工单位	★★★	★★★	★★★

注：★代表工作量多少和重要程度。

3.2.1　公司业务规划计划

公司业务规划计划一般分为公司总部、专业分公司、地区公司 3 个层次，对于钻井工程造价管理需求，通常主要包括中长期业务发展规划、年度钻井投资建议计划、年度钻井投资实施计划等 3 个方面。

中长期业务发展规划最常用的就是 5 年业务发展规划以及滚动规划，比如"十一五"业务发展规划、"十二五"业务发展规划、"十三五"业务发展规划等。根据各油气田勘探开发现状和预计未来 5 年各年度的油气储量和产量，按照油气勘探项目、油气藏评价项目、油气田开发项目，分别匡算探井、评价井、开发井的钻井工程量和钻井工程投资。

年度钻井投资建议计划是根据中长期业务发展规划总体安排，特别是规划中最近 1 年匡算的探井、评价井、开发井钻井工程量和钻井工程投资，进一步估算下一年度的钻井工程量和钻井工程投资，编制下一年度总体投资框架计划。通常要分为石油勘探开发项目的探井、评价井、开发井和天然气勘探开发项目的探井、评价井、开发井，对于油气开发项目还要分为新建产能项目的新钻开发井和老区调整的开发井。

年度钻井投资实施计划是根据年度钻井投资框架计划和当年油气勘探开发项目实施情况，需要进一步概算各油田、各区块、各种井别井型的钻井工程量和钻井工程投资，分批制订并下达钻井投资实施计划。

3.2.2 勘探开发项目管理

勘探开发项目管理分为油气勘探项目管理和油气田开发项目管理。

按勘探对象、地质任务、勘探工作程序，油气勘探项目分为区域勘探、圈闭预探、油气藏评价3种类型。区域勘探项目一般需要钻区域探井（也有称地层探井、风险探井、参数井、基准井、科学探索井等），以了解构造的地层年代、岩性、厚度、生储盖层组合等信息，并以为地球物理解释提供各种参数为目的。圈闭预探项目一般需要钻预探井，是在地震详查和地质综合研究后所确定的有利圈闭上，以发现油气藏为目的，以及在已知的油气田上，以发现未知的新油气藏为目的。油气藏评价项目一般需要钻评价井，又称详探井，是在已发现油气的圈闭上，以探明含油气面积和储量、了解油气层结构和建产能为目的。按照目前油气勘探投资计划管理模式，油气勘探项目分为勘探项目和油气藏评价项目，将区域勘探、圈闭预探合并为勘探项目，对应的将区域探井和预探井合并称为探井。因此，对于钻井工程造价管理需求而言，需要根据勘探项目和油气藏评价项目的项目立项、可行性研究、初步设计等管理过程，在编制项目立项建议书、项目总体设计、单项工程设计时，依次逐渐细化计算相应的钻井工程量和钻井工程投资。

油气田开发项目管理是对于一个已经发现的油气田，组织油气藏评价、制订开发计划、编制开发（调整）方案和经济评价、实施开发方案和动态监测分析及效果评价等。一般分为油藏管理和天然气藏管理。在进行油气藏评价时，需要编制油气田开发概念设计，其中需要分年度估算开发井工程量和钻井工程投资，以便进行经济评价。在确定实施油气田开发项目后，需要编制油气田开发方案，其中需要编制详细的钻井工程方案，概算出各种井型开发井工程量和钻井工程投资。在油气田开发过程中，发现原方案设计不符合油气藏实际情况时，需要编制油气田开发调整方案，相应地还需要概算出各种井型开发井工程量和钻井工程投资。

3.2.3 单井钻井工程管理

单井钻井工程管理是在油气勘探项目钻井工程方案和开发项目钻井工程方案基础上，对于某一口探井、评价井、开发井实施管理，通常包括单井钻井工程设计、工程招标投标、工程施工和工程竣工验收等，相应地需要编制钻井工程费用预算，编制招标标底和工程报价，确定合同价，确定结算价，确定决算价。

3.3 钻井工程造价管理技术体系

为了满足上述 3 个层面的钻井工程全过程造价管理需求，必须建立相应的钻井工程全过程造价管理技术体系。钻井工程全过程造价管理技术体系逻辑关系如图 3-4 所示。

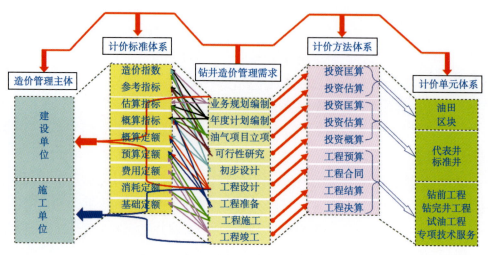

图 3-4 钻井工程全过程造价管理技术体系

在钻井工程全过程造价管理技术体系中，从钻井工程全过程造价管理需求出发，建设单位和施工单位等钻井工程造价管理主体，按照钻井工程全过程造价管理相对应的计价单元，采用体系配套的计价标准和计价方法，实施全过程钻井工程造价的合理确定和有效控制。

4 钻井工程造价管理手段

4.1 钻井工程计价方法体系

4.1.1 钻井工程工程量清单计价方法

钻井工程工程量清单计价是按照钻井工程工程量清单项目和计算规则，采用工程量清单中的工程量和综合单价进行工程计价的一种方法。

4.1.1.1 钻井工程工程量清单

钻井工程工程量清单是钻井工程的分部分项工程项目的名称和相应数量等的明细清单。工程量清单包括项目编码、项目名称、项目特征、计量单位、工程量计算规则、工作内容。

4.1.1.1.1 项目编码

项目编码是工程量清单项目名称的数字标识，由一个字母和 9 位数字组成。工程费、工程建设其他费和预备费的代表字母分别为 G、Q、Y。第一位数字代表单项工程，第二、三位数字代表单位工程，第四、五位数字代表分部工程，第六、七位数字代表分项工程，第八、九位数字代表子项工程，例如：G301040601。

补充项目编码由一个主顺序代码加 B 和三位阿拉伯数字组成，例如：1B001、1B002、2B001、2B002。

4.1.1.1.2 项目名称

项目名称是钻井工程中单项工程、单位工程、分部工程、分项工程、子项工程的名称。

4.1.1.1.3 项目特征

项目特征是构成分部分项工程量清单项目自身价值的本质特征。

4.1.1.1.4 计量单位

计量单位是钻井工程工程量清单中计量相应工程项目工程量所规定的单位。

4.1.1.1.5 工程量计算规则

工程量计算规则是钻井工程工程量清单中计算工程量的方法和原则。

4.1.1.1.6 工作内容

工作内容指钻井工程工程量清单中描述分部分项工程具体施工和管理的内容。

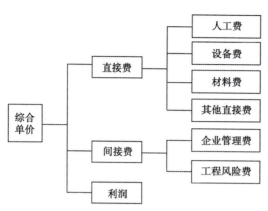

图 4-1　综合单价构成

4.1.1.2　钻井工程综合单价

钻井工程综合单价是完成一个规定计量单位的钻井工程工程量清单项目所需要的人工费、设备费、材料费、其他直接费、企业管理费、工程风险费、利润的总和。综合单价由直接费、间接费、利润 3 部分构成，如图 4-1 所示。

4.1.2　钻井工程造价项目分类标准

为了适应工程量清单计价方法的需要，按照工程分类方法，将钻井工程造价项目分为 7 个层次。钻井工程造价项目分类标准参见表 4-1。

表 4-1　钻井工程造价项目分类标准

项目编码	Ⅰ级	Ⅱ级	Ⅲ级	Ⅳ级	Ⅴ级	Ⅵ级	Ⅶ级
G000000000	工程费						
G100000000		1 钻前工程费					
G101000000			1.1 勘测工程费				
G101010000				1.1.1 井位测量费			
G101010100					1.1.1.1 井位初测费		
G101010200					1.1.1.2 井位复测费		
G101020000				1.1.2 地质勘察费			
G101030000				1.1.3 勘测设计费			
G101030100					1.1.3.1 道路勘测费		
G101030200					1.1.3.2 井场勘测费		
G102000000			1.2 道路工程费				
G102010000				1.2.1 新建道路费			
G102010100					1.2.1.1 新建公路费		
G102010200					1.2.1.2 新建进井路费		
G102020000				1.2.2 维修道路费			
G102020100					1.2.2.1 维修公路费		
G102020200					1.2.2.2 维修进井路费		
G102030000				1.2.3 修建桥涵费			

项目编码	Ⅰ级	Ⅱ级	Ⅲ级	Ⅳ级	Ⅴ级	Ⅵ级	Ⅶ级
G102030100					1.2.3.1 新建桥涵费		
G102030200					1.2.3.2 维修桥涵费		
G103000000				1.3 井场工程费			
G103010000					1.3.1 井场修建费		
G103020000					1.3.2 设备基础构筑费		
G103020100						1.3.2.1 现浇基础构筑费	
G103020200						1.3.2.2 桩基础构筑费	
G103020300						1.3.2.3 活动基础转摆费	
G103030000					1.3.3 池类构筑费		
G103030100						1.3.3.1 沉砂池构筑费	
G103030200						1.3.3.2 废液池构筑费	
G103030300						1.3.3.3 放喷池构筑费	
G103030400						1.3.3.4 垃圾坑构筑费	
G103030500						1.3.3.5 圆井（方井）构筑费	
G103040000					1.3.4 生活区修建费		
G103050000					1.3.5 围堰构筑费		
G103060000					1.3.6 隔离带构筑费		
G104000000				1.4 搬迁工程费			
G104010000					1.4.1 设备拆安费		
G104020000					1.4.2 设备运移费		
G104030000					1.4.3 钻井队动员费		
G105000000				1.5 供水工程费			
G105010000					1.5.1 场内供水费		
G105020000					1.5.2 场外供水费		
G105030000					1.5.3 打水井费		
G106000000				1.6 供电工程费			
G106010000					1.6.1 场内供电费		
G106020000					1.6.2 场外供电费		
G107000000				1.7 其他作业费			
G107010000					1.7.1 工程监理费		
G107020000					1.7.2 拆迁补偿费		
G108000000				1.8 税费			
G200000000			2 钻完井工程费				
G201000000				2.1 钻井作业费			
G201010000					2.1.1 钻井施工费		
G201010100						2.1.1.1 一开钻进费	

续表

项目编码	Ⅰ级	Ⅱ级	Ⅲ级	Ⅳ级	Ⅴ级	Ⅵ级	Ⅶ级
G201010200					2.1.1.2 一开完井费		
G201010300					2.1.1.3 二开钻进费		
G201010400					2.1.1.4 二开完井费		
……							
G201020000				2.1.2 钻井材料费			
G201020100					2.1.2.1 钻头费		
G201020101						2.1.2.1.1 一开钻头费	
G201020102						2.1.2.1.2 二开钻头费	
……							
G201020200					2.1.2.2 钻井液材料费		
G201020201						2.1.2.2.1 一开材料费	
G201020202						2.1.2.2.2 二开材料费	
……							
G201020300					2.1.2.3 生产用水费		
G201020301						2.1.2.3.1 钻井液用水费	
G201020302						2.1.2.3.2 固井用水费	
G201020303						2.1.2.3.3 设备用水费	
G201020304						2.1.2.3.4 锅炉用水费	
G201020305						2.1.2.3.5 消防用水费	
……							
G201030000				2.1.3 钻井材料运输费			
G201030100					2.1.3.1 钻头运输费		
G201030200					2.1.3.2 钻井液材料运输费		
G201030300					2.1.3.3 生产用水运输费		
G202000000			2.2 钻井服务费				
G202010000				2.2.1 管具服务费			
G202020000				2.2.2 井控服务费			
G202030000				2.2.3 钻井液服务费			
G202040000				2.2.4 定向井服务费			
G202050000				2.2.5 欠平衡服务费			
G202060000				2.2.6 取心服务费			
G202070000				2.2.7 顶驱服务费			
G202080000				2.2.8 旋转导向服务费			
G202090000				2.2.9 中途测试费			
G202100000				2.2.10 打捞服务费			
G202110000				2.2.11 生活服务费			
G202120000				2.2.12 供暖服务费			

项目编码	Ⅰ级	Ⅱ级	Ⅲ级	Ⅳ级	Ⅴ级	Ⅵ级	Ⅶ级
G203000000			2.3 固井作业费				
G203010000				2.3.1 固井施工费			
G203010100					2.3.1.1 一次固井施工费		
G203010200					2.3.1.2 二次固井施工费		
……							
G203020000				2.3.2 固井材料费			
G203020100					2.3.2.1 套管费		
G203020101						2.3.2.1.1 一开套管费	
G203020102						2.3.2.1.2 二开套管费	
……							
G203020200					2.3.2.2 套管附件费		
G203020201						2.3.2.2.1 一开附件费	
G203020202						2.3.2.2.2 二开附件费	
……							
G203020300					2.3.2.3 固井工具费		
G203020301						2.3.2.3.1 一开工具费	
G203020302						2.3.2.3.2 二开工具费	
……							
G203020400					2.3.2.4 水泥费		
G203020401						2.3.2.4.1 一开水泥费	
G203020402						2.3.2.4.2 二开水泥费	
……							
G203020500					2.3.2.5 水泥外加剂费		
G203020501						2.3.2.5.1 一开外加剂费	
G203020502						2.3.2.5.2 二开外加剂费	
……							
G203030000				2.3.3 固井材料运输费			
G203030100					2.3.3.1 套管运输费		
G203030200					2.3.3.2 套管附件运输费		
G203030300					2.3.3.3 固井工具运输费		
G203030400					2.3.3.4 水泥运输费		
G203030500					2.3.3.5 水泥外加剂运输费		
G203040000				2.3.4 套管检测费			
G203050000				2.3.5 水泥试验费			
G203060000				2.3.6 水泥混拌费			
G203070000				2.3.7 下套管服务费			
G203080000				2.3.8 注水泥塞费			
G203090000				2.3.9 试压费			

项目编码	Ⅰ级	Ⅱ级	Ⅲ级	Ⅳ级	Ⅴ级	Ⅵ级	Ⅶ级
G204000000				2.4 测井作业费			
G204010000					2.4.1 测井施工费		
G204010100						2.4.1.1 一次测井施工费	
G204010200						2.4.1.2 二次测井施工费	
……							
G204020000					2.4.2 资料处理解释费		
G204030000					2.4.3 井壁取心费		
G205000000				2.5 录井作业费			
G205010000					2.5.1 录井施工费		
G205010100						2.5.1.1 一开录井施工费	
G205010200						2.5.1.2 二开录井施工费	
……							
G205020000					2.5.2 录井信息服务费		
G205030000					2.5.3 化验分析费		
G205040000					2.5.4 资料整理费		
G205050000					2.5.5 单项服务费		
G205050100						2.5.5.1 地质导向服务费	
G205050200						2.5.5.2 单井跟踪评价费	
……							
G206000000				2.6 其他作业费			
G206010000					2.6.1 环保处理费		
G206010100						2.6.1.1 废弃物拉运费	
G206010200						2.6.1.2 废弃物处理费	
G206020000					2.6.2 地貌恢复费		
G207000000				2.7 税费			
G300000000			3 试油工程费				
G301000000				3.1 试油准备费			
G301010000					3.1.1 土建工程费		
G301010100						3.1.1.1 维修道路费	
G301010200						3.1.1.2 维修井场费	
G301020000					3.1.2 搬迁工程费		
G301020100						3.1.2.1 设备拆安费	
G301020200						3.1.2.2 设备运移费	
G301020300						3.1.2.3 作业队动员费	
G302000000				3.2 试油作业费			

续表

项目编码	I 级	II 级	III 级	IV 级	V 级	VI 级	VII 级
G302010000				3.2.1 试油施工费			
G302010100					3.2.1.1 一次井筒施工费		
G302010200					3.2.1.2 一次排液求产费		
G302010300					3.2.1.3 二次井筒施工费		
G302010400					3.2.1.4 二次排液求产费		
……							
G302020000				3.2.2 试油材料费			
G302020100					3.2.2.1 井口装置费		
G302020101						3.2.2.1.1 一次作业井口费	
G302020102						3.2.2.1.2 二次作业井口费	
……							
G302020200					3.2.2.2 油管费		
G302020201						3.2.2.2.1 一次作业油管费	
G302020202						3.2.2.2.2 二次作业油管费	
……							
G302020300					3.2.2.3 洗井液费		
G302020301						3.2.2.3.1 一次洗井液费	
G302020302						3.2.2.3.2 二次洗井液费	
……							
G302020400					3.2.2.4 射孔液费		
G302020401						3.2.2.4.1 一次射孔液费	
G302020402						3.2.2.4.2 二次射孔液费	
……							
G302020500					3.2.2.5 压井液费		
G302020501						3.2.2.5.1 一次压井液费	
G302020502						3.2.2.5.2 二次压井液费	
……							
G302020600					3.2.2.6 试油工具费		
G302020601						3.2.2.2.1 一次试油工具费	
G302020602						3.2.2.2.2 二次试油工具费	
……							
G302030000				3.2.3 试油材料运输费			
G302030100					3.2.3.1 井口装置运输费		
G302030200					3.2.3.2 油管运输费		
G302030300					3.2.3.3 洗井液运输费		
G302030400					3.2.3.4 射孔液运输费		

项目编码	Ⅰ级	Ⅱ级	Ⅲ级	Ⅳ级	Ⅴ级	Ⅵ级	Ⅶ级
G302030500					3.2.3.5 压井液运输费		
G302030600					3.2.3.6 试油工具运输费		
G302040000				3.2.4 配合施工费			
G302040100					3.2.4.1 泵车费		
G302040200					3.2.4.2 液氮罐车费		
G302040300					3.2.4.3 液氮泵车费		
G302040400					3.2.4.4 水罐车费		
G302040500					3.2.4.5 锅炉车费		
G302040600					3.2.4.6 连续油管车费		
G302040700					3.2.4.7 救护车费		
G302040800					3.2.4.8 消防车费		
……							
G303000000				3.3 录井作业费			
G303010000					3.3.1 录井施工费		
G303020000					3.3.2 录井信息服务费		
G303030000					3.3.3 化验分析费		
G303040000					3.3.4 资料整理费		
G304000000				3.4 测井作业费			
G304010000					3.4.1 测井施工费		
G304010100					3.4.1.1 一次测井施工费		
G304010200					3.4.1.2 二次测井施工费		
……							
G304020000					3.4.2 资料处理解释费		
G305000000				3.5 射孔作业费			
G305010000					3.5.1 射孔施工费		
G305010100					3.5.1.1 一次射孔施工费		
G305010200					3.5.1.2 二次射孔施工费		
……							
G305020000					3.5.2 下电缆桥塞费		
G305030000					3.5.3 爆炸切割费		
G306000000				3.6 测试作业费			
G306010000					3.6.1 地面计量费		
G306020000					3.6.2 地层测试费		
G306030000					3.6.3 试井作业费		
G306040000					3.6.4 钢丝作业费		
G307000000				3.7 压裂作业费			

续表

项目编码	Ⅰ级	Ⅱ级	Ⅲ级	Ⅳ级	Ⅴ级	Ⅵ级	Ⅶ级
G307010000				3.7.1 压前配液费			
G307020000				3.7.2 压裂施工费			
G307020100					3.7.2.1 一段压裂施工费		
G307020200					3.7.2.2 二段压裂施工费		
……							
G307030000				3.7.3 压裂材料费			
G307030100					3.7.3.1 一段压裂材料费		
G307030200					3.7.3.2 二段压裂材料费		
……							
G307040000				3.7.4 压裂材料运输费			
G307050000				3.7.5 爆燃压裂作业费			
G307060000				3.7.6 微地震监测费			
G308000000			3.8 酸化作业费				
G308010000				3.8.1 酸前配液费			
G308020000				3.8.2 酸化施工费			
G308020100					3.8.2.1 一段酸化施工费		
G308020200					3.8.2.2 二段酸化施工费		
……							
G308030000				3.8.3 酸化材料费			
G308030100					3.8.3.1 一段酸化材料费		
G308030200					3.8.3.2 二段酸化材料费		
……							
G308040000				3.8.4 酸化材料运输费			
G309000000			3.9 其他作业费				
G309010000				3.9.1 环保处理费			
G309010100					3.9.1.1 废弃物拉运费		
G309010200					3.9.1.2 废弃物处理费		
G309020000				3.9.2 地貌恢复费			
G310000000			3.10 税费				
Q000000000	工程建设其他费						
Q100000000		1 建设管理费					
Q101000000			1.1 建设单位管理费				
Q102000000			1.2 钻井工程监督费				
Q102010000				1.2.1 钻井监督费			
Q102020000				1.2.2 地质监督费			
Q102030000				1.2.3 测井监督费			

项目编码	Ⅰ级	Ⅱ级	Ⅲ级	Ⅳ级	Ⅴ级	Ⅵ级	Ⅶ级
Q102040000				1.2.4 试油监督费			
Q200000000		2 工程设计费					
Q201000000			2.1 钻井设计费				
Q201010000				2.1.1 钻井地质设计费			
Q201020000				2.1.2 钻井工程设计费			
Q201030000				2.1.3 钻井工程预算费			
Q202000000			2.2 试油设计费				
Q202010000				2.2.1 试油地质设计费			
Q202020000				2.2.2 试油工程设计费			
Q202030000				2.2.3 压裂工程设计费			
Q300000000		3 土地费					
Q301000000			3.1 临时租地费				
Q302000000			3.2 临时用地费				
Q303000000			3.3 建设用地费				
Q400000000		4 环保管理费					
Q401000000			4.1 环境影响评价费				
Q402000000			4.2 环保监测费				
Q403000000			4.3 地质灾害评估费				
Q404000000			4.4 水土保持评估费				
Q405000000			4.5 矿产压覆调查费				
Q500000000		5 工程保险费					
Q600000000		6 贷款利息					
Y000000000	预备费						
Y100000000		1 基本预备费					
Y200000000		2 价差预备费					

4.1.3　钻井工程工程量计算规则

钻井工程工程量计算规则详见附录 A。

4.1.4　钻井工程量和综合单价确定方法

4.1.4.1　钻井工程量确定方法

钻井工程量确定方法主要有 3 种。

（1）直接采用工程设计参数，如钻头、套管消耗量等。对于可行性研究阶段和初步设计阶段，直接采用勘探开发方案中钻采工程设计中的相关参数确定；对于工程设计阶段，直接采用钻井地质设计和钻井工程设计中的相关参数确定。

（2）依据当地政府相关规定和要求，如用地规定、环保监测要求等。

（3）依据相关技术规范、本油田规定和生产组织方式，如井位测量、运输距离等。

4.1.4.2 钻井综合单价确定方法

钻井工程涉及内容复杂，其综合单价需要根据具体情况进行确定，总体上可以分为5种方法。

（1）直接采用政府部门发布的价格。钻井工程造价中涉及的土地、环保、监测和检测等方面的费用，有政府定价的，直接采用。

（2）套用或参考相关行业、地区定额或企业定额。在山区钻井或部分探井钻前工程中，要实施进井场道路、井位、线路、水源的勘定和测量、工程地质勘察和设计等工作，此部分工程可分别套用相关行业或地区定额和计价标准。比如，勘察部分可参照国家工程水文地质勘察收费标准；测量部分可参照国家测绘局颁发的设计收费标准；工程设计部分可参照国家建设部颁发的工程设计收费标准。

直接套用或参考使用企业定额需要注意以下3个方面的问题。

①注意综合单价包含费用内容是否完全。综合单价是完成一个规定计量单位的分部分项工程量清单项目所需要的人工费、设备费、材料费、其他直接费、企业管理费、工程风险费、利润的总和，而企业定额往往是直接费性质的费用，常常不包括企业管理费、工程风险费、利润等内容。

②注意企业定额是否与工程量清单项目相对应。比如井位测量项目，企业定额是按口井计价的，而工程量清单项目是按井次计价的，并且通常一口井需要测量两次井位，若直接套用企业定额，就会产生偏差。

③注意企业定额的适用范围。大部分企业定额是根据所在油田的历史工况条件编制的，而目前工作情况可能发生较大变化，相应的人工、材料价格以及消耗可能有所不同，需要进行相应调整。

（3）采用合同价或询价。对于某些特殊工艺技术服务或材料，没有相关资料可以参考，可直接采用合同价或询价作为综合单价。

（4）采用成本加成法编制综合单价。对于关联交易或由相关协议约定的技术服务或材料，可采用成本加成法编制综合单价，即综合单价＝成本＋利润。

（5）采用费用项目法编制综合单价。对于企业内部或关联交易的石油钻井专业服务，可采用费用项目法编制综合单价，即综合单价＝直接费＋间接费＋利润，直接费＝人工费＋设备费＋材料费＋其他直接费，间接费＝企业管理费＋工程风险费。

4.1.5 钻井工程主要计价方法

根据钻井工程全过程造价管理基本程序，钻井工程主要计价方法参见表4-2。

表 4-2　钻井工程全过程主要计价方法

序号	建设阶段	计价需求	计价方法
1	决策阶段	投资匡算	参考指标法、造价指数法、历史成本法
2		投资估算	估算指标法、造价指数法、历史成本法
3	设计阶段	投资概算	概算指标法、造价指数法、工程类比法
4		工程预算	综合单价法、造价指数法
5	准备阶段	工程合同	综合单价法、造价指数法
6	施工阶段	工程结算	综合单价法、造价指数法
7	竣工阶段	工程决算	综合单价法、比例系数法

4.1.5.1　参考指标法

参考指标法指采用钻井工程投资参考指标和建设项目工程量编制钻井工程总投资的方法。计算方法为

$$Vzg = Czg \times Qzg \div 10000$$

式中，Vzg 为钻井工程总投资，万元；Czg 为参考指标，元/m；Qzg 为计划进尺工程量，m。

例如，某区块计划进尺工程量为 8×10^4 m，参考指标为 2000 元/m，则钻井工程总投资 $Vzg =$ （$2000 \times 8 \times 10^4$）$\div 10000 = 16000$ 万元。

4.1.5.2　估算指标法

估算指标法指采用钻井工程投资估算指标和建设项目工程量编制工程估算投资的方法。计算方法为

$$Vtzck = \sum_{i=1}^{n} Ctzck_i \times Qtzck_i \div 10000$$

式中，$Vtzck$ 为钻井工程总投资，万元；$Ctzck$ 为估算指标，元/m；$Qtzck$ 为计划进尺工程量，m。

例如，A 区块计划进尺工程量为 20×10^4 m，估算指标为 1800 元/m；B 区块计划进尺工程量为 8×10^4 m，估算指标为 2000 元/m；则钻井工程总投资 $Vtzck =$ （$1800 \times 20 \times 10^4 + 2000 \times 8 \times 10^4$）$\div 10000 = 52000$ 万元。

4.1.5.3　概算指标法

概算指标法指采用钻井工程投资概算指标和建设项目工程量编制工程概算投资的方法。计算方法为

$$Vzgs = Vzgsj + Vzgsl + Vzgsz + Vzgsy$$

$$Vzgsj = Czgsj \times Qzgsj$$

$$Vzgsl = Czgsl \times Qzgsl$$

$$Vzgsy = Czgsy \times Qzgsy$$

式中，$Vzgs$ 为钻井工程概算投资，万元；$Vzgsj$ 为探井（开发井）工程概算投资，万元；$Vzgsl$ 为特殊道路工程概算投资，万元；$Vzgsz$ 为特殊测井工程概算投资，万元；$Vzgsy$ 为特殊压裂酸化工程概算投资，万元；$Czgsj$ 为探井（开发井）工程概算指标，万元/口井；$Qzgsj$ 为探井（开发井）计划工程量，口井。$Czgsl$ 为特殊道路工程概算指标，万元/km；$Qzgsl$ 为特殊道路工程计划工程量，km；$Czgsc$ 为特殊测井工程概算指标，万元/次；$Qzgsc$ 为特殊测井工程计划工程量，次；$Czgsy$ 为特殊压裂酸化工程概算指标，万元/次；$Qzgsy$ 为特殊压裂酸化工程计划工程量，次。

例如，某勘探项目计划钻探井 7 口，其中二开井 2 口，概算指标 580 万元/口井；三开井 4 口，概算指标 950 万元/口井；四开井 1 口，概算指标 1480 万元/口井。另外，修海堤道路 12km，概算指标 80 万元/km；5700 成像测井 5 次，概算指标 50 万元/次；大型压裂酸化 2 次，概算指标 200 万元/次。则钻井工程概算投资 $Vzgs =$（580×2 +950×4+1480×1）+（80×12）+（50×5）+（200×2）= 8050 万元。

4.1.5.4 综合单价法

综合单价法指采用钻井工程工程量清单中的工程量和综合单价编制钻井工程费用预算、招标标底、确定合同价和结算价的方法。

4.1.5.5 造价指数法

造价指数法指采用钻井工程造价指数和基期建设项目工程投资额度编制计划钻井工程总投资的方法。计算方法为

$$Vtz = \sum_{i=1}^{n} Vtz_0 \times (1 + Dtz_i)$$

式中，Vtz 为计划钻井工程总投资，万元；Vtz_0 为基期钻井工程总投资，万元；Dtz_i 为钻井造价指数。

4.1.5.6 历史成本法

历史成本法指以上年度同类别探井或开发井实际发生成本为基数进行钻井工程投资测算的方法。拟新上探井或开发井在同一地区或区块与上年的施工参数、技术标准、设备类型等项目内容基本相似时，可参考上年度同类型探井或开发井实际发生成本编制投资。如技术标准、施工参数、施工难易程度等项目内容与上年度实际施工项目有差别时，在上年度实际发生费用的基础上进行相应调整，可增加或减除一定的费用额度。

4.1.5.7 工程类比法

工程类比法指拟新上探井或开发井与技术标准、地表条件、自然条件、施工难易

程度相似或相同条件下的探井或开发井进行类比，借用投资参数的估算方法。运用类比估算法可大大加快估算速度。

对于新上项目没有相邻区块作为参考时，可类比国内其他油田已施工项目的井身结构、预测地层层序及岩性、钻井周期等参数基本相似的工程成本或结算资料，编制投资估算。针对新上项目的实际情况，如钻井井深、井身结构、钻机类型基本相似，地层层序及岩性、地形及地貌、自然条件及施工项目内容等有一定差别时，应对钻井周期等与费用有关的项目进行相应调整，可在参考项目的费用基础上采用一定的系数方法增加或减除一定的费用额度。

4.1.5.8　比例系数法

比例系数法指以某项已知费用为基数，按一定比例系数测算新的项目费用额度的方法。例如竣工决算时，采用一定的比例系数分摊建设管理费、贷款利息等工程建设其他费。

4.2　钻井工程计价标准体系

4.2.1　钻井工程计价标准概念

钻井工程计价标准指根据一定的技术标准和施工组织条件，完成规定计量单位的钻井工程量所消耗的人工、设备、材料和费用的标准额度，是一种经济技术标准。

钻井工程计价标准体系也就是定额体系，包括基础定额、消耗定额、费用定额、预算定额、概算定额、概算指标、估算指标、参考指标和造价指数等9种。图4-2给出了钻井工程计价标准体系结构，钻井工程计价标准逻辑关系如图4-3所示。

基础定额、消耗定额、费用定额、预算定额、概算定额等定额是以1口井的钻井工程中分部分项工程为研究对象和目标。概算指标、估算指标、参考指标等指标是以1口井、1个区块、1个油田甚至1个公司为研究对象和目标，也可以说成投资概算指标、投资估算指标、投资参考指标。

4.2.2　钻井工程计价标准主要内容

4.2.2.1　基础定额

基础定额指一定管理模式和生产组织方式下，实施钻井工程的人员、设备配备标准和相关年度工作量标准。基础定额代表了当前油气田企业的生产力水平，是编制消耗定额和费用定额的基础，也为总体优化钻井生产组织、提高劳动生产率、有效降低综合钻井成本打下基础。基础定额包括人员定额、设备定额、工作量定额。

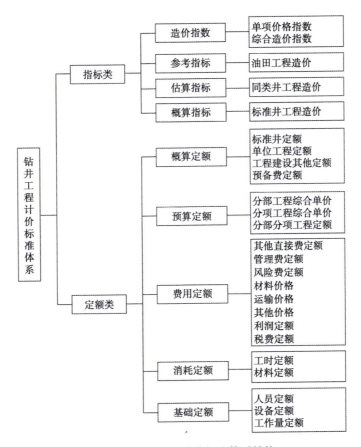

图 4-2　钻井工程计价标准体系结构

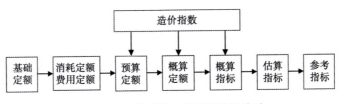

图 4-3　钻井工程计价标准逻辑关系

4.2.2.1.1　人员定额

人员定额为实施钻井工程必须配备的施工队伍人员数量和费用标准。如钻井队人员定额、测井队人员定额、试油队人员定额、压裂队人员定额等，以及与人员数量定额相配套的人工费定额。

4.2.2.1.2　设备定额

设备定额为实施钻井工程必须配备的施工设备配置数量和费用标准。如各种钻机配套标准、不同固井作业规模设备配套标准、各种系列测井设备配置标准等，以及与之相配套的资产原值、折旧和修理费标准。

4.2.2.1.3 工作量定额

工作量定额是在油气田正常生产组织和施工条件下，某一时间段内钻井施工队伍和设备应该并且能够实施的钻井工程工作量标准。如年有效工作时间、年有效工作量等。

基础定额模式参见表4-3。

表4-3 基础定额模式

序号	队伍名称	队伍数量（支）	人员定额			设备定额			工作量定额	
			人数（人）	人均人工费（元）	队年人工费（元）	资产原值（万元）	年折旧（万元）	年修理费（万元）	年有效工作时间	年有效工作量
1	钻井队	50								
1.1	ZJ20 钻机	5	45	115000	5175000	1300.00	154.38	77.19	220d	
1.2	ZJ30 钻机	25	49	118000	5782000	1700.00	201.88	100.94	235d	
1.3	ZJ50 钻机	18	55	119000	6545000	2600.00	308.75	154.38	260d	
1.4	ZJ70 钻机	2	58	121000	7018000	3300.00	391.88	195.94	270d	
2	固井队	10								
2.1	单机单泵车组	5	26	112000	2912000	600.00	54.00	13.50		110 次
2.2	双机双泵车组	5	30	112000	3360000	1300.00	220.00	55.00		130 次
3	测井队	12								
3.1	国产数控	5	11	117000	1287000	726.00	106.00	32.00		1879000 计价米
3.2	引进数控	5	11	117000	1287000	1160.00	164.00	35.00		1879000 计价米
3.3	国产成像	1	12	117000	1404000	1200.00	165.00	52.00		1561000 计价米
3.4	引进成像	1	12	117000	1404000	1565.00	225.00	70.00		1180000 计价米

4.2.2.2 消耗定额

消耗定额是在一定的工艺技术、生产组织和设备条件下，为实施钻井工程中分部分项工程所必须消耗的人工和设备工时以及材料的数量标准。消耗定额是编制预算定额的基础，也为有效节约钻井人工和设备消耗成本、制定施工队伍考核指标提供了定量标准。消耗定额包括工时定额和材料定额。

4.2.2.2.1 工时定额

工时定额指实施钻井工程中某一分部分项工程消耗的人工工时和设备台时标准。大部分钻井作业是人机合一状态，人工工时和设备台时是一致的，如钻进作业施工过程中钻井队人工工时消耗和钻机台时消耗是一致的；测井作业施工过程中测井队人工工时消耗和测井设备台时消耗是一致的。部分工作可以分为人工工时和设备台时定额，如搬迁作业过程中要分别确定钻前工程队人工工时和吊车作业台时。

4.2.2.2.2 材料定额

材料定额指实施钻井工程中某一分部分项工程所使用设备消耗的材料数量标准。如钻机消耗的柴油、机油数量定额等。

柴油消耗与所钻地层、井身结构、现场管理等多个方面相关，但主要与钻机级别和钻机类型密切相关，某油田钻机柴油消耗定额示例参见表4-4。

表4-4　钻机柴油消耗定额示例　　　　　　单位：t/台月

序号	钻机级别	钻机类型	A 油区	B 油区	C 油区
1	ZJ10	机械		46	
2	ZJ15	机械	49	55	
3		电动	50		
4	ZJ20	机械	70	65	65
5		车装		60	
6	ZJ30	机械	70	95	73
6		电动	96		
8	ZJ40	机械	96	116	95
9		电动	121		
10	ZJ50	机械	130	127	101
11		电动	171		
12	ZJ70	机械		159	

4.2.2.3　费用定额

费用定额是在基础定额和消耗定额所规定的生产组织和施工条件下，实施钻井工程中某一分部分项工程量所必须消耗的各种费用标准。费用定额以某一费用额度或按某一比例系数来表示。费用定额是编制预算定额的基础，也为有效节约钻井总体成本、制定施工队伍考核指标提供了定量标准。费用定额包括其他直接费定额、管理费定额、风险费定额、材料价格、运输价格、其他价格、利润定额、税费定额。

4.2.2.3.1　其他直接费定额

其他直接费定额指实施钻井工程中某一分部分项工程所必须直接消耗的，但不能归入人工费、设备费、材料费定额的相关费用标准，如通讯费等。

4.2.2.3.2　管理费定额

管理费定额指实施钻井工程中某一分部分项工程所要分摊的管理性和辅助性费用，是施工企业管理费，包括项目组（部）、分（子）公司和公司总部三级管理费。

4.2.2.3.3　风险费定额

风险费定额指实施钻井工程中某一分部分项工程所要分摊的风险性费用。风险性费用指意外情况下发生的自然灾害、井下复杂和事故，造成大幅度时间和材料消耗增加而发生的费用。

4.2.2.3.4 材料价格

材料价格指实施钻井工程中某一分部分项工程所必须消耗的材料相关价格。

4.2.2.3.5 运输价格

运输价格指实施钻井工程中某一分部分项工程所必须消耗的运输相关价格。

4.2.2.3.6 其他价格

其他价格指实施钻井工程中某一分部分项工程所必须消耗的特殊服务的人工价格、设备价格、收费价格等。

4.2.2.3.7 利润定额

利润定额指施工企业进行钻井工程施工而应得的行业平均名义利润。

4.2.2.3.8 税费定额

税费定额指国家和当地政府有关部门制定的税费标准。

以税费定额为例。钻井工程费中的税费一般指应计入钻井工程造价的增值税或营业税、城乡维护建设税和教育费附加。税费计算公式：税费 = ∑ 工程费×折算税率。交纳增值税、城乡维护建设税和教育费附加 3 项税费，折算税率取 1.00%；交纳营业税、城乡维护建设税和教育费附加 3 项税费，按表 4-5 折算税率计取。

表 4-5　钻井工程适用税率和折算税率定额

行业	纳税人所在地	营业税率	城乡维护建设税率	教育费附加费率	3 项税率合计	折算税率
建筑业	市区	3%	7%	3%	3.30%	3.41%
	县城、建制镇	3%	5%	3%	3.24%	3.35%
	农村	3%	1%	3%	3.12%	3.22%
	市区	3%	7%	4%	3.33%	3.44%
	县城、建制镇	3%	5%	4%	3.27%	3.38%
	农村	3%	1%	4%	3.15%	3.25%

4.2.2.4 预算定额

预算定额是计算和确定一个规定计量单位的分部分项工程人工、设备、材料和其他消耗的数量和费用标准。预算定额是用于钻井工程预算的一种综合性计价定额，也是编制概算定额的一个基础。预算定额包括综合单价和分部分项工程定额。

4.2.2.4.1 综合单价

综合单价是按分部分项工程或施工工序，将多个费用定额进行综合，或者采用消耗定额乘以相关费用定额得出的价格进行综合，形成分部分项工程综合单价，用于采用工程量清单计价方法进行的钻井工程预算。综合单价表现形式主要有 3 类：时间类综合单价、长度类综合单价、井次类综合单价。

（1）时间类综合单价：以工时、台时、日或台月为单位进行计价，如钻井作业日费、试油作业日费等单价。

（2）长度类综合单价：以井深或测量长度为单位进行计价，如测井作业中的深度费单价以仪器入井单位深度米为计价单位等。

（3）井次类综合单价：以施工一井次为单位进行计价，如搬迁工程单价、固井作业单价等。

某油气区 ZJ70 钻机作业日费综合单价示例参见表 4-6。

表 4-6　ZJ70 钻机作业综合单价示例　　　　　　计量单位：元/d

定额编号		K2-31	K2-32	K2-33	K2-34
序号	名称	夏季日费	冬季日费	综合日费	等待日费
	综合单价	70226.57	79530.71	74878.68	28977.65
1	直接费	60540.14	68560.95	64550.58	24980.73
1.1	人工费	9424.77	9424.77	9424.77	9424.77
1.2	设备费	23331.04	23331.04	23331.04	15299.06
1.2.1	钻机折旧费	15299.06	15299.06	15299.06	15299.06
1.2.2	钻机修理费	8031.98	8031.98	8031.98	
1.3	材料费	26125.12	29896.86	28010.99	46.90
1.3.1	柴油费	19439.70	23101.26	21270.48	
1.3.2	机油费	1102.15	1212.40	1157.31	
1.3.3	生活水费	46.90	46.90	46.90	46.90
1.3.4	其他材料费	5536.37	5536.37	5536.37	
1.4	其他直接费	1659.21	5908.28	3783.78	210.00
1.4.1	通讯费	210.00	210.00	210.00	210.00
1.4.2	日常运输费	1349.46	1349.46	1349.46	
1.4.3	保温费		4249.07	2124.57	
1.4.4	其他费用	99.75	99.75	99.75	
2	间接费	9686.42	10969.75	10328.09	3996.92
2.1	企业管理费	6054.01	6856.10	6455.06	2498.07
2.2	工程风险费	1816.20	2056.83	1936.52	749.42
3	利润	1816.20	2056.83	1936.52	749.42

4.2.2.4.2　分部分项工程定额

分部分项工程定额是对于钻前工程、钻完井工程、试油工程中具有较强消耗规律的主要材料和工序工时制定的消耗标准，方便用于钻井工程预算。如对于开发井的钻头、套管、水泥、钻井液、钻井周期、试油周期等可以编制分部分项工程消耗定额。表 4-7 给出了用于编制钻井周期的钻完井工程工时定额示例。

表 4-7　某区块钻完井工程工时定额示例

序号	项目	井型	规格（mm）	完成深度 H（m）	工时定额（h/m）
1	一开井段				
1.1	钻进施工	直井	444.5	700<H≤1100	0.22
1.2	完井施工	直井	339.7	700<H≤1100	0.14
2	二开井段				
2.1	钻进施工	直井	311.1	2100<H≤2600	0.44
2.2	完井施工	直井	244.5	2100<H≤2600	0.11
3	三开井段				
3.1	钻进施工	直井	215.9	3600<H≤4000	0.67
3.2	完井施工	直井	168.3	3600<H≤4000	0.07
3.3	钻进施工	定向井	215.9	3600<H≤4000	0.71
3.4	完井施工	定向井	168.3	3600<H≤4000	0.07

4.2.2.5　概算定额

概算定额是用于钻井工程概算或工程总承包的一种综合性计价定额。概算定额是编制概算指标的基础。概算定额包括标准井定额、单位工程定额、工程建设其他定额和预备费定额。

4.2.2.5.1　标准井定额

标准井定额是以某一区块的标准井单项工程为对象，按照工程量清单计算规则，建立若干个标准井工程量清单。具体内容可参见概算指标中工程量清单部分。

4.2.2.5.2　单位工程定额

在标准井定额基础上，对于钻前工程、钻完井工程、试油工程中具有多种代表性的单位工程时，单独建立单位工程消耗定额，以便充分代表本区块钻井工程消耗水平。如一口标准井定额按常规的下套管完井方式确定，而对于少量的裸眼完井、下尾管完井、下筛管完井单独编制单位工程定额做补充。

再比如，当采用一个钻井平台有多口开发井的丛式井组时，第 1 口井可以按照单井全费用计算钻前工程费，从第 2 口井开始的后续同一类型井，钻前工程费可以考虑按系数法调整。表 4-8 给出了丛式井组中第 2 口井钻前工程费计取比例定额示例。

表 4-8　丛式井组中第 2 口井钻前工程费计取比例

项目编码	项目名称	计量单位	工程量	综合单价（元）	计取比例	金额计算（元）
G100000000	钻前工程费					
G101000000	勘测工程费					
G101010000	井位测量费	口井	1	PG111	100%	VG111＝PG111×100%
G101020000	地质勘察费	口井	1	PG112	0%	VG112＝PG112×0
G101030000	勘测设计费	口井	1	PG113	10%	VG113＝PG113×10%

续表

项目编码	项目名称	计量单位	工程量	综合单价（元）	计取比例	金额计算（元）
G102000000	道路工程费					
G102010000	新建道路费	口井	1	PG121	0%	VG121＝PG121×0
G102020000	维修道路费	口井	1	PG122	0%	VG121＝PG122×0
G102030000	修建桥涵费	口井	1	PG123	0%	VG122＝PG123×0
G103000000	井场工程费					
G103010000	井场修建费	口井	1	PG131	20%	VG131＝PG131×20%
G103020000	设备基础构筑费	口井	1	PG132	20%	VG132＝PG132×20%
G103030000	池类构筑费	口井	1	PG133	20%	VG133＝PG133×20%
G103040000	生活区修建费	口井	1	PG134	0%	VG134＝PG134×0
G103050000	围堰构筑费	口井	1	PG135	0%	VG135＝PG135×0
G103060000	隔离带构筑费	口井	1	PG136	0%	VG136＝PG136×0
G104000000	搬迁工程费					
G104010000	设备拆安费	口井	1	PG141	20%	VG141＝PG141×20%
G104020000	设备运移费	口井	1	PG142	20%	VG142＝PG142×20%
G104030000	钻井队动员	口井	1	PG143	0%	VG143＝PG143×0
G105000000	供水工程费					
G105010000	场内供水费	口井	1	PG151	10%	VG151＝PG151×10%
G105020000	场外供水费	口井	1	PG152	0%	VG152＝PG152×0
G105030000	打水井费	口井	1	PG153	0%	VG153＝PG153×0
G106000000	供电工程费					
G106010000	场内供电费	口井	1	PG161	10%	VG161＝PG161×10%
G106020000	场外供电费	口井	1	PG162	0%	VG162＝PG162×0

注：PG 表示综合单价；VG 表示金额。

4.2.2.5.3 工程建设其他定额

工程建设其他定额包括建设管理、工程设计、土地、环保管理、工程保险、贷款利息等相关费用标准。

4.2.2.5.4 预备费定额

预备费定额包括基本预备费、价差预备费的取费标准。

4.2.2.6 概算指标

概算指标指实施油气田或区块中一口标准井或典型井全部工程的造价标准，除工程费用外，还包括工程建设其他费和预备费。概算指标用于油气勘探开发项目中钻井工程概算，也是编制估算指标的基础。概算指标模式参见附录 B。

4.2.2.7 估算指标

估算指标指油气田或区块中同一类井钻井工程综合平均造价标准。估算指标用于油气勘探开发项目中钻井工程估算，也是编制参考指标的基础。估算指标比概算指标内容更粗，估算指标模式参见附录 C。

4.2.2.8 参考指标

参考指标指油气田或区块的钻井工程综合平均投资标准。参考指标用于油气勘探开发项目中长期规划编制和项目立项。参考指标是在估算指标基础上进一步综合，比估算指标内容更粗，参考指标模式参见表4-9。

表4-9 钻井工程参考指标模式　　　　　　　　　　计量单位：元/m

指标编号	单位	开发井	评价井	探井	综合
LHCKZB2015-001	＊＊＊分公司	2654	3561	4582	2897
LHCKZB2015-002	＊＊＊采油厂	1988	2235	2351	2078
LHCKZB2015-003	＊＊＊油田	1832	2163	2375	2175
LHCKZB2015-004	＊＊＊油田	2386		2593	2489
LHCKZB2015-005	＊＊＊采油厂	5432	5893	7681	6302
LHCKZB2015-006	＊＊＊油田	6789		9802	7356
LHCKZB2015-007	＊＊＊油田	4321	5893		4922

4.2.2.9 造价指数

4.2.2.9.1 造价指数概念

造价指数是反映一定时期内由于价格变化对钻井工程造价影响程度的一种指标。造价指数反映了报告期与基期相比的价格变化趋势，是调整钻井工程造价价差的依据。可以利用造价指数分析价格变动趋势及其原因；可以利用造价指数估计钻井工程造价变化对宏观投资的影响；造价指数是钻井工程承发包双方进行钻井工程估价和结算的重要依据。

4.2.2.9.2 造价指数分类

（1）按工程范围和类别分类。

①单项价格指数是分别反映各项工程的人工、设备、材料报告期价格对基期价格的变化程度的指标，如人工费价格指数、主要设备价格指数、主要材料价格指数等。可利用它研究主要单项价格变化的情况及其发展变化的趋势。

②综合造价指数是综合反映各项工程的人工费、设备费、材料费等报告期价格对基期价格变化而影响钻井工程造价程度的指标，是研究造价总水平变化趋势和程度的主要依据。如钻井工程造价指数、钻前工程造价指数、钻完井工程造价指数、试油工程造价指数、工程建设其他项目造价指数等。

（2）按造价资料期限分类。

①时点指数是不同时点价格对比计算的相对数，如2009年1月1日9时价格对2008年1月1日9时价格。

②月指数是不同月份价格对比计算的相对数，如2009年9月价格对2009年8月价格。

③季指数是不同季度价格对比计算的相对数，如 2009 年二季度价格对 2009 年一季度价格。

④年指数是不同年度价格对比计算的相对数，如 2009 年价格对 2008 年价格。

（3）按对比基期分类。

①定基指数是各时期价格与某一固定时期的价格对比后编制的指数，如 2001 年价格、2002 年价格、2003 年价格分别与以 2000 年价格为基数对比的指数。

②环比指数是各时期价格都以前一时期的价格为基础计算的造价指数，如 2001 年价格对 2000 年价格、2002 年价格对 2001 年价格、2003 年价格对 2002 年价格计算得出的造价指数。

4.2.2.9.3　造价指数确定方法

（1）确定钻井造价指数编制范围。

根据油田公司所属油田和区块已钻井情况和勘探开发需要，确定编制造价指数范围。对于单项价格指数，包括人工费价格指数、主要设备价格指数、主要材料价格指数等；主要材料价格指数还可以分解为钻头价格指数、柴油价格指数、管材价格指数、水泥价格指数等；管材价格指数还可以分为套管价格指数、油管价格指数等。另外，需要明确所编制的造价指数是定基指数还是环比指数。若是编制定基指数，需要明确基期的具体时间。

（2）造价指数计算方法。

①单项价格指数计算。

编制单项价格指数主要是编制人工、设备、材料等要素价格指数，也是编制钻井工程造价指数的基础。计算公式为

$$Dp = \frac{Pn - Po}{Po} \times 100\%$$

式中，Dp 为单项价格指数，可以是人工费价格指数、设备价格指数、材料价格指数之一，根据需要确定；Pn 为报告期的人工费价格、设备价格、材料价格之一；Po 为基期的人工费价格、设备价格、材料价格之一。

以某油田公司 2008 年对 2000 年的平均人工费、平均钻头费、平均柴油价格、平均套管价格、平均 G 级水泥价格为例，说明单项价格指数编制方法，参见表 4-10。

表 4-10　某油田公司单项价格指数测算

序号	项目	单位	2000 年	2008 年	总造价指数（%）	年均造价指数（%）
1	平均人工费	元/（人·年）	28685	58670	104.53	10.76
2	平均钻头费	元/m	186	325	74.73	8.30

续表

序号	项目	单位	2000 年	2008 年	总造价指数 （%）	年均造价指数 （%）
3	平均柴油价格	元/t	1960	6500	231.63	18.68
4	平均套管价格	元/t	6100	10150	66.39	7.55
5	平均 G 级水泥价格	元/t	583	780	33.79	4.25

②综合造价指数计算。

综合造价指数中单项工程造价指数指钻前工程造价指数、钻完井工程造价指数、试油工程造价指数等中的之一。计算公式为

$$Dc = \frac{Cn - Co}{Co} \times 100\%$$

式中，Dc 为单项工程造价指数，根据需要确定；Cn 为报告期的单项工程平均造价；Co 为基期的单项工程平均造价。

表 4-11 给出了综合造价指数测算示例。

表 4-11　综合造价指数测算

序号	项目	2000 年 （元/m）	2008 年 （元/m）	总造价指数 （%）	年均造价指数 （%）
1	钻井工程造价	5271.08	6896.24	30.83	3.91
2	钻前工程费	143.51	183.21	27.66	3.55
3	钻完井工程费	4694.89	6188.35	31.81	4.02
4	试油工程费	247.97	301.52	21.60	2.83
5	工程建设其他费	184.72	223.16	20.81	2.74

4.3　钻井工程造价管理平台

建设一个以集团公司总部为中心的钻井工程造价管理平台，打通一个一个的"信息孤岛"，解决信息不对称问题。

钻井工程造价管理平台应该涵盖全过程钻井工程造价管理需求，具体分为集团公司和地区公司两个层次 3 个系统。

集团公司系统包括 6 个功能模块，支持以下工作：数据采集、中长期规划、可行性研究、年度计划、工程预算、造价分析。

油田公司系统包括 8 个功能模块，支持以下工作：数据上报、中长期规划、可行性研究、年度计划、工程预算、工程结算、工程决算、造价分析。

钻探公司系统包括 4 个功能模块，支持以下工作：数据上报、工程预算、工程结算、造价分析。

钻井工程造价管理平台需要 15 个数据库支撑：年度工程量、年度施工队伍、典型井参数、标准井参数、施工队伍信息、钻井工程基础定额、钻井工程消耗定额、钻井工程费用定额、钻井工程预算定额、钻井工程概算定额、钻井工程计价指标、钻井工程预算、钻井工程结算、钻井工程决算、钻井工程投资。

所有管理系统均在集团公司石油专网上运行，实行分级授权管理。

5 钻井工程造价管理机制

5.1 钻井工程造价管理机制设计

5.1.1 钻井工程造价管理机制建设目标

机制一词最早源于希腊文，原指机器的构造和动作原理。生物学和医学通过类比借用此词，用以表示有机体内发生生理或病理变化时，各器官之间相互联系、作用和调节的方式。将机制引入经济学研究，经济机制就表示一个经济肌体内各构成要素之间相互联系和作用的关系及其功能。由于经济机制是在经济肌体运行中发挥功能，所以又称为运行机制。一个经济肌体在整体运行中包含着它的各构成要素的局部运行，各构成要素都自成系统，各自都有特定的运行机制。

经济机制的建立离不开体制和制度。所谓体制指的是组织职能和岗位责权的调整与配置；所谓制度包括国家和地方的法律、法规以及任何组织内部的规章制度。通过与之相应的体制和制度的建立，机制在实践中才能得到体现。简单地说，经济机制就是制度加方法或者制度化了的方法。在任何一个经济系统中，机制都起着基础性的、根本性的作用。

钻井工程造价管理机制建设目标就是要根据钻井工程生产组织管理特点、油气勘探开发建设项目管理基本程序和石油行业发展基本运行规律，建立一套科学、规范、高效的管理体制和管理制度，实现总体钻井生产效率最大化和综合单位钻井成本最小化，保证股份公司油气勘探开发投资效果最大化，保证集团公司整体社会经济效益最大化。

5.1.2 钻井工程造价管理机制总体设计思路

根据经济机制设计理论，评价某种经济机制优劣的基本标准有3个：（1）信息是否有效利用；（2）资源是否有效配置；（3）激励措施是否相容。钻井工程造价管理机制总体设计要求就是从保证集团公司整体社会经济效益最大化这个总目标出发，建立一套科学高效的钻井工程造价管理机制，尽最大可能做到信息有效利用、资源配置合理、激励措施相容。

要达到上述 3 个基本标准的总体要求，钻井工程造价管理需要 3 个方面基本条件。一是要建立满足决策、设计、准备、施工、竣工、后评价等各个阶段的标准化钻井工程造价信息规范，其中最主要的就是定价信息，即预算定额、概算定额、概算指标、估算指标、参考指标等一系列配套的计价标准。二是要建立科学、透明的钻井工程造价管理平台，要求从集团公司总部、专业分公司（勘探与生产分公司和工程技术分公司）、地区公司（油田公司和钻探公司），直到建设单位（勘探公司、开发公司、采油厂、作业区等）、施工单位（钻井公司、固井公司、测井公司、录井公司等），各级职能和业务管理部门和单位均能快速找到准确合适的钻井工程造价管理信息。三是要建立配套的管理制度和相应的管理办法，保证各级钻井工程管理主体合理有效使用工程造价信息，有效配置钻井投资、钻井队伍等资源，有效实现激励相容、合作共赢。因此，需要建立一套"全过程+动平衡+标准化+信息化"的钻井工程造价管理长效机制。

（1）"全过程"就是建立贯穿决策、设计、准备、施工、竣工、后评价各阶段的全过程造价管理需求的计价标准体系、计价方法体系，实现全过程造价确定和控制。

（2）"动平衡"就是每年动态调整相关计价依据，实现工程消耗和钻井投资动态平衡，进而实现建设单位和施工单位业绩指标动态平衡，保证股份公司、集团公司总体效益动态优化。

（3）"标准化"具体表现为 5 个方面标准化：钻井工程造价项目、钻井工程计价标准、钻井工程计价方法、标准井工程造价管理、钻井工程全过程计价。

（4）"信息化"就是建立造价管理平台，保证钻井工程造价管理过程中，各级相关部门均能很容易找到本部门所需要的准确造价信息。

"全过程"是核心，"动平衡"是目的，"标准化"是前提，"信息化"是关键，四位一体。

5.1.3 钻井工程造价管理制度建设

建立"全过程+动平衡+标准化+信息化"的钻井工程造价管理长效机制，必须依靠综合配套的钻井工程造价管理制度来保障。集团公司（股份公司）、油田公司、钻探公司的主要配套管理制度说明如下。

5.1.3.1 集团公司（股份公司）配套管理制度

集团公司（股份公司）总部做好顶层设计，勘探与生产分公司、工程技术分公司和专业管理部门结合业务范围和业务流程，负责起草和编制配套管理制度，并组织实施。应该包括以下 10 项管理办法：（1）钻井工程造价管理办法；（2）钻井工程计价标准编制办法；（3）钻井工程估算编制办法；（4）钻井工程概算编制办法；（5）钻井工程预算编制办法；（6）钻井工程结算管理办法；（7）钻井工程决算管理办法；（8）钻井工程后评价管理办法；（9）钻井工程考核管理办法；（10）钻井工程工程量清单计价规范。

部分管理办法内容举例如下。

5.1.3.1.1 钻井工程造价管理办法

根据《集团公司投资管理办法》等有关管理规定，形成《钻井工程造价管理办法》，是钻井工程造价管理的纲领性管理制度，应该包括以下 15 个方面内容：（1）总则；（2）管理机构及职责；（3）计价标准管理；（4）中长期规划中钻井工程造价管理；（5）可行性研究中钻井工程造价管理；（6）初步设计中钻井工程造价管理；（7）年度投资计划编制中钻井工程造价管理；（8）钻井工程预算管理；（9）招标投标和合同价管理；（10）钻井工程结算管理；（11）钻井工程决算管理；（12）钻井工程造价后评价管理；（13）钻井工程造价信息管理；（14）钻井工程造价人员管理；（15）监督检查和考核。

5.1.3.1.2 钻井工程计价标准编制办法

根据《钻井工程造价管理办法》等有关管理规定，形成《钻井工程计价标准编制办法》，是钻井工程造价管理的一个核心管理制度，应该包括以下 12 个方面内容：（1）总则；（2）钻井工程计价标准编制要求；（3）钻井工程计价标准项目组成；（4）钻井工程计价标准编制方法；（5）基础定额编制方法；（6）消耗定额编制方法；（7）费用定额编制方法；（8）预算定额编制方法；（9）概算指标编制方法；（10）估算指标编制方法；（11）参考指标编制方法；（12）钻井工程计价标准水平测算方法。

5.1.3.1.3 钻井工程估算编制办法

根据《钻井工程造价管理办法》等有关管理规定，形成《钻井工程估算编制办法》，是钻井工程决策阶段造价管理的一项关键管理制度，应该包括以下 6 个方面内容：（1）总则；（2）钻井工程投资估算项目组成；（3）钻井工程投资估算编制方法；（4）钻井工程投资估算文件组成；（5）附则；（6）附录：钻井工程投资估算报告模式。

5.1.3.2 油田公司配套管理制度

根据上述集团公司（股份公司）配套管理制度中的 10 项管理办法，出台配套的管理办法或实施细则，并具体组织实施，如《某油田公司钻井工程造价管理办法》、《某油田公司钻井工程计价标准编制办法》、《某油田公司钻井工程估算编制办法》、《某油田公司钻井工程概算编制办法》、《某油田公司钻井工程预算编制办法》、《某油田公司钻井工程结算管理办法》等。在此基础上，结合本油田公司实际情况，出台更加详细的配套管理制度，比如标准化设计管理制度、钻井工程预算预警管理制度。

（1）标准化设计管理制度。

根据本油气区地质、工程条件和生产组织方式，在满足勘探开发目的和安全生产基础上，设定钻井设计标准化项目和非标准化项目。标准化项目是钻井工程施工所必需的设计项目，非标准化项目是为了提高某一方面生产效率或更好的工程质量而实施的一些辅助性技术措施。标准化项目直接由设计单位按照相关技术标准和要求实施设计，非标准化项目需要经过一定管理程序进行论证和审批后方可实施设计。推行标准化设计，可以实现技术与经济有效结合，控制低效、甚至无效的特殊技术措施项目和工程量。

（2）钻井工程预算预警管理制度。

以概算指标作为编制单井工程预算的预警指标。当工程预算造价大于概算指标时，造价管理部门要向钻井业务主管部门提出单井投资异常情况说明，按超出概算指标幅度高低和授权级别，分别由建设单位业务主管部门、油田公司业务主管部门、油田公司主管领导决定处置意见。科学管控低效、甚至无效技术措施工程量。

5.1.3.3 钻探公司配套管理制度

根据上述集团公司配套管理制度中的相关管理办法，出台配套的管理办法或实施细则，并具体组织实施，如《某钻探公司钻井工程造价管理办法》、《某钻探公司钻井工程计价标准编制办法》、《某钻探公司钻井工程预算编制办法》、《某钻探公司钻井工程结算管理办法》等。

5.2 钻井工程造价管理机制建立

5.2.1 经济学理论基础

新制度经济学的交易费用理论指出，交易源自社会分工与合作，生产和交易构成了人类经济活动的全部内容，因此，经济活动的成本包括生产费用和交易费用。交易费用取决于人的行为因素和特定交易因素，特定交易因素包括资产专用性、不确定性和交易频率。资产专用性指某项资产能够被重新配置于其他替代用途或是被他人使用而不损失其生产价值的程度；不确定性指人们对未来会发生什么和会如何变化没有确切的把握，是由于人的信息不完全和有限理性所造成的；交易频率指当事人在一定时期内交易的次数。

交易费用取决于资产专用性、不确定性、交易频率3个特定因素共同作用。其中，资产专用性对交易费用具有决定性作用，而交易费用的高低决定了管理机制，因此，资产专用性程度决定了管理机制。随着资产专用性（k）的增加，市场制、混合制、企业制 3 种管理机制依次显示其节约交易费用的优势（图 5-1）：（1）当 $k < k_1$ 时，市场制管理机制的交易费用最小，此时应选择市场交易；（2）当 $k_1 < k < k_2$ 时，市场激励对有依赖关系的交易双方的协调造成阻碍，行政控制可以带来的收益增加，但也面临着官僚成本上升的制约，此时混合制是一种行之有效的模式；（3）当 $k > k_2$ 时，行政控制的收益已经开始超过其成本，此时企业制的交易费用最低，从而成为双方交易的选择。

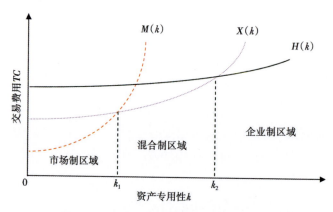

图 5-1　基于资产专用性的交易费用函数

不确定性、交易频率与交易费用也具有类似的关系，即随着不确定性、交易频率由小到大，合理的管理机制依次为市场制、混合制和企业制。综上所述，如果用 TC_M、TC_X、TC_H 分别代表市场制、混合制、企业制的交易费用，用 k、w、r 分别代表资产专用性、不确定性、交易频率，于是有 $TC_M = M（k，w，r）$；$TC_X = X（k，w，r）$；$TC_H = H（k，w，r）$。实际上交易费用的变化趋势应该是一个四维的变化发展过程，为了便于表达和直观理解，简化成二维图形（图 5-2）。

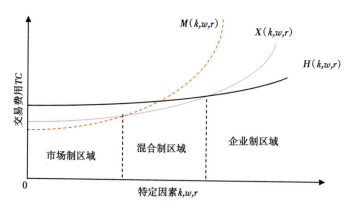

图 5-2　基于 3 个特定因素的交易费用变化趋势

5.2.2 钻井交易总体特性分析

（1）资产专用性强。钻井属于专用性极高的特质资产，表现为位置专用性、人力资本专用性、实物资产专用性和专项资产专用性。位置专用性就是每一个油田和每一口油气井的地理位置是不可以移动的。人力资本专用性就是从事石油钻井、测井、录井、固井、试油等专业技术职位，需要拥有特殊知识和信息的劳动者才能胜任。实物资产专用性就是石油钻机、固井设备、测井仪器等实物资产，在物理性能上具有专门的适用性，除了规定的一定用途外，别无他用。专项资产专用性就是套管、油管和井下工具等专门为钻井工程所使用。

（2）不确定性高。油气钻井工程是一种完全的隐蔽性工程，涉及地质风险、技术风险、环境风险、经济风险、政治风险等各种各样的风险。因此，风险性即不确定性是非常高的。

（3）交易频率变化大。不同油气田不同勘探开发阶段的钻井工程量变化是非常大的，有时一年只钻几口井，有时一年需要钻几百口井甚至几千口井。因此，钻井交易频率变化大。基于油气资源劣质化和石油天然气巨大需求，目前中国国内每年钻井约30000口井，交易频率还是非常高的。

总体来看，基于资产专用性强、风险性高的特点，油气钻井工程交易费用是很高的，管理机制适用于企业制和混合制管理机制。

5.2.3 管理机制建立

总体上看，钻井工程按油气区组织生产。一个方圆300～500km油气区的形成是由于地下石油天然气蕴藏的自然条件所决定的，油气勘探开发必须根据该油气区的地下地面条件，组织钻井和地面生产设施建设。油田公司往往是根据油气区设立的，通常一个油田公司下面包含一个到数个油气区，一个油气区下面通常设立一个到数个采油厂、采气厂、作业区等建设单位。同时钻井工程生产也是在一定地理位置上的油气区，按照一口井的钻前工程、钻完井工程、试油工程这条生产线，组织各个施工队伍。因此，钻井工程管理的过程包括两个方面：一方面是建设单位（油田公司及下属二级单位）和施工单位（钻探公司及下属二级单位）之间；另一方面是钻井工程各专业施工单位之间。

根据交易费用理论分析得出的钻井交易总体特性，以经济机制设计理论的信息有效利用、资源配置合理、激励措施相容3项原则为指导，结合目前中国石油工业客观条件，钻井工程管理机制总体概括为"混合制管理机制+企业制管理机制"。图5-3给出了钻井工程管理体制结构示意图。

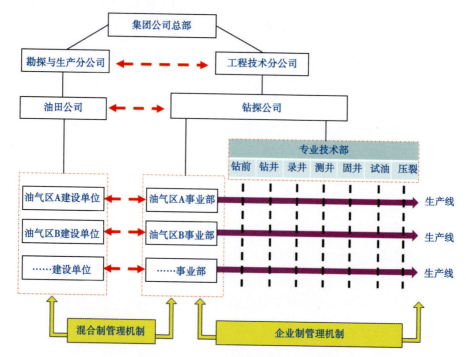

图 5-3　钻井工程管理体制结构示意图

5.2.3.1　企业制管理机制建立

各专业施工单位之间的钻井工程管理适用于企业制管理机制。钻探公司是一个区域性的地区公司，下面包含一个到数个油气区。钻探公司具体管理模式可概括为油气区事业部的一体化组织生产和技术支持部的专业化技术管理，二者形成扁平化的矩阵式治理结构。

5.2.3.1.1　油气区事业部

5.2.3.1.1.1　事业部基本概念

事业部制结构最早起源于美国的通用汽车公司。"经营之神"松下幸之助在 1927 年首创，其后风行于产品多元化的企业中。事业部是指以某个产品、地区或顾客为依据，将相关的研究开发、采购、生产、销售等部门结合成一个相对独立单位的组织结构形式。在总公司领导下设立多个事业部，各事业部有各自独立的产品或市场。在经营管理上有很强的自主性，实行独立核算，是一种分权式管理结构。事业部的主要优点：（1）便于采用专用设备，组织专业化生产，形成经济规模，并能使个人的技术和专业知识在生产和销售领域得到最大限度的发挥，因而有利于提高劳动生产率和企业经济效益；（2）便于建立衡量事业部及其管理者工作效率的标准，能较好地调动经营管理人员积极性；（3）每个事业部都有自己的产品和市场，能够规划其未来发展，也能灵活自主对市场出现的新情况迅速作出反应。这种组织结构既有高度的稳定性，又有良好的适应性。

5.2.3.1.1.2 钻井油气区事业部

钻井生产组织一体化就是按油气区设立事业部。油气区事业部是钻探公司的下属二级单位，作为钻井直接生产组织单位和成本中心，实行独立核算和考核。油气区事业部全权负责本油气区的整个钻井生产组织，建立一个生产组织指挥系统、一个生产基地，形成完整的一条钻井生产线和业务链，管理本油气区内的所有钻井施工队伍。油气区事业部管控钻井的重点和核心是钻井施工成本，管控和考核的主要指标应该是综合单位钻井成本、钻井劳动生产率（如设备动用率、人员出工率、质量合格率等）。

5.2.3.1.2 专业技术部

钻井技术管理专业化就是按专业设立技术部，如钻前技术部、钻井技术部、录井技术部、固井技术部、测井技术部等，是钻探公司的下属二级单位。专业技术部负责钻探公司专业技术管理，包括专业人员、专属设备和工具、专项技术等，从专业技术服务角度对各个油气区事业部生产中存在的问题给予技术支持。专业技术部按照定员、费用定额等实行费用包干管理，管控和考核的主要指标是支持保障率、包干费用使用率。

5.2.3.1.3 治理结构

油气区事业部和专业技术部采用企业制一体化矩阵式治理结构。钻探公司对各油气区事业部和专业技术部进行业务分工，建立基于企业定额的内部良性竞争淘汰机制。以油气区标准井工程消耗和当年钻井工作量为基本条件，制订油气区基础定额、消耗定额、费用定额、预算定额、概算定额，按照定额确定考核指标，按照定额由各专业技术部对油气区事业部配套最合适数量的施工队伍和设备。专业技术部的人员、设备按油气区事业部的人员和设备的一定比例配备，如20%、50%等，实施定额管理，下达一定的业务经费和人员费用，多余人员和设备通过考核淘汰。

5.2.3.1.3.1 人员管理

油气区事业部以年度综合单位钻井成本为主要指标，参考劳动生产率等其他指标，由低到高对本油气区内所有施工队伍按专业进行排队，实行差异化的薪酬奖励分配制度。当下一年度因工作量减少等原因需要削减队伍时，油气区事业部按照施工队伍排位由后到前，依次将富余人员转移到相应专业技术部管理；专业技术部统一组织专业培训，培训合格者可以调整到其他油气区事业部，可以作为技术支持服务人员，可以作为少量的储备人员等待轮岗；培训不合格者调整到其他非生产技术单位或者辞退。当下一年度因工作量增加等原因需要增加队伍时，油气区事业部缺少的人员由各专业技术部负责配齐。

5.2.3.1.3.2 设备管理

油气区事业部中富余设备转移到相应专业技术部管理，统一组织维护保养。维修后的设备可以调整到其他油气区事业部，可以封存和报废，也可以上交工程技术分公司，调配到其他钻探公司。油气区事业部中缺少的设备由各专业技术部负责配齐。

5.2.3.1.3.3 材料管理

油气区事业部负责提出材料计划和具体使用，大宗材料由钻探公司的相关专业技术部或供应单位组织，通过规定渠道供货；零星材料可由油气区事业部就地采购或通过招标选商后由中标供应商直接供货。

5.2.3.1.3.4 技术管理

油气区事业部根据本油气区实际生产情况，提出本油气区技术攻关方向和难题，专业技术部负责组织技术攻关、现场试验和推广应用。

5.2.3.2 混合制管理机制建立

建设单位（油田公司及下属二级单位）和施工单位（钻探公司及下属二级单位）之间的钻井工程管理适用于混合制管理机制，主要管理模式可为关联交易和联盟。

5.2.3.2.1 关联交易

关联交易是一种较为复杂的经济行为，是现代化企业发展的必然产物，是客观存在的一种经济现象。从世界范围看，关联交易在市场经济条件下广为存在，在母子公司、控股公司、集团公司、企业集团、跨国公司，特别是上市公司中广泛运用。

从新制度经济学角度看，关联交易是介于市场交易与企业内管理交易之间的一种独特的混合制交易。从法律层面上看，双方当事人均是独立的法人组织，因而关联交易归属于市场交易。但是，关联交易当事人之间存在控制与被控制、影响与被影响的关系，有可能导致交易按某一方的意愿达成，另一方则失去了平等谈判的机会。从这个意义上说，关联交易更像是内部管理交易。关联交易是最接近于企业制管理机制的一种混合制管理机制。

根据中国 2006 年新会计准则规定，关联交易是指关联方直接转移资源、劳务或义务的行为，而不论是否收取价款。在会计准则中列举了 11 种常见的关联交易类型：（1）购买或销售商品；（2）购买或销售商品以外的其他资产；（3）提供或接受劳务；（4）担保；（5）提供资金；（6）租赁；（7）代理；（8）研究与开发项目的转移；（9）许可协议；（10）代表企业进行债务结算；（11）关键管理人员薪酬。

关联交易的主要目的和作用是节约交易费用和调整利润。作为一种独特的交易，关联交易中的信息成本、监督成本、执行成本低于市场交易，组织管理成本也少于企业内部交易。关联企业之间通过转移定价等方式实现利润的转移，主要目的是降低税负和调整业绩，特别是对于上市的集团公司，集团内关联交易能节约交易费用的功能愈加显现。中国石油、中国石化、中国海油均是上市公司，可以充分利用关联交易优势，有效降低钻井成本。

从每年需要钻上万口井的一个石油集团公司来看，应该建立以关联交易为主体、少量其他工程服务交易做补充的钻井市场。集团公司下属的油田公司和钻探公司是钻井工程项目必不可少的共同建设者。二者既是法律意义上市场中的买方和卖方，又是集团公司下属的两个子公司。既有市场性质，又有企业性质。二者之间适合建立一种混合制的交易模式。交联交易是一种最接近企业制的混合制交易模式，其主要作用和目的就是减少交易费用和调整利润，最符合集团公司实际情况和发展需要。

其他工程服务交易做补充主要有以下几种情况：一是部分钻前工程中的土建工程施工；二是少量的特殊工艺技术服务；三是部分边远地区探井或低效开发井；四是当年钻井工作量变化大而现有关联交易队伍难以完成。其他钻井队伍需要由关联交易钻井队伍的技术人员进行专业化管理，即采用分包的方式，而不是由油田公司的人员直接管理。只有这样，才能保证钻井工程质量和效率，进而降低总体钻井成本。

5.2.3.2.2 联盟

20世纪80年代初期，在制造行业中开始出现联盟。摩托罗拉、东芝和IBM等国际著名公司相继将这种合作关系运用到各自的经济活动中，取得了良好的效果。20世纪90年代以来，石油企业按照这种新型合作关系开展经营活动。目前较为常见的一种定义是，联盟是两个公司之间建立和发展起来的一种长期关系，双方致力于在某一特定商业活动范围内共同发展。其基本特征：（1）联盟是一种长期合作关系，同时也是战略关系；（2）联盟的目标是通过降低系统的总成本，而不是个别产品或服务的成本，实现互利双赢的目的；（3）联盟要求双方共同制定目标和计划，协商工作过程和定价；（4）要求有一套可操作的作业指标衡量系统，不断地改进作业指标。从新制度经济学角度看，联盟是一种很接近企业制的混合制管理模式。

联盟的形式多种多样，具体到钻井行业，图5-4给出了各种联盟类型。随着服务项目综合程度的提高，联盟双方的关系更趋复杂，也意味着双方承担风险的责任和盈利能力增大。

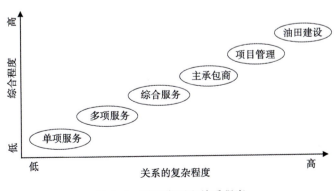

图 5-4 联盟类型和关系程度

（1）单项服务联盟：油田公司和钻探公司就工程项目中的某一单项工程服务建立联盟伙伴关系。例如油田公司在某一个地区将所有的测井服务指定某一个测井公司负责施工，建立联盟。

（2）多项服务联盟：多项服务联盟伙伴在充分交流、协同工作的基础上，减少重复性工作，降低项目成本，过程效率也因为专业之间的协调而得到改善，通常也称为"组合式服务"。例如油田公司将钻头服务、钻井液服务、定向井服务与某一钻井服务公司达成联盟。

（3）综合服务联盟：联盟伙伴将关注项目的总成本，通过加强合作、不断改进以及共同参与项目计划，显著增大降低项目总成本的机会。例如油田公司将钻井工程、试油工程总包给某一钻井公司。

（4）主承包商协议联盟：主承包商（钻探公司）负责提供一整套服务，在确保安全、质量和作业指标的前提下，向油田公司交付一口合格的油井或气井。其优势在于会计责任单一、管理结构清晰、简化油田公司的管理过程，最大缺陷是项目的成功过分依赖于主承包商的综合能力。

（5）项目管理联盟：钻探公司直接参加油田公司的某一个工程项目建设的全过程管理，油田公司、钻探公司和供应商组成联合工作组，通过优化工程设计和组织实施，共同制定作业指标评定方法，共同进行成本效益分析，共同开发并共享新技术，共享作业成功所带来的收益，达到效益最大化。

（6）油田建设联盟：油田公司和钻探公司建立战略联盟，共同实施油田建设，这也是最高形式的联盟。联盟伙伴公司将联盟纳入到本公司的发展战略中，双方公开地制定共同的战略。目前在石油工业中几乎还没有联盟达到完全合作和公开的程度，但这是许多联盟追求的共同目标。

总结国内外石油行业联盟管理模式，其特点归纳如下。

（1）协同工作是前提。要求油田公司和钻探公司改变经营方式，建立开放式、互相信任的合作关系，明确各方作用和责任，充分发挥钻探公司的优势，尽量减少重复性工作。

（2）鼓励是手段。采用根据作业指标进行鼓励的做法，以此协调油田公司和钻探公司的目标，平衡双方的利益。

（3）不断改进作业指标是关键。不断改进作业指标是油田公司降低工程造价的关键，也是钻探公司树立良好形象、在激烈的市场竞争中求得生存和发展的关键。

（4）互利双赢是目的。油田公司的目的是降低工程造价，钻探公司的目的是提高盈利水平。联盟管理模式特别强调，任何一方不得以牺牲对方的利益作为实现己方目的的手段，而应做到互利双赢。

大量的成功案例表明，联盟是石油钻井行业最常见和最有效的一种管理模式，非常适合油田公司与钻探公司之间的管理。

需要说明的是，一个油田公司可以和一个到数个钻探公司建立关联交易或联盟管理模式，一个钻探公司也可以和一个到数个油田公司建立关联交易或联盟管理模式，但是油田公司下属的油气区建设单位和钻探公司下属的油气区事业部必须是一一对应的。

5.2.3.2.3 治理结构

采用混合制的关联交易或联盟管理模式，可以有双边治理结构和三边治理结构，需要成立交易管理委员会。交易管理委员会不是新设立一个机关管理部门，而是在现有管理部门基础上形成一种管理机制，或者说是一项管理制度，也可以称为定价管理委员会、市场管理委员会等。

当双方交易频率很高时，可以采用双边治理结构。交易管理委员会由油田公司和钻探公司领导和相关部门人员共同组成，同许多国际石油合作项目组成的合作委员会或联席会议制度一样。

当双方交易频率很低或变化很大时，可以采用三边治理结构。根据目前集团公司管理现状来看，易采用三边治理结构，集团公司钻井工程造价管理主体包括交易管理委员会、建设单位、施工单位，如图5-5所示。

图5-5　钻井工程管理三边治理结构

（1）交易管理委员会：这里提出一种交易管理委员会组成方案，参见表5-1。

表5-1　交易管理委员会组成方案

序号	委员会成员	日常办事机构
1	集团公司领导	
2	规划计划部、财务部、财税价格部、人事部、生产经营部等总部机关部门主管领导	交易管理委员会办公室
3	勘探与生产分公司、工程技术分公司、中国石油工程造价管理中心等专业公司和单位主管领导	

针对目前集团公司钻井业务管理中存在的主要问题，交易管理委员会可以发挥以下几个方面重要作用：①建立集团公司钻井工程造价管理平台，最大限度实现钻井工程造价信息对称性和完全性，避免重大决策失误和巨大钻井资源浪费。②制定集团公司钻井业务发展战略，优化配置各种钻井资源，最大限度提高劳动生产率，减少关联交易矛盾和问题，实现集团公司钻井业务平稳健康发展和总体效益最大化。③建立科学合理的权、责、利分配制度，最大限度实现钻井管理主体激励相容，避免出现逆向选择和道德风险问题。

（2）建设单位：油田公司及下属二级单位。

（3）施工单位：钻探公司及下属二级单位。

5.3 钻井工程造价管理机制运行

5.3.1 钻井工程造价管理机制运行总体要求

《科学管理原理》指出，管理的主要目标应该是使财富最大化，财富最大化只能是生产率最大化和单位成本最小化的结果。钻井工程造价管理机制运行就是要全过程精细管控钻井造价，实现总体钻井生产效率最大化和综合单位成本最小化，保证股份公司油气勘探开发投资效果最优化和集团公司社会经济效益最大化。

按照经济机制设计理论的信息有效利用、资源配置合理、激励措施相容 3 项原则，以及全面造价管理理论的全过程、全要素、全风险、全团队造价管理 4 个方面，钻井工程全过程造价管理机制运行总体要求概括为：生产组织一体化、技术管理专业化；劳动薪酬差异化、竞争淘汰有序化；计价标准体系化、定价过程动态化；生产效率最大化、综合成本最小化。

5.3.2 钻井工程全过程造价管控运行流程

钻井工程全过程造价管理包括决策阶段、设计阶段、准备阶段、施工阶段、竣工阶段、后评价阶段的合理确定工程造价和有效控制工程造价。图 5-6 给出了两个循环周期的钻井工程全过程造价管控运行流程示意图。

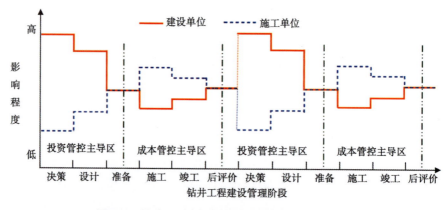

图 5-6　钻井工程全过程造价管控运行流程示意图

图 5-6 中的建设单位是广义的建设单位，包括勘探与生产分公司、油田公司及其下属的二级单位；图 5-6 中的施工单位也是广义的施工单位，包括工程技术分公司、

钻探公司及其下属的二级单位、其他技术服务施工企业。

总体上看，钻井工程全过程造价管控中建设单位处于主要地位，施工单位处于相对次要地位。但是在不同的建设管理阶段，建设单位和施工单位对钻井工程造价的管控重要性和影响程度有很大变化（表5-2）。

表5-2　钻井工程全过程造价管控情况分析

建设阶段	钻井造价影响程度	建设单位	施工单位	管控主导区
决策阶段	最重要，影响最大	主要地位	次要地位	投资管控
设计阶段	非常重要，影响非常大，但低于决策阶段	主要地位	次要地位	投资管控
准备阶段	重要，影响大，但明显低于决策和设计阶段	同等重要地位，并且通过合同或协议使造价管控地位发生转化，建设单位由主要地位转向次要地位，施工单位由次要地位转向主要地位		前期属于投资管控，后期属于成本管控
施工阶段	很重要，影响很大，但重要性和影响程度低于决策和设计阶段，高于准备阶段	次要地位	主要地位	成本管控
竣工阶段	重要，影响大，但低于决策、设计、施工阶段	次要地位	主要地位	成本管控
后评价阶段	重要，影响大，但重要性和影响程度明显低于其他阶段	同等重要地位，并且通过后评价得出的经验和教训，为下一个钻井建设周期打下基础。造价管控地位发生转化，建设单位由次要地位转向主要地位，施工单位由主要地位转向次要地位		前期属于成本管控，后期属于投资管控

5.3.3　钻井工程投资管控和成本管控关系分析

正确认识二者关系是一个基础性关键性问题，对于理解和实践钻井工程造价管理有着至关重要的意义和作用。

钻井工程投资指油气勘探项目或开发建设项目中的钻井工程固定资产投资，即完成一个油气勘探开发建设项目中的钻井工程预期开支或实际开支的全部费用的总和，包括工程费、工程建设其他费、预备费。

钻井工程成本指钻井工程施工过程中所发生的直接材料费、直接人工费、机械使用费、QHSE费用、科技费、其他直接费用和制造费用。

（1）钻井工程投资管控与成本管控主要联系。

钻井工程投资管控与成本管控主要联系表现在：①二者都是研究解决钻井工程花费的钱和支出的问题。②钻井工程投资包括钻井工程项目的全部费用，钻井工程成本一般是钻井工程投资的重要组成部分；③钻井工程投资额度往往大于钻井工程成本额度，个别时候二者也相等。

（2）钻井工程投资管控与成本管控主要区别。

表 5-3 给出了钻井工程投资管控与成本管控主要区别。

表 5-3　钻井工程投资管控与成本管控主要区别

序号	项目	钻井工程投资管控	钻井工程成本管控
1	管控主体不同	业主、项目法人或建设单位	施工单位、承包方
2	管控目标不同	钻井投资效益最大化	钻井综合成本最小化
3	管控重点不同	决策和设计阶段工程投资管理	施工和竣工阶段工程费用管理
4	计算方法不同	按分部分项工程费用项目计算	按人员、机械、材料费用项目计算
5	反映内容不同	投资水平是体现建设单位经营管理水平高低的一个综合指标	成本水平是体现施工单位生产经营管理水平高低的一个综合指标

6 钻井工程全过程造价管控重点

分析问题的角度不同，钻井工程全过程造价管控的重点也有所不同。站在工程造价基本概念角度，全过程定价方法和定价标准最重要，即需要建立一套科学的动态调整的计价标准。站在工程项目建设全过程各个阶段角度，投资决策阶段影响工程投资程度最高，达到75%~95%；设计阶段为35%~75%；施工阶段为5%~35%；竣工阶段为0%~5%。站在管理主体角度，建设单位最重要，其次是施工单位。站在油田公司角度，单位油气产量的钻井投资最少为重点。站在钻探公司角度，综合单位钻井工程成本最小为重点。下面从决策、设计、准备、施工、竣工、后评价6个阶段钻井工程造价管控重点，进一步说明钻井工程全过程造价管理机制运行。

6.1 决策阶段钻井工程造价管控重点

根据油气勘探开发管理制度和业务流程，决策阶段钻井工程造价管理主要满足两个方面需要。一方面是满足公司业务规划计划需要，主要包括中长期业务发展规划、年度钻井投资建议计划；另一方面是满足油气勘探开发项目管理需要，主要包括编制项目立项建议书、可行性研究报告。

6.1.1 建设单位管控重点

对于勘探与生产分公司、油田公司和采油厂等建设单位，决策阶段的主要工作内容是编制钻井投资估算。它是中长期规划、年度建议计划和可行性研究报告的重要组成部分，对于项目的决策及投资成败十分重要。编制工程项目投资估算时，注意以下几点：一是认真收集整理已完工的邻井钻井工程资料和实际造价资料；二是应认真研究石油天然气勘探建设项目或石油天然气开发建设项目的具体内容及国家有关规定；三是合理选择参考指标、估算指标等计价依据，以估算编制时的价格进行编制；四是按照有关规定，合理地预测估算编制后到竣工期间的价格、利率、汇率等动态因素的变化；五是合理估算工程预备费，准备足够的建设投资，确保投资估算的编制质量。

决策阶段建设单位管控钻井工程造价的主要指标应该是单位储量钻井投资、单位产量钻井投资或者单位产值钻井投资等。采用按单位钻井投资效益高低排队方法，进行多方案比选，优化安排产能建设项目和年度投资计划。在总投资规模一定的条件下，控制低效区块钻井工程量，保证油田公司和股份公司整体单位钻井投资效益最大化。

对于探井和评价井，可以按新增单位储量钻井投资多少进行排队；对于开发井，可以按新增单位产能钻井投资多少进行排队，若考虑油价因素，也可以按新增单位产值钻井投资进行排队。结合其他相关业绩指标，做出建设单位、油田公司、勘探与生产分公司年度投资计划排列组合，优选2~3套方案供决策。示例如下：

某建设单位有10个区块，年度钻井建议计划相关参数如表6-1所示。按各区块单位产量钻井投资由小到大排序结果参见表6-2。3套推荐方案钻井总投资、总产量和单位产量钻井投资情况参见表6-3，变化趋势如图6-1所示。根据当年投资总规模和产量任务指标选择合适推荐方案，保证在现有条件下单位产量钻井投资额度最小化，钻井投资计划安排最优化。

表6-1　某建设单位10个区块年度钻井计划相关参数

序号	区块	井数 （口）	平均井深 （m）	进尺 （m）	估算指标 （元/m）	钻井投资 （万元）	平均单井产量 （t/d）	年产量 （t）
合计		267		732285		313877.36		427502.60
1	A	8	2560	20480	2233	4573.18	3.52	10278.40
2	B	10	1765	17650	2561	4520.17	2.88	10512.00
3	C	6	4256	25536	5245	13393.63	6.53	14300.70
4	D	30	1584	47520	2235	10620.72	1.99	21790.50
5	E	18	2795	50310	3646	18343.03	4.23	27791.10
6	F	12	3655	43860	5678	24903.71	10.66	46690.80
7	G	3	5126	15378	7719	11870.28	23.11	25305.45
8	H	52	4513	234676	5321	124871.10	5.16	97936.80
9	I	123	2115	260145	3568	92819.74	3.58	160724.10
10	J	5	3346	16730	4759	7961.81	6.67	12172.75

表6-2　10个区块单位产量钻井投资排序情况

区块	井数 （口）	投资 （万元）	年产量 （t）	单位产量钻井投资 （元/t）	累计钻井投资 （万元）	累计产量 （t）	累计单位产量 钻井投资 （元/t）
B	10	4520.17	10512.00	4300.00	4520.17	10512.00	4300.00
A	8	4573.18	10278.40	4449.32	9093.35	20790.40	4373.82
G	3	11870.28	25305.45	4690.80	20963.63	46095.85	4547.83
D	30	10620.72	21790.50	4874.01	31584.35	67886.35	4652.53

续表

区块	井数 （口）	投资 （万元）	年产量 （t）	单位产量钻井投资 （元/t）	累计钻井投资 （万元）	累计产量 （t）	累计单位产量 钻井投资 （元/t）
F	12	24903.71	46690.80	5333.75	56488.06	114577.15	4930.13
I	123	92819.74	160724.10	5775.10	149307.79	275301.25	5423.43
J	5	7961.81	12172.75	6540.68	157269.60	287474.00	5470.74
E	18	18343.03	27791.10	6600.32	175612.62	315265.10	5570.32
C	6	13393.63	14300.70	9365.72	189006.26	329565.80	5735.01
H	52	124871.10	97936.80	12750.17	313877.36	427502.60	7342.12

表6-3 3套推荐方案钻井总投资、总产量和单位产量钻井投资情况

方案	区块	井数 （口）	进尺 （m）	钻井总投资 （万元）	总产量 （t）	单位产量钻井投资 （元/t）
方案一	B，A，G，D	51	101028	31584.35	67886.35	4652.53
方案二	B，A，G，D，F，I，J	191	421763	157269.60	287474.00	5470.74
方案三	B，A，G，D，F，I，J，E，C，H	267	732285	313877.36	427502.60	7342.12

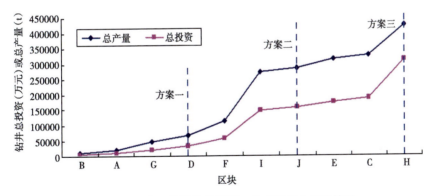

图6-1 10个区块钻井总投资、总产量变化趋势情况

6.1.2 施工单位管控重点

对于工程技术分公司、钻探公司以及油气区事业部等施工单位，决策阶段的主要工作内容应该是分析确定和部署总体钻井队伍资源，使高达数百亿甚至上千亿元的施工设备高效动用，确保集团公司总体钻井生产效率最大化，综合单位成本最小化。根据股份公司、油田公司和各个油气区中长期规划、年度建议计划和可行性研究确定的钻井工程量和主要钻井施工参数与条件，合理调配部署各种施工队伍，保证集团公司总体钻井人员、设备、材料消耗科学合理。

6.2 设计阶段钻井工程造价管控重点

根据油气勘探开发管理制度和业务流程,设计阶段钻井工程造价管理主要满足两个方面需要。一方面是满足公司业务规划计划需要,主要是年度钻井投资实施计划;另一方面是满足油气勘探开发项目管理需要,主要包括区块标准井钻井工程设计和单井钻井工程设计。

6.2.1 建设单位管控重点

对于年度钻井投资实施计划管控,可以参照决策阶段的单位钻井投资效益排队方法,采用概算指标进行多方案比选。此外,设计阶段建设单位管控钻井工程造价主要是加强钻井工程设计管理,优化工程设计参数,尽可能减少低效和无效钻井工程量和各种措施作业工作量。

6.2.1.1 推行标准化设计

推行标准化设计,可以实现技术与经济有效结合,可以有效控制低效、甚至无效技术措施项目和工程量。根据本油气区地质、工程条件和生产组织方式,在满足勘探开发目的和安全生产基础上,设定钻井设计标准化项目和非标准化项目。标准化项目是钻井工程施工所必需的设计项目,非标准化项目是为了提高某一方面生产效率或更好的工程质量而实施的一些辅助性技术措施。标准化项目直接由设计单位按照相关技术标准和要求实施设计,非标准化项目需要经过一定管理程序进行论证和审批后方可实施设计。

例如,某油田公司 2013 年推行标准井控制,2014 年推行标准化设计。钻井标准化设计是指分区块与井型、井身结构建立标准井,以标准井设计作为拟实施新井钻井设计的参照文本,标准化设计内容包含标准项目与非标准项目两部分。标准项目依据标准化设计文本正常设计,非标准项目按管理权限由油田公司专业部门、主管领导进行事前审批。依据钻井标准化设计编制概算,作为新井投资计划下达、钻井施工与完钻结算的控制限额。2014 年在 32 个区块采用 35 口标准井钻井标准化设计,下达了 194 口井计划投资。通过事前审批控制,非标准项目应用由 2013 年的 316 口井、2611 井次降至 2014 年的 445 口井、1914 井次,单井非标准项目同口径对比降低 48%,节约投资 2.1 亿元。

按照标准井设计文本,将钻井项目划分为 78 个标准项目和 69 个非标准项目,主要内容参见表 6-4 和表 6-5。

表 6-4　钻井设计标准项目主要内容

序号	主要内容	备注
1	设计载荷对应的钻机型号（ZJ70 钻机除外）	
2	正常进尺（含潜山段和水平段进尺）	
3	常规井身结构（套管柱）设计计算采用的 J55、N80、P110、TP110H、BG130TT 型号套管	
4	割缝筛管、打孔筛管、星孔烧结筛管、弹性筛管	
5	MWD、LWD 导向技术	
6	常规钻井工艺与钻具组合	
7	防喷器、节流管汇、压井管汇等井控设计	
8	普通水基膨润土、不分散聚合物、硅氟共聚物、无固相、聚合醇无毒分散等常规钻井液	
9	规范要求的水泥返高	
10	钻时录井、岩屑录井、荧光录井、钻井液录井、井壁取心、信息服务、导向服务	
11	双侧向（2.5m 电阻率）、0.45m 梯度、井斜 DEVI、井径 CAL、声波时差 AC、自然电位 SP、微电极 ML 等小数控测井项目	
12	双侧向—微球、声波时差 AC、补偿中子、补偿密度、自然电位 SP、井径 CAL、井斜 DEVI、自然伽马等 3700 测井项目	
13	磁性定位 CCL、自然伽马 GR、中子伽马 NGR、声波变密度 VDL 等套管内测井项目	
14	弹性扶正器、浮鞋、浮箍、分级注水泥接箍、引鞋、内管注水泥设备、尾管悬挂器、地锚、热应力补偿装置等常规固井工具和套管附件	
15	G 级水泥、G 级加砂水泥、普通水泥添加剂	
16	套管、筛管完井	
17	采油树、承重式井口扶正装置	
18	常规射孔	
19	已应用的成熟、经济、适用的工艺、技术与材料	

表 6-5　钻井设计非标准项目主要内容

序号	主要内容	备注
1	ZJ70 钻机、超设计载荷钻机的应用（如 ZJ20 用 ZJ30、ZJ30 用 ZJ40、ZJ40 用 ZJ50、ZJ50 用 ZJ70 等），以及增加顶驱	专业部门审批项目
2	旋转取心	
3	非常规井身结构（高等级套管柱）：TP120TH 套管、气密扣套管，以及超设计计算钢级型号套管的应用。如 J55 套管采用 N80、P110、TP110H、BG130TT、TP120TH 套管；N80 套管采用 P110、TP110H、BG130TT、TP120TH 套管；P110 套管采用 TP110H、BG130TT、TP120TH 套管；TP110H 套管采用 BG130TT、TP120TH 套管；BG130TT 套管采用 TP120TH 套管	
4	梯缝筛管、整体烧结筛管、（精密）防砂筛管等特殊筛管	
5	斯伦贝谢（低端）导向技术	
6	旋转接头、防磨接箍、防磨套	
7	液气分离器	

续表

序号	主要内容	备注
8	抗高温抗污染高密度钻井液体系，以及加入油层屏蔽暂堵剂、纳米抗摩防腐剂、抗高温络合剂、油层保护剂	
9	超出规范要求的水泥返高	
10	综合录井、气测录井、轻烃录井、地化录井、元素录井、核磁录井、岩心化验分析，以及分支与鱼骨段井项目	
11	双井径、RFT、C/O、导眼、分支、鱼骨段测井项目	
12	老井复测井斜、取心井测试项目、裸眼测试项目、随钻孔隙压力监测	
13	刚性滚轮扶正器、热力扶正器、（耐高温）管外封隔器、WK 固井器	专业部门审批项目
14	（高温）低密度水泥、超细水泥封堵导眼或老井眼、抗高温固井水泥添加剂	
15	水平井替完井液、替钻井液、原钻机下采油管柱替钻井液	
16	保留导眼完井、分支开窗及完井工具和技术服务	
17	标准套管头、注汽井口、双闸板扩张式蒸汽驱井口	
18	压裂防砂、黏砂套管	
19	127 枪 127 弹高温多脉冲射孔、油管输送式聚能复合射孔、油管输送式外挂复合射孔、防砂射孔、二次或多次射孔	
20	常规压裂、酸化、气举、二次或多次投产	
21	导眼、多底分支、鱼骨分支、密闭取心	
22	斯伦贝谢（高端）、旋转导向	
23	欠平衡钻井	
24	选择性完井、滑套完井	主管领导审批项目
25	砾石充填	
26	哈里伯顿压裂等特殊压裂	
27	未应用过的新工艺、新技术与新材料	
28	投资较大、技术含量高的工艺、技术与材料	

6.2.1.2　建立钻井工程预算预警制度

建立钻井工程预算预警制度，科学管控低效、甚至无效技术措施工程量。以概算指标作为编制单井工程预算的预警指标。当工程预算造价大于概算指标时，造价管理部门要向钻井业务主管部门提出单井投资异常情况说明，按超出概算指标幅度高低和授权级别，分别由建设单位业务主管部门、油田公司业务主管部门、油田公司主管领导决定处置意见。

例如，某油田公司狠抓钻井方案设计优化，按区块通用设计方案测算区块控制成本，实行区块成本预警监控。2011—2014 年共预警钻前、钻井工程 469 井次，节约投资 8.29 亿元。基本做法示例如下：

当钻井工程预算大于预警指标，且超过值≤5%时，由建设单位工程造价管理部门向本单位工程技术与监督部门或勘探开发管理部门等业务主管部门提交相关资料，由建设单位业务主管部门提出处置意见。

当钻井工程预算大于预警指标，且 5%＜超过值≤10%时，由建设单位工程造价管理部门向本单位工程技术与监督部门或勘探开发管理部门等业务主管部门提交相关资料；业务主管部门会同相关科室提出建议意见，并上报油田公司业务主管部门；由油田公司业务主管部门会同相关处室提出处置意见。

当钻井工程预算大于预警指标，且超过值＞10%时，由建设单位工程造价管理部门向本单位工程技术与监督部门或勘探开发管理部门等业务主管部门提交相关资料；业务主管部门会同相关科室提出建议意见，并上报油田公司业务主管部门；由油田公司业务主管部门会同相关处室提出建议，并送油田公司主管领导决定处置意见。

6.2.1.3 优化工程设计参数

6.2.1.3.1 优化井身结构

井身结构直接决定了 1 口井的钻井工程量，对钻井工程造价影响最大。华北油田河西务构造务 103 断块油田，由于馆陶组的砾岩井段岩层胶结疏松，存在缝隙，常常发生井漏。为了保证钻井工程的顺利进行，过去被迫采取下一层 244.5mm 技术套管的措施，套管下入深度 1800m 左右。后来采用了能够随钻堵漏的钻井液，较好地克服了馆陶组砾岩层的漏失问题，简化了井身结构，省去一层 1800m 长的 244.5mm 技术套管。套管重量约 108t，节约 45t 水泥，钻头和钻井液也大幅度减少，建井周期和钻井周期缩短 50%以上，参见表 6-6。一口井节省 200 多万元。

表 6-6 井身结构对钻井周期影响

序号	项目	单位	简化前	简化后	水平提高
1	钻速	m/台月	1053	2114.5	100.8%
2	机械钻速	m/h	6.07	7.92	30.5%
3	钻井周期	d	77.7	37.9	105.0%
4	建井周期	d	91.6	45.2	102.7%

6.2.1.3.2 优化井型

按井眼轨迹将井型分为直井、定向井和水平井。一般定向井工程造价比常规直井要超出 20%～50%，水平井工程造价比常规直井要超出 1～3 倍。表 6-7 给出了某油田开发时直井和水平井工程造价对比结果。

表 6-7 井型对钻井工程周期和造价影响

项目	平均井深（m）	周期（d）	单位费用（元/m）	单井费用（万元）
直井	3904	67.5	2256	881
水平井	4439	120.0	5081	2256
变化幅度	535	52.5	2826	1375
变化率	14%	78%	125%	156%

6.2.1.3.3　优化钻井材料

以套管为例，不同钢级的套管，价格相差较大。H40、J55、K55 等强度较低的套管价格相对便宜，N80 这种强度适中的套管价格也适中，P110、Q125 这种强度较高的套管价格较贵。目前市场套管价格都按"元/t"计算，同种钢级的套管，壁越厚，单位长度套管就越重，每米费用就越高。表 6-8 给出了某油田 244.5mm 套管参考价格。

表 6-8　某油田 244.5mm 套管参考价格

单位：元/m

序号	壁厚 （mm）	J-55 （国产）	N-80 （国产）	N-80 （进口）	P-110 （国产）	P-110 （进口）
1	10.03	315	345	482	375	518
2	11.05	343	375	524	408	563
3	11.99	371	406	567	441	608

如表 6-8 所示，一是同种壁厚套管，钢级越高，套管价格也越高；二是进口套管普遍比国产套管价格高出许多；三是同种钢级套管，管壁越厚每米成本就越高，每增加一个厚度等级，价格约上升 10%；因此选择不同钢级的套管，价格也相差较大，对钻井工程造价造成很大影响。

在套管设计时，应避免将套管安全系数定得过大，造成不必要的浪费。应根据井眼的实际情况进行套管设计，在满足油气井安全的前提下，按井的不同深度、不同压力，根据强度校核分段选用不同钢级、不同壁厚的套管。例如：表层套管由于本身不承受大的地层压力和套管拉力，应选择强度低的壁薄的套管；技术套管和生产套管也应根据在井下实际受力情况，分段选用不同钢级、不同壁厚的套管，只有这样才能降低工程造价。

6.2.1.3.4　优选井位

在满足钻井目的的前提下，科学合理地选择钻井井位，是控制钻前工程造价的重点，也是保证是否顺利钻达目的层的关键环节。井位选择合理，一是可降低钻前施工工作量，缩短施工周期，降低工程造价；二是为选择较简单的钻前构筑物类型、结构等打下基础，降低材料消耗和人工机械消耗；三是可减少钻前临时道路的修建，降低钻前工程造价；四是可减少土地征用费。如井位选址不当，不仅会使钻前工程费用增加，造成不必要的浪费，还会给钻井工程带来很大的困难，影响钻井的速度，造成不必要的人力物力的损耗。更为严重的是，井位坐标选错，不仅达不到钻探目的，还会造成工程报废或地质报废。

6.2.1.3.5　优选资料录取要求

不同类别的井，担负地质任务和目的不同，录取资料的项目、数量均有很大的差别，导致工程造价也有所不同。表6-9、表6-10、表6-11给出了各类井录取资料的基本要求对比情况。资料录取的项目、内容、数量不是越多越好，超过了规定要求，就会造成无效工作量，因此提出"不多取一包无效岩屑，不多取一米无效岩心"。但是在目的层段必须要取的岩屑、岩心资料一点也不能少。另外，在保证地质任务完成的前提下，取心长度尽量与取心筒长度相配，以减少起下钻的次数，缩短钻井周期。

表6-9　各类井上交资料数量及钻井取心进尺要求

井别	资料上交数量（项）			钻井取心进尺
	原始资料	完井资料	分析化验资料	
区域探井	15	23	16	大于设计井深进尺3%
预探井	14	23	17	大于设计井深进尺1%
评价井	13	21	3	部分井取心
开发井	13	21	3	少数井取心

表6-10　各类井岩屑录井录取资料要求

井别	非目的层		目的层	
	浅层（m/包）	中深层（m/包）	砂泥岩（m/包）	碳酸盐岩（m/包）
区域探井	5~10	2~5	1~2	0.5~1.0
预探井	10	5	1~2	0.5~1.0
评价井			1~2	0.5~1.0
开发井			1~2	0.5~1.0

表6-11　各类井分析化验项目及录井仪器选择

井别	分析化验项目	录井仪器
区域探井	全井系统取样、地层岩性、物理化学性质古生物等16项	全井综合录井
预探井	全井系统取样、地层岩性、物理化学性质古生物等16项	全井气测录井、个别井综合录井
评价井	岩石矿物、油层物性、油气水分析3项	部分井气测录井，其余用简易或自动录井仪录井
开发井	岩石矿物、油层物性、油气水分析3项	油层段用简易或半自动仪录井

6.2.1.3.6　优选完井方式

完井方式不同所需要的材料差异很大，工艺也不相同，因此工程造价也相差很多。如普通裸眼完井只需把技术套管下至目的层顶部固井，然后再钻开目的层完井，这样工序相对简单，造价相对便宜；而用射孔完井，不仅多下一层生产套管，而且比裸眼完井多一道射孔工艺；如果需要下入各种筛管或封隔器完井，工艺就更复杂，井下工具多，造价就更高一些。但也不是完井方式越简单越好，而是要根据储层特点，在保证完成勘探开发任务的前提下，优选完井方式，避免产生过剩功能。

6.2.1.3.7　优选探井试油层位

探井试油是对一个层、一口井或是一个构造有油无油下结论的工程，试油层位的选择关系到试油有效工程量，对工程造价影响很大，是降低勘探工程造价的关键。

要提高试油的投资效益，就要树立用较少的试油工作量，较快地搞清地下情况的观点，克服似乎试油层位越多越放心的心理。试油层位的确定要分清重点层位和次要的验证层位，提出不同的取资料要求，切忌分层过细，主次不分，造成试油时间过长。在确定层位时首先打开最理想的层，以尽快取得资料。各油田都有不少由于试油层位选择不当，主次不分，造成"好事多磨"、"溃于试油一战"的沉痛教训，花费了巨额代价。

试油层位选择遵循两个基本原则：一是根据不同勘探阶段的钻探目的进行选择。区域探井钻探目的是了解勘探地区的地层层序、岩性厚度和生油条件、储盖层组合情况，试油层位首先选择最好的油气显示层射开试油；预探井钻探目的是查明油气层位及确定有无工业价值，试油层位应首先打开最理想的层段；评价井钻探目的是探明油气层特性及油气边界，圈定含油气面积，试油层位的选择应以搞清油气水层分布、油层物性、产能特征、压力系统和油气藏的驱动类型及特征为目的，合理选择试油层位。二是对所选择的层位要自下而上进行试油。

6.2.2　施工单位管控重点

设计阶段施工单位管控钻井工程造价主要体现在要全面分析钻井工程所要遇到的风险和问题，应用先进适用的钻井技术。

6.2.2.1　钻井工程设计应考虑的问题

钻井工程设计中应重点考虑的 16 个方面问题提示如下：

（1）井场准备问题；

（2）异常地层压力问题；

（3）砾石层、高渗透性砂岩或裂缝性地层等井漏问题；

（4）井斜控制问题；

（5）易水化分散泥岩段和易泥包钻头井段的问题；

（6）机械钻速问题；

（7）井眼扩大问题；

（8）键槽、压差、井眼不清洁及缩径等卡钻问题；

（9）盐岩层和膏岩层问题；

（10）浅气层问题；

（11）高温问题；

（12）沿水泥环的气窜问题；

（13）储层损害问题；

（14）有毒有害气体问题；

（15）岩屑和钻井液的排放问题；

（16）气候问题。

6.2.2.2 应用先进适用钻井技术

6.2.2.2.1 关于先进适用钻井技术的认识

应用先进适用的钻井技术是控制钻井工程造价的一个重要手段。对先进适用的钻井技术应有正确的认识和理解。"适用技术"是指适合工程实际情况、能产生最大的综合经济效益的技术。"适用技术"注重的是效果，而不是单纯的先进技术，先进的适用的钻井技术是保证工程质量、速度和安全性的关键。技术与经济综合分析选用先进适用技术，保证最大限度合理确定工程造价。

推广先进适用的钻井技术，要正确处理新技术的应用和降低工程成本的关系，不能孤立的只算投入，不算产出，要用钻井新技术增加的投入和提高钻井速度、质量带来的收益进行综合分析，从钻井工程的整体效益权衡进行决策。如欠平衡钻井新技术，有利于发现低压储层和保护油气层，并能提高钻速，降低钻井费用，但是只有在合适的地质条件下，如硬地层、欠压或衰竭地层、高渗（大于1000mD）、胶结良好的晶间砂岩和碳酸盐岩、高渗弱胶结砂岩等地层，才能取得较好的效果，否则难以补偿欠平衡钻井装备的巨额投入。因此要在推广使用新技术时，必须要注意各种钻井新技术的使用条件，要考虑技术选择的经济效果，要从技术的先进性、适用性综合考虑，不要脱离生产经营实际，单纯的为使用新技术而使用新技术。

6.2.2.2.2 应用先进适用钻井技术示例

下面以钻进钻头选型优化为例进行说明。

6.2.2.2.2.1 钻头选型步骤

钻头选型原则：单只钻头进尺多、机械钻速高、口井钻头消耗数量少、钻井费用低是钻头选型的基本原则。通常钻头选型包括以下4个步骤。

第1步：根据地层岩石可钻性和研磨性及钻头的破岩机理结构特性选择，钻头选型的实质是使钻头类型与所钻地层的岩性相适应。

第2步：用费用计算方法初选钻头类型，即

$$C_t = \frac{C_b + C_r (T_r + T_c + T)}{H}$$

式中，C_t 表示进尺费用，元/m；C_r 表示钻进作业费，元/h；C_b 表示钻头价格，元/只；T_r 表示起下钻换钻头时间，h；T_c 表示钻头纯钻进时间，h；T 表示接单根时间，h；H 表示钻头总进尺，m。

第3步：用等成本方法调整钻头类型。调整的原则是调整后的钻头类型，应使进尺费用低于或者至少等于调整前的进尺费用。

第4步：用钻井预测方法确定全井钻头序列。

6.2.2.2.2.2 钻头选型优化方案示例

已知条件：某油田开发井钻井工程设计时，钻进作业日费为 7.68 万元/d，二开井段采用 311.1mm 钻头，表 6-12 和表 6-13 给出了两个钻头选型方案。

表 6-12　311.1mm 钻头选型方案一

序号	型号	井段（m）	钻速（m/h）	进尺（m）	起下钻时间（h）	钻进时间（h）	接单根时间（h）	钻头价格（万元）
1	HJ437G	800~1080	2.50	280	10.60	112.00	2.80	3.35
2	HJ437G	1080~1210	2.00	130	11.76	65.00	1.30	3.35
3	HJ517	1210~1360	1.50	150	13.09	100.00	1.50	6.50
4	HJ517	1360~1450	1.50	90	13.89	60.00	0.90	6.50
5	JEG535	1450~2520	2.00	1070	23.40	535.00	10.70	43.25
6	BD536	2520~3500	2.00	980	32.11	490.00	9.80	45.12
合计				2700	104.84	1362.00	27.00	108.07

表 6-13　311.1mm 钻头选型方案二

序号	型号	井段（m）	钻速（m/h）	进尺（m）	起下钻时间（h）	钻进时间（h）	接单根时间（h）	钻头价格（万元）
1	HJ437G	800~1080	2.50	280	10.60	112.00	2.80	3.35
2	HJ437G	1080~1210	2.00	130	11.76	65.00	1.30	3.35
3	HJ517	1210~1360	1.50	150	13.09	100.00	1.50	6.50
4	HJ517	1360~1450	1.50	90	13.89	60.00	0.90	6.50
5	HJ537	1450~1730	2.20	280	16.38	127.27	2.80	6.65
6	HJ537	1730~1990	2.00	260	18.69	130.00	2.60	6.65
7	HJ537	1990~2220	1.80	230	20.73	127.78	2.30	6.65
8	HJ537	2220~2430	1.60	210	22.60	131.25	2.10	6.65
9	HJ537	2430~2580	1.20	150	23.93	125.00	1.50	6.65
10	BD536	2580~3500	2.00	920	32.11	460.00	9.20	45.12
合计				2700	183.78	1438.30	27.00	98.07

方案一共用 6 只钻头，钻头费用 108.07 万元；方案二共用 10 只钻头，钻头费用 98.07 万元，比方案一减少钻头费用 10.00 万元。若仅对比钻头费用，应选用方案二。

进一步对比钻井总时间和钻井总造价，参见表 6-14。对比方案二，方案一钻井总时间减少 6.47d，钻井总造价减少 39.68 万元，单位进尺工程造价减少 147 元/m。因此，选择方案一作为钻井工程设计中 311.1mm 钻头设计推荐方案。

表 6-14　311.1mm 钻头选型方案对比

序号	项目	计算公式	方案一测算	方案二测算	方案二-方案一
1	钻井总时间	（起下钻时间+钻进时间+接单根时间）÷24	62.24d	68.71d	6.47d
2	钻进作业费	钻井总时间×钻进作业日费	478.03 万元	527.71 万元	49.68 万元
3	钻头费		108.07 万元	98.07 万元	−10.00 万元
4	钻井总造价	钻头费+钻进作业费	586.10 万元	625.78 万元	39.68 万元
5	单位进尺工程造价	钻井总造价÷总进尺	2171 元/m	2318 元/m	147 元/m

6.2.2.2.2.3　钻头选型优化实例

下面以实例说明应用先进适用的钻井技术。1998—1999 年在川西地区使用 PDC 钻头，与牙轮钻头相比，在同地区、同地层、同井段条件下单只钻头进尺和机械钻速都成倍增长，大幅度缩短钻井周期，浅井缩短 6~7d，中深井缩短 30d。尽管单只 PDC 钻头价格比牙轮钻头高出 5~8 倍，但每米钻井造价降低 21%~35% 左右，参见表 6-15。

表 6-15　钻头优化对钻井工程造价影响

井型	钻头直径（mm）	钻头类型	统计量（只）	平均单只进尺（m）	平均机械钻速（m/h）	每米钻井造价（元）
浅井	φ216	牙轮	27	134	2.96	282
	φ190	PDC	22	297	5.76	222
	对比			163	2.80	−60
	变化率			122%	95%	−21%
中深井	φ216	牙轮	30	225	2.23	415
	φ190	川克 PDC	6	1437	3.72	271
	对比			1212	1.49	−144
	变化率			539%	67%	−35%

6.3　准备阶段钻井工程造价管控重点

准备阶段主要工作是工程项目开工手续报批、井场和道路前期准备、招标投标、选择钻井施工队伍。

6.3.1　建设单位管控重点

建设单位管控钻井工程造价重点是招标过程中的编制工程量清单、编制标底、签订鼓励性计价合同 3 个方面。

6.3.1.1　编制工程量清单

编制工程量清单应按照有关规定，采用统一的工程项目划分方法、统一的计量单位、统一的工程量计算方法。编制工程量清单时需要注意以下几点。

（1）编制依据全面充分。

必须全面掌握工程有关资料，如钻井地质设计、钻井工程设计、钻机类型等。实地勘察钻井现场，了解实际施工条件，为计算工程量打好基础，尽量减少日后工程变更。这是有效控制钻井工程造价的关键环节之一。

（2）工程项目划分科学合理。

要求项目之间界限清楚，作业内容、工艺和质量标准清楚，便于计量和报价。项目划分尽量要细，避免不平衡报价。

（3）工程量清单项目应尽可能周全。

不重不漏是编制招标工程量清单的最基本要求，清单中漏掉的项目会引起工程造价失控。因此，编制清单时应有一定的预见性，增列一些可能发生的项目，列入少量的工程量。

（4）清单说明言简意赅。

清单说明应包括工作内容的补充说明、特殊工艺要求、主要材料规格型号及质量要求、现场施工条件、自然条件等。尤其是现场施工条件和自然条件说明，应表述准确，便于投标单位了解情况。

（5）配套表格操作性强。

清单配套表格设计合理、实用直观，要使投标操作起来不繁琐，又要利于评标方便快捷，不要产生误操作。

6.3.1.2　编制标底

工程招标标底是评价投标人所投单价和总价合理性的重要参考依据，是合同管理中确定合同变更、价格调整、索赔和额外工程价格的依据。因此，准确计算标底对控制工程造价具有重要意义。编制标底时需要注意以下几点。

（1）标底要符合相关规定。

根据国家有关规定、技术标准、工程量清单、招标文件要求，参照国家、行业、地方或企业批准发布的计价标准和要素市场价格，确定工程量和标底，标底价格反映社会平均水平。

（2）标底要与市场相吻合。

标底作为招标人的期望价格，应力求与市场的实际变化相吻合，要有利于竞争和保证工程质量。

（3）标底要控制在限额内。

一般应控制在批准的工程投资估算或概算额度以内。

（4）标底要考虑价格变化。

编制标底时应考虑人工、设备、材料等价格变化因素。采用固定价格时，还要考虑工程风险准备金。

（5）一个工程只能编制一个标底。

6.3.1.3 签订鼓励性计价合同

确定合理的合同价格和签订严密的工程合同，是控制工程造价的重要手段之一。合同价款是发包人和承包人双方最关心的核心条款。对于钻井承包商而言，有总包价、进尺价、日费价及各种鼓励性组合计价；对于技术服务承包商而言，有固定合同价、可调合同价及各种鼓励性组合计价。具体工程承包的计价方式可以是单一的计价方式，也可以是采用组合计价方式。前提是有利于控制工程造价。

从 20 世纪 90 年代开始，国际上越来越多的石油公司采用鼓励性计价合同模式，以促进作业效率的提高、控制和降低钻井成本。鼓励性计价模式是根据钻井承包商在指定工作范围内承担风险的程度，石油公司按作业指标给钻井承包商支付报酬的一种计价方式，基本上是 3 种基本合同方式的变形和组合。根据资料分析，鼓励性计价模式主要有鼓励性日费计价、鼓励性风险分担计价、鼓励性总包计价等 3 种类型。

（1）鼓励性日费计价。

鼓励性日费计价方法是在传统日费计价方法基础上，增加一些鼓励性措施和相应条款，以激励承包商的积极性，改善作业指标；石油公司则因作业指标改善而降低成本，提前发现或生产油气。合同双方根据以往的作业经验和邻井资料，并结合钻井设计，共同制定考核指标。在实施过程中，若实际作业指标优于设计考核指标，钻井承包商除按日费率获得报酬外，还将获得按事先确定的方法计算的报酬，归纳起来主要有 5 种方法。

①根据钻时确定。钻井承包商奖金=（实际钻时-目标钻时）×奖金系数。这种方法在美国墨西哥湾沿岸开发井钻井中获得成功应用。

②根据钻井液成本确定。石油公司和钻井承包商事先商定好目标钻井液成本和节约或超支的分摊比例，钻井承包商奖金=（目标钻井液成本-实际钻井液成本）×分摊比例。

③根据钻头成本确定。参照邻井数据计算平均钻头成本，钻头成本节约部分全归

钻井承包商。

④根据单位进尺成本确定。根据以往作业经验和资料，石油公司和钻井承包商设定每米作业目标费用，不包括套管、水泥、测井以及井口等费用，若实际每米作业目标费用低于目标值，则钻井承包商按设定的计算方法获得奖金。雪佛龙公司在美国加利福尼亚州油田钻井时得到很好应用。

⑤根据综合钻井周期确定。在合同中采用设计钻井周期乘以正常日费标准确定一口井固定的总费用，同时规定了一个钻井周期上限，通常是设计钻井周期的1.1倍。分3种情况计费：一是实际钻井周期少于设计钻井周期，石油公司除按正常日费标准和实际钻井周期向钻井承包商支付报酬外，按提前完成天数的50%和日费标准支付给钻井承包商；二是实际钻井周期在设计钻井周期及其上限之内，石油公司将按固定的总费用支付给钻井承包商；三是实际钻井周期超出设计钻井周期上限，石油公司除支付给钻井承包商固定的总费用外，超出上限的天数按正常日费标准支付。在后两种情况下，钻井承包商的实际收入低于按正常的日费标准计算的收入。

（2）鼓励性风险分担计价。

按照石油公司和钻井承包商双方同意的比例，一部分以进尺费计价，其余部分按日费计价。费率计算公式为

$$S_f = D_p \times F \times R \div H_p$$

$$S_t = （1-F） \times R$$

式中：S_f 为鼓励性进尺费率，\$/m；D_p 为在鼓励性进尺费率下钻达目标深度或设计总深度的预计时间，d；F 为鼓励性系数，$0<F<1$；R 为钻井服务作业日费率，\$/d；H_p 为目标深度或设计总深度，m；S_t 为鼓励性日费率，\$/d。

鼓励性系数 F 趋于1时为进尺费计价，若在钻井过程中发生问题，钻井承包商承担主要风险；而鼓励性系数 F 趋于0时为日费计价，石油公司承担主要风险。如果要钻的井存在许多难以预测的因素，通常采用较低的鼓励性系数，日费部分较大；如果只有较少的不确定因素，则采用较高的鼓励性系数，进尺费部分较大。这种方式具有较强的灵活性，因而可用于各种类型的井。

（3）鼓励性综合总包计价。

鼓励性综合总包计价指钻井承包商交付一口合格的完成井，采用一次性支付总费用，并根据作业指标予以奖励的一种计价模式。根据资料分析，这种方式又可以分为两种方法。

①发放奖金。奖金依据3个指标计算：总钻井时间（包括为钻达目的井深所需的所有作业）、钻井液成本和钻头成本。若提前完成，则节省时间内所有与时间相关成本的50%作为奖金；钻井液成本和钻头成本的节省或超支，则由承包商和石油公司各

分享或分担一半。全部奖金由参与项目的所有服务公司和作业队伍共享。钻井承包商行使管理权，石油公司监督、检验作业质量是否满足规范要求。

②追加工作量。根据前一个阶段或者前一批井的钻井作业指标优良程度，在后续各批钻井作业中，直接追加一定的钻井量。据相关报道，2010年4月，英国石油公司为作业者，开发伊拉克鲁迈拉油田，对外签订了首批3份价值至少5亿美元的49口井钻井协议。获得3份钻井合同的公司分别是美国威德福国际公司、美国斯伦贝谢公司与伊拉克钻井公司组建的合资公司、中国大庆钻探公司。威德福国际公司将钻7口井，斯伦贝谢公司和大庆钻探公司将钻21口井，而其余21口井的钻井合同将授予以上3家中钻井速度最快和钻井效率最高的公司。

此外，对于关联交易总承包，可以采用多种分级合同价的激励性措施。每年年初对本油气区范围的关联交易钻井队伍进行分级评审，如按人力资源30%、设备配套30%、施工业绩40%的权重，评选出甲级、乙级、丙级钻井队伍，施工期间实行动态管理。对于甲级队伍，合同价在标准化价格基础上上浮一定比例，如3%~5%；对于乙级队伍，合同价执行油田公司发布的标准化价格；对于丙级队伍，合同价在标准化价格基础上下调一定比例，如3%~5%。

6.3.2 施工单位管控重点

准备阶段施工单位管控重点主要有两个方面，一方面是准确确定钻井工程合同价格，另一方面是科学选择钻井生产设备。

6.3.2.1 准确确定钻井工程合同价格

首先要非常熟悉工程量清单计价规则，详细分析研究钻井工程招标文件和要求。其次要采用盈亏平衡法等科学有效方法准确测算钻井工程合同价格。通常各种预算定额、概算定额是一个固定数值，而合同价格同生产组织方式密切相关，并且同钻井工作量多少关系重大。如果不管生产组织方式和工作量多少，直接套用定额，可能会产生偏差，有时偏差会很大。下面举例说明钻井工程合同价格与生产组织方式关系，如图6-2所示。

某钻井工程项目的工作量 Q 已经确定，钻井经营收入会随着钻井工程价格的增加或减少而呈线性增长或降低。在钻井工作量 Q 的条件下，生产组织方式可以有 A 方案和 B 方案，对应的钻井成本可分为 A 固定成本和 A 变动成本、B 固定成本和 B 变动成本。对于 A 方案生产组织方式，A 点是盈亏平衡点，对应的总成本或总收入均为 C_A，合同价格为 P_A。对于 B 方案生产组织方式，B 点是盈亏平衡点，对应的总成本或总收入均为 C_B，合同价格为 P_B。很显然，P_A 远大于 P_B。

下面科学选择钻井生产设备会进一步说明生产组织方式的影响。

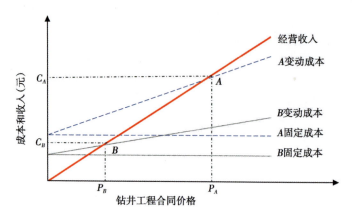

图 6-2　钻井工程合同价格与成本和收入关系

6.3.2.2　科学选择钻井生产设备

一般钻井施工设备价格高，在钻井成本构成中所占比例大，进而对钻井工程造价影响程度大。因此，根据施工项目复杂程度，合理配置钻井施工设备类型，避免出现大马拉小车的现象，有效管控钻井造价，举例如下。

6.3.2.2.1　优选固井设备

固井设备的配置对工程造价影响很大。根据固井特种车辆的产地和性能，不同的特车价格相差很大。例如同是水泥车，CPT-986 和哈里伯顿水泥车价格昂贵，但它们具有马力大、功能全，能适应各类固井作业需要。国产 SNC35-16Ⅱ型和罗马尼亚的 AC-400B、AC-400C 型水泥车相对价格便宜，一般中深井都能固，使用费用低。因此，固井队应根据生产实际合理配置水泥车，即有适应深井和超深井固井用的大马力进口水泥车，也有适应固浅井、中深井用的国产水泥车。如果不管所固井的深浅，一味追求使用大马力性能优越的进口水泥车固井，势必浪费资源，固井作业费用高。

6.3.2.2.2　优选录井仪器

完成同样的地质录井任务，不同的录井仪器所需的费用差别很大。一般来讲，国产综合录井仪录井比气测录井仪录井每日费用多 25% 左右，进口综合录井仪录井比气测录井仪录井每日费用多 85%，进口综合录井仪录井比国产综合录井仪录井每日多 50% 左右。区域探井、重点预探井、水平井和超过 5000m 的深井一般使用综合录井仪，区域探井和重点预探井必要时使用进口综合录井仪，其余井均可采用气测录井仪，开发井基本使用简易地质录井仪就可完成地质录井任务。这就要分析综合各种因素，究竟选用哪种仪器，既能满足地质的需要，又可以节省录井费用。另外，除非一些重点探井或特殊复杂井，需要立即得到一些分析化验资料外，一般在化验室内可解决油气评价问题的化验项目，就不必一定要进行现场定量分析化验，因为一旦仪器搬往现场，其费用就要增加许多。因此，选择录井仪器是降低录井工程造价的重要因素。

6.3.2.2.3　优选测井设备

测井作业费是按测井项目和选用的测井仪器计价的，因此测井作业费取决于测井系列和设备。需要根据不同地区、不同类型油气藏和不同的井别（区域探井、预探井、评价井、开发井），优选测井系列，否则就会造成浪费。而可以完成相同地质任务的同一测井项目，不同的测井仪器，测井价格相差很大，如引进数控测井一般为国产数控测井的 2.5 倍左右。因此能用国产数控测井仪器完成地质任务的，就不必用引进数控测井仪器，需要慎重对待测井仪器的选择。在选用测井系列时，一定要从实际出发，要根据所测对象、所要解决的任务和仪器的技术性能，选择适用的不同的下井仪器，做好性能价格比分析，这是降低工程造价的关键。

但是对于一些特殊地质条件，一些常规的测井方法难以完成地质任务，就必须要优选适用的特殊测井方法。如在低饱和度的地层中，精度差的仪器可能会减弱气层的异常指示，对地层含气异常指示不明显，容易导致电测解释失误，影响油气层判别。这就要选择新方法测井，不能因为新方法测井费用高而不用。

6.4　施工阶段钻井工程造价管控重点

施工阶段是实现钻井工程价值的主要阶段，也是资金投入量最大的阶段。钻井工程造价管理的工作内容包括组织、经济、技术、合同等多个方面，每个方面涉及内容很多，这里仅能举例部分内容进行说明。

6.4.1　建设单位管控重点

建设单位需要编制工程资金使用计划，确定和分解工程造价控制目标；进行风险分析，制定防范性对策；进行工程计量；复核工程付款账单，签发付款证书；施工过程跟踪控制，定期比较实际支出和计划目标，发现偏差及时分析原因，采取纠偏措施；协商确定工程变更价款；审查完工结算。下面从 5 个方面举例说明。

6.4.1.1　编制资金使用计划

资金使用计划的编制和控制在整个工程建设管理中处于重要而独特的地位，它对工程造价的重要影响表现在以下几个方面。一是编制资金使用计划，可以合理确定造价控制的总目标值、分目标值、各详细目标值，为工程造价控制提供依据，为资金筹集与协调打下基础；二是编制资金使用计划，可以对未来工程项目的资金使用和进度控制进行预测，消除不必要的资金浪费和进度失控；三是通过严格执行资金使用计划，可以有效地控制工程造价上升，最大限度节约投资，提高投资效益。

资金使用计划可按不同子项目编制。需要对工程项目进行合理划分，划分的粗细程度根据实际需要而定，一般分解到各单项工程和单位工程。

资金使用计划也可按时间进度编制。一是确定工程项目进度计划，编制进度计划横道图；二是根据单位时间内完成的实物工程量或投入的人力、物力、财力计算单位时间（月或旬）的投资，在时标网络图上按时间编制资金使用计划；三是计算规定时间计划累计完成的投资额；四是按各规定时间的计划累计完成投资额，编制投资计划值曲线。

6.4.1.2　注意工程计价依据的使用条件和范围

不但不同的钻井工程施工队伍计价方法和取费标准有很大差别，对于同一施工队伍，其不同施工状态的取费标准也是不同的，各种综合单价、材料价格、运输价格等计价依据的使用是有一定前提条件的。如塔里木钻井日费单价有 10 种之多，每一种都是有其适用条件和范围。下面以塔里木钻井日费时效划分种类进行说明。

塔里木钻井日费各类费用所含时效划分为 10 类、12 种结算方法，其内容如下。

（1）钻进日费。钻井队从开钻到完钻过程中钻进进尺和按设计及监督指令进行地层钻进取心的时间，包括起下钻、接单根、钻进过程中阶段钻井液循环、换钻头（含取心钻头和工具）、钻水泥塞等正常作业的时间，按钻进日费付费。将钻进费率作为 1，以下各类不同时效付费系数均与钻进日费比较确定。

（2）钻前日费。钻井队提前上井，进行设备安装、质量验收、试车、配钻井液、打鼠洞等其他开钻前准备工作的时间，按钻前日费付费。钻前日费付费定额为 5d。付费系数为 0.50。

（3）固井日费。指电测完后电测队交还钻井队井口起，至注完水泥拆完水泥头止的时间为固井时间，按固井日费付费。固井时间包括下套管前划眼、下套管、注水泥前的钻井液循环、装拆水泥头、注水泥等工序时间；探水泥面、尾管回接也属固井时间。付费系数为 0.83。

（4）测井日费。指按设计钻完预定井深，钻井队将井口交给测井队时起，至电测完将井口交还钻井队止的时间为测井时间，按测井日费付费。垂直地震测井时间也计为测井时间。付费系数为 0.75。

（5）中测日费。钻井队按设计或监督指令下入封隔器（桥塞），从坐封开始至解封起钻止为中测时间，按中测日费付费。付费系数为 0.80。

（6）完井日费。钻井队钻完设计井深，完井电测完成后或下尾管注完水泥起，至从井架上甩完最后一根钻杆止为完井时间，按完井日费付费。完井电测或下尾管注完水泥后，进行原钻机试油，即按原钻机试油时间和日费计算。试油完毕后属于装拆井口、甩钻杆等工作，仍计作完井时间，按完井日费付费。付费系数为 0.80。

（7）原钻机试油日费。从完井电测后或下尾管注完水泥起至整个试油工作的完成，起出最后一个试油工具装上采油树或封住井口止为原钻机试油时间，按原钻机试油的时效费用标准付费。

（8）辅助生产日费。辅助生产时间指钻井时效中除已列各类项目以外的各种辅助生产时间，包括每钻机月中设备修理定额时间（累计48h）、固井候凝、拆装防喷器、配制处理钻井液及堵漏等时间，按辅助生产日费付费。付费系数为0.75。

（9）停工日费。由于甲方或钻井队责任造成井上停工的时间，如组织停工等材料、等处理事故措施、超过设备修理时间定额以外的修理时间，因设备损坏而更换设备的时间等，分清甲方或钻井队责任，分别按停工日费中的甲方责任费率或乙方（钻井队）责任费率付费。甲方责任停工费率0.68，乙方责任停工费率0.39。

（10）事故处理日费。由于甲方或钻井队责任造成井下事故如卡钻、顿钻、井下落物、井斜超过规定等，在处理时间中，分清甲方或钻井队责任，分别按事故处理日费中甲方责任费率和乙方（钻井队）责任费率付费。甲方责任事故处理费率0.91，乙方责任事故处理费率0.75。

6.4.1.3 准确确定钻井工程施工工程量

准确签认钻井工程施工工程量是控制钻井工程造价的一个核心环节。

施工工程量和工作量是有所区别的。工程量指完成一口井钻井工程必须的消耗，概括为人工、设备、材料三个方面，分为有形工程量消耗和无形工程量消耗；有形工程量有设备消耗材料、化工材料等，无形工程量有人工工时、设备台时等。工作量指完成一口井钻井工程实际发生的消耗，一般是钻井公司和技术服务公司在一口井上实际消耗人工、设备、材料和成本。

二者主要区别：一是工程量是对于建设单位而言，工作量是对于施工单位而言；二是工程量往往不等于工作量，多数情况是小于工作量，有时也大于工作量。

工程量是计算工程造价的基础，必须严格执行设计，认真核实和控制。表6-16举例说明了工程量和工作量区别。

表6-16　工程量和工作量举例

序号	项目	工程量	工作量	监督签认
1	井场修建	修1个井场，合同价25万元	钻前工程队实际修该井场花费的成本18.8万元	修1个井场，工程造价25万元
2	钻进工时	618h	实际施工624h（其中修理工时超出合同规定6h）	618h
3	罐车送水	120车次	125车次（半路车坏5次，未送到井）	120车次

6.4.1.4　确定工程变更与变更价款

工程变更主要包括设计变更、进度计划变更、施工条件变更及原招标文件和工程量清单中未包括的"新增工程"。

由于工程变更会带来工程造价的变化，为了有效控制工程造价，无论任何一方提出工程变更，均需要现场工程师或监督确认，并签发工程变更指令。工程变更的确认一般需要通过以下步骤来实现：一是提出工程变更；二是分析提出的工程变更对工程项目目标的影响；三是分析有关合同条款和会议、通信记录；四是向建设单位提出变更评估报告（初步确定处理工程变更所需要的费用、时间和质量要求）；五是确认工程变更。

工程变更价款的确定方法：一是根据有关规定和标准；二是工程量清单计价工程综合单价确定方法；三是协商单价和价格。

6.4.1.5　投资偏差分析

投资偏差指投资的实际值与计划值的差异，即

$$投资偏差 = 已完工程实际投资 - 已完工程计划投资$$

$$已完工程实际投资 = \sum 已完工程量（实际工程量）\times 实际单价$$

$$已完工程计划投资 = \sum 已完工程量（实际工程量）\times 计划单价$$

投资偏差为正，表示投资超支；投资偏差为负，表示投资节约。

投资偏差参数分为局部偏差、累计偏差和绝对偏差、相对偏差以及偏差程度等。局部偏差：一是指各单项工程、单位工程及分部分项工程的投资偏差；二是对于整个项目中每一控制周期所发生的投资偏差。累计偏差：是一个动态概念，第一个累计偏差在数值上等于局部偏差，最终的累计偏差就是整个项目的投资偏差。绝对偏差指投资实际值与计划值比较所得到的差额。相对偏差 = 绝对偏差/投资计划 =（投资实际值 - 投资计划值）/投资计划值。投资偏差程度 = 投资实际值/投资计划值。

投资偏差分析方法主要有横道图法、曲线法、表格法。横道图法：用不同的横道标识已完工程计划投资、拟完工程计划投资和已完工程实际投资，横道的长度与其金额成正比例。曲线法：用投资累计曲线（S 形曲线）来进行投资偏差分析。表格法：将项目编号、名称、各投资参数及投资偏差数等综合归纳入一张表格中，并且直接在表格中进行比较。

投资偏差原因分析有物价上涨、设计原因、建设单位原因、施工原因、客观原因等方面。物价上涨分为人工涨价、材料涨价、设备涨价、利率和汇率变化等；设计原因分为设计错误、设计漏项、设计标准变化等；建设原因分为增加内容、投资规划不当、组织不落实、协调不佳、未及时提供场地等；施工原因分为施工方案不当、材料代用、施工质量有问题、赶进度、工期拖延等；客观原因分为自然因素、社会原因、

法规变化等。

投资偏差分析要进行纠偏，纠偏的主要对象是建设单位原因和设计原因造成的投资偏差。在组织措施方面：从投资控制的组织管理方面采取措施，落实投资控制的组织机构和人员；明确各级投资控制人员的任务、职能分工、权利和责任；改善投资控制工作流程等。在经济措施方面：主要是审核工程量和签发支付证书。在技术措施方面：主要是对工程方案进行技术经济比较。在合同措施方面：主要是索赔管理。

6.4.2 施工单位管控重点

施工单位需要落实钻井工程造价管理的人员、任务、职能分工，编制管理工作计划和详细的工作流程图，科学严密组织生产，提高工程施工质量，有效缩短工期，挖掘节约工程造价潜力，实现实际发生的费用不超过合同价格。下面从4个方面举例说明。

6.4.2.1 严密组织现场施工

钻井工程需要多工种共同配合才能完成，必须保证钻井施工的有序性、连续性、平行性、均衡性，才能很好控制工程造价。做到钻井的各阶段各工序之间，在时间上紧密衔接，实行平行交叉作业。例如，在完井电测期间，可同时进行下套管准备和设备检修，以有效地利用时间空间，缩短建井周期。比如一口3000m深的井，电测需要时间24h，通井需要16h，下套管准备（丈量套管、套管编号、通套管、套管检测、洗刷丝扣、组装下部结构）需要24h。如果安排平行作业，总共需要24h（电测时间）+16h（通井时间）＝40h。如果不安排平行作业总共需要24h（电测时间）+16h（通井时间）+24h（下套管准备时间）＝64h，如图6-3所示。由此例可见，平行作业比非平行作业节约24h，仅此一项，可节约钻进日费数万元。

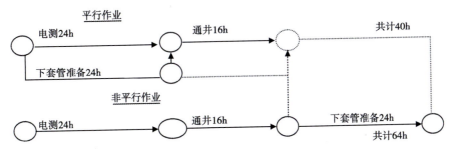

图6-3 平行作业与非平行作业时间利用比较

6.4.2.2 提高测井资料采集质量水平

测井资料采集质量水平主要表现在测井曲线一次成功率和及时性上，测井一次成功率越高，测井曲线合格率和优良率就会提高，不仅因减少返工而降低了测井工程费用，而且有利于保证钻井质量。反之，测井曲线一次成功率低，测井时间越长，就容易造成井下复杂，测井遇阻的概率就越高，形成一种恶性循环。测井越及时，就越能提高其采集数据的准确性，因此要求油气层钻穿后 7~10d 内进行综合测井，固井质量检查在固井后 24~48h 以内测井，否则不但影响测井解释成果的精确度，还会因为测井时间长，加大钻井成本的支出。

测井曲线一次成功率＝一次成功曲线条数÷实测曲线条数×100%

6.4.2.3 加强环保管理

钻井工程环保管理是一项社会性、政策性很强的工作，同一施工项目，因地区不同、管理部门不同，使用标准也不同。如河南石油勘探局在河南省境内按《污水综合排放标准》（GB 8977—96）的规定，钻井废水可以外排；但在新疆焉耆地区，要求废水集中处理，不得外排。钻前工程涉及的环境保护工作量较大，不论是道路施工，还是场地平整，各种废液池的砌筑回填，都是在和环境打交道，都涉及对植被环境的保护以及人畜的安全。如果未按指定路线超范围行车，破坏了植被、农田；各种废液池未能及时回填，致使人畜掉入等，都会造成额外的赔偿和长期的经济纠纷隐患，使工程造价难以控制。例如，1994 年华北油田在内蒙古草原施工，由于车辆不按路线行驶，破坏了草原植被，仅此一项增加赔偿近百万元。所以要严格按环保要求施工，并采取相应的保证措施，如钻前施工时要划定行车路线，设置指路牌，发放行车路线图等，以避免不必要的赔偿损失。

6.4.2.4 提高抗风险能力

由于地下情况未知因素多，在钻进过程中常常会遇到许多无法预测的突发性事件，这就需要工程和地质人员要有扎实的技术和知识、丰富的现场施工经验，能当机立断做出决策，避免事态恶化。如果高压层或蠕变层下部有低压层或漏失层，就要果断的把高压层或蠕变层用套管封掉，不能盲目向深部钻进。发现井下复杂情况后，优柔寡断，就会把本不复杂的问题复杂化，不只丧失时机，还会造成停工过多的恶果，而且组织停工时间越长，产生复杂情况的概率也就越大，尤其在裸眼井段内长时间停止循环，把本不应该发生的事故人为的造成了事故。另外，一些井下复杂和事故往往同"偷工减料"有关。有时为了节省成本，该下的套管不下，该加的钻井液处理剂不加，该配备的井控装置不配等。结果因小失大，使工程对复杂的地下情况失去了抵御能力，酿成更大的事故。

6.5 竣工阶段钻井工程造价管控重点

竣工阶段钻井工程造价管理主要工作是竣工结算和竣工决算。钻井工程完成后，由建设单位、施工单位按照钻井地质设计、钻井工程设计、相关技术标准和规范以及工程合同等依据，通过一定程序和手段进行验收，验收合格后，进行交井，办理竣工结算。建设单位的财务等部门进行竣工决算，形成油气资产。

6.5.1 建设单位管控重点

6.5.1.1 工程计量

工程计量就是根据合同约定，甲乙双方对施工单位完成合同工程的数量进行计算和确认。具体讲，就是甲乙双方根据钻井地质设计、钻井工程设计、相关技术规范以及施工合同约定的计量方式和计算方法，对施工单位已经完成的质量合格的工程实体数量进行测量与计算，并以物理计量单位或自然计量单位进行表示、确认的过程。

招标工程量清单中所列的数量，通常是根据钻井地质设计和钻井工程设计、试油地质设计和试油工程设计计算的数量，是对合同的估计工程量。钻井工程施工过程中，通常会由于一些原因导致实际完成工程量与工程量清单中所列工程量不一致，如招标工程量清单缺项、漏项和工程变更等。因此，在工程结算前，必须对施工单位履行合同义务所完成的实际工程量进行准确的计量。

6.5.1.1.1　工程计量原则

（1）不符合合同文件要求的工程不予计量。所完成的工程必须满足工程设计、技术规范等合同文件对其在工程质量上的要求，同时有关工程质量验收资料齐全、手续完备，满足合同文件对其在工程管理上的要求。

（2）按合同文件规定的方法、范围、内容和单位计量。工程计量的方法、范围、内容和单位受合同文件约束，其中工程量清单及说明、技术规范、合同条款均会从不同角度、不同侧面涉及这些方面内容。在工程计量中要严格遵循这些规定，并且一定要结合起来使用。

（3）因施工单位原因造成的超出合同工程范围施工或返工的工程量不予计量。

6.5.1.1.2　工程计量范围与依据

（1）工程计量范围包括工程量清单及工程变更所修订的工程量清单的内容，合同文件中规定的各种费用支付项目，如费用索赔、各种预付款、价格调整、违约金等。

（2）工程计量依据包括工程设计、工程量清单及说明、工程变更导致修订的工程量清单、合同条件、技术规范、有关计量的补充协议、质量合格证书等。

6.5.1.2　合同价调整

在钻井工程竣工阶段，由于工程实际情况发生变化，甲乙双方在施工合同中约定的合同价可能会出现变动。为合理分配双方的合同价变动风险，有效控制工程造价，双方应当在施工合同中明确约定合同价的调整事件、调整方法及调整程序。

涉及合同价调整的因素大致可以分为 5 大类：法律法规、工程变更、物价变化、工程索赔、其他事项。

6.5.1.2.1 法律法规引起合同价调整

因国家法律、法规、规章和政策发生变化影响合同价的风险，双方应在合同中约定。

（1）基准日确定。

为了合理划分甲乙双方的合同风险，施工合同中应当约定一个基准日。对于基准日之后发生的、作为一个有经验的施工单位在招标投标阶段不可能合理预见的风险，应当由建设单位承担。对于实行招标的钻井工程，一般以招标文件中规定的提交投标文件截止时间前的第 28 天作为基准日；对于不实行招标的钻井工程，一般以钻井工程施工合同签订前的第 28 天作为基准日。

（2）合同价调整方法。

施工合同履行期间，国家颁布的法律、法规、规章和有关政策在合同工程基准日之后发生变化，且因执行相应的法律、法规、规章和政策引起工程造价发生增减变化的，合同双方应当依据法律、法规、规章和有关政策的规定调整合同价。但是，如果有关价格（如人工、材料和工程设备等价格）的变化已经包含在物价波动事件的调价公式中，则不再予以考虑。

6.5.1.2.2 工程变更引起合同价调整

工程变更可以理解为是钻井工程实施过程中由建设单位提出或由施工单位提出经建设单位批准的工程任何改变，合同价调整方法分为以下 4 种情况。

（1）分部分项工程项目发生变化。

已标价工程量清单中有适用变更工程项目的，且工程变更导致该清单项目的工程数量变化不足 15%时，采用该综合单价。已标价工程量清单中没有适用，但有类似于变更工程项目的，可在合理范围内参考类似项目的综合单价调整。已标价工程量清单中没有适用，也没有类似于变更工程项目的，由施工单位根据变更工程资料、计量规则和计价办法、工程造价管理机构发布的参考信息，施工单位提出变更工程项目的报价，经建设单位确认后调整。

（2）项目特征描述不符。

项目特征描述是确定综合单价的重要依据之一，施工单位在投标报价时依据招标工程量清单中项目特征确定其清单项目综合单价。若在合同履行期间出现设计变更等原因引起清单中某个项目的特征描述不符，且该变化引起该项目的工程造价发生变化，双方应当按照实际施工的项目特征，重新确定相应工程量清单项目的综合单价，调整合同价款。

（3）招标工程量清单漏项。

招标工程量清单漏项责任由建设单位负责，施工单位不应承担因工程量清单的缺项、漏项和计算错误带来的风险与损失。因此，施工合同履行期间，由于招标工程量清单中分部分项工程出现缺项、漏项，应当按照上述分部分项工程项目发生变化的调整方法调整合同价。

（4）工程量偏差。

工程量偏差指实际完成工程项目的工程量与相应的招标工程量清单项目列出的工程量之间出现的偏差。对于施工合同履行期间发生的工程量偏差，且该偏差对工程量清单项目的综合单价产生影响，是否调整综合单价和如何调整，通常双方应当在合同中进行约定。若合同中没有约定或约定不明确时，综合单价调整原则如下：当工程量增加15%以上时，其增加部分的工程量的综合单价应予以调低；当工程量减少15%以上时，其减少后剩余部分的工程量的综合单价应予以调高。具体调整方法由双方商定。

6.5.1.2.3　物价变化引起合同价调整

工程施工合同履行期间，因人工、设备、材料等价格波动影响合同价时，双方可以根据合同约定的调整方法，对合同价进行调整。施工单位负责采用的材料、工具和工程设备，应在合同中约定主要材料、工具、设备价格变化范围或幅度。如果没有约定，则主要材料、工具、设备价格变化幅度控制在5%以内，超过5%部分的价格应进行调整。

调整方法可以按照实际价格与合同价格的差额进行调整，也可以采用造价管理部门发布的钻井造价指数按比例进行调整。

6.5.1.2.4　工程索赔引起合同价调整

工程索赔指在工程合同履行过程中，合同一方当事人因对方不履行或未能正确履行合同义务或者由于其他非自身原因而遭受经济损失和权利损害，通过合同约定的程序向对方提出经济和（或）时间补偿要求的行为。

按索赔的当事人分类，可以分为承包人与发包人之间的索赔、总承包人与分包人之间的索赔；按索赔目的和要求分类，可以分为工期索赔和费用索赔；按索赔事件的性质分类，可以分为工程延误索赔、加速施工索赔、工程变更索赔、合同终止索赔、不可预见的不利条件索赔、不可抗力事件索赔和其他索赔。

（1）费用索赔计算。

费用索赔的组成与工程造价的构成基本一致，即包括人工费、设备费、材料费、其他直接费、管理费、利润等。费用索赔计算应以赔偿实际损失为原则，包括直接损失和间接损失。费用索赔计算方法通常有3种：实际费用法、总费用法和修正的总费用法。

实际费用法又称分项法，即根据索赔事件所造成的损失或成本增加，按费用项目逐项进行分析，计算索赔金额。这种方法比较复杂，但能客观地反映施工单位的实际损失，比较合理，易于被当事人接受。

总费用法也被称为总成本法，即当发生多次索赔事件后，重新计算工程的实际总费用，再从该实际总费用中减去投标报价时的估算总费用，计算出索赔金额。在总费用法中，没有考虑实际总费用中可能由于施工单位原因而增加的费用，因此，总费用法并不十分科学。只有在难于精确地确定某些索赔事件导致的各项费用增加额时，才考虑采用总费用法。

修正的总费用法，即在总费用计算的原则基础上，去掉一些不合理因素。修正的内容包括：将计算索赔款的时限局限于受到索赔事件影响的时间段内，而不是整个施工期；只计算受到索赔事件影响的某项工作所受到的损失，与该项工作无关的费用不列入总费用；对投标报价费用重新进行核算等。

（2）工期索赔计算。

工期索赔一般指承包人依据合同对由于非自身原因导致的工期延误向发包人提出的工期顺延要求。工期索赔要特别注意两个方面问题：一是划清施工进度拖延的责任；二是被延误的工作应是处于施工进度计划关键路线上的施工内容。

工期索赔依据主要包括合同约定或双方认可的施工总进度规划；合同双方认可的详细进度计划；合同双方认可的对工期的修改文件；施工日志、气象资料；建设单位或工程师的变更指令；影响工期的干扰事件；受到干扰后的实际工程进度等。

工期索赔计算方法有直接法、比例法、网络图分析法。

直接法：如果某干扰事件直接发生在关键路线上，造成总工期延误，可以直接将该干扰事件的实际干扰时间（延误时间）作为工期索赔值。

比例法：如果某干扰事件仅仅影响某单项工程、单位工程、分部分项工程的工期，可采用比例计算方法，分析得出其对总工期的影响。

网络图分析法：利用进度计划的网络图，分析其关键路线。如果延误工作直接发生在关键路线上，则延误的时间作为索赔的工期。如果延误的工作为非关键工作，当该工作由于延误超过时差而成为关键工作时，可以索赔延误时间与时差的差值；若该工作延误后仍为非关键工作，则不存在工期索赔问题。

6.5.1.2.5 其他事项引起合同价调整

其他事项主要指现场签证。现场签证指建设单位或其授权现场代表（如现场监督）与施工单位或其授权代表就施工过程中涉及的责任事件所作的签认证明。施工合同履行期间发生现场签证事件，双方应调整合同价。

6.5.1.3 竣工结算编制

竣工结算指工程项目完工并经竣工验收合格后，甲乙双方按照施工合同的约定，对所完成的工程项目进行工程价款的计算、调整和确认。具体讲，施工单位完成合同内工程的施工并通过了交工验收后，所提交的竣工结算书经过建设单位和相关管理人员审查签证，送交工程预算审查部门审查签认，然后由财务部门办理拨付工程价款手续。

6.5.1.3.1　竣工结算编制依据

竣工结算编制依据包括：（1）工程竣工报告和工程验收证书；（2）承包合同；（3）设计变更通知单和工程变更签证；（4）预算定额、工程量清单、材料价格、费用标准等资料；（5）预算书或报价单；（6）其他有关资料及现场记录等。

6.5.1.3.2　竣工结算编制内容

（1）核实工程量。

将原工程预算中的工程量或招标中使用的工程量清单进行复核，防止错算、重算和漏算，从中找出工程量的量差，即与实际发生工程量不符而产生的工程量的差异，这是编制竣工结算的主要工作内容。量差主要是由设计变更或设计漏项、现场施工变更等原因造成的。

（2）材料价差调整。

材料价差指材料的预算价格（报价）和实际价格的差额。由建设单位供应的材料按预算价格转给施工单位的，在工程结算时不作调整，其材料价差由建设单位单独核算，在编制竣工决算时摊入工程成本。施工单位的材料价差必须根据合同中的约定进行调整，应按油田或当地造价管理部门规定的材料品种及当时公布的市场信息价格与材料预算价格找差。

（3）费用调整。

若工程量变化超过合同规定的限度，应进行相关单项工程或分部分项工程费用调整。

6.5.1.3.3　竣工结算审查和付款

工程竣工结算由施工单位编制，建设单位审查。建设单位收到施工单位递交的竣工结算报告及完整的结算资料后，应在规定的期限内进行核实，给予确认或提出修改意见。建设单位根据确认的竣工结算报告向施工单位支付工程竣工结算价款。

6.5.1.4 竣工决算编制

项目竣工决算是指所有项目竣工后，项目单位按照国家有关规定在项目竣工验收阶段编制的竣工决算报告。竣工决算是以实物数量和货币指标为计量单位，综合反映竣工项目从筹建开始到项目竣工交付使用为止的全部建设费用、建设成果和财务情况的总结性文件，是竣工验收报告的重要组成部分。竣工决算是正确核定新增固定资产价值、考核分析投资效果、建立健全经济责任制的依据，是反映建设项目实际造价和投资效果的文件。竣工决算是建设工程经济效益的全面反映，是项目法人核定各类新增资产价值、办理其交付使用的依据。竣工决算是工程造价管理的重要组成部分，做好竣工决算是全面完成工程造价管理目标的关键性因素之一。通过竣工决算，既能够正确反映建设工程的实际造价和投资结果；又可以通过竣工决算与概算、预算的对比分析，考核投资控制的工作成效，为工程建设提供重要的技术经济方面的基础资料，提高未来工程建设的投资效益。

6.5.1.4.1 竣工决算内容

根据财政部、国家发改委和住房和城乡建设部的有关文件规定，竣工决算是由竣工财务决算说明书、竣工财务决算报表、工程竣工图和工程竣工造价对比分析4部分组成。其中竣工财务决算说明书和竣工财务决算报表两部分又称建设项目竣工财务决算，是竣工决算的核心内容。

钻井工程竣工决算按区块分井型以单井为核算对象，由财务部门编制竣工决算报告。钻井工程竣工决算统计表模式参见表6-17。具体分为地质勘探支出和油气开发支出两大类。

表6-17 钻井工程竣工决算统计表　　　　单位：元

序号	井别	进尺（m）	结算金额	管理费用	区域赔偿	资本化利息	合计	单位投资	备注
1	一、探井								
2	××井								
3	……								
4	二、评价井								
5	××井								
6	……				v				
7	三、开发井								
8	区块一								
9	××井								
10	……								
11	区块二								
12	××井								
13	……								
14	合计								

（1）地质勘探支出。

探井工程、评价井工程按区块分单井计入"地质勘探支出-探井（或评价井）-××井"。探井工程、评价井工程结算费用包括钻前征地费用（含临赔）、钻井、录井、测井、测试、试油、钻井监督费和钻井液固化费用等。

征地费用是指征地费、临时占地费、临赔费用和其他工农费用。其他工农费用是钻井施工用水费用、施工过程中因道路、场地、环保、噪声、粉尘、地障（电线、光缆、电缆、油水管线、构筑物、坟墓等）等引起的工农（工业事故除外）等支出。由土地管理部门及各建设单位主管部门按规定权限审批后，依据相关规定记入"地质勘探支出-征地费、赔偿费"。

建设单位发生的"管理费用"和其他无法直接计入单井工程的支出，以本单位地质勘探支出当期发生额为基数，分月按比例分配计入单井工程支出。

财务部门按季度依据各单位地质勘探支出余额计算资本化利息，各单位再将应负担的资本化利息分配计入单井或单项工程。

（2）油气开发支出。

开发井工程结算费用包括采油井、采气井、注水井、注气井等各类型井和采取补孔、侧钻、大修等利用的老井发生的钻井、录井、测井、测试、试油（含新井下泵）等支出和钻前征地费用（含青赔）、钻井监督费和钻井液固化费用等，应按区块分单井计入油气开发支出。

发生的征地费用（含临赔）、工程设计费用能分清单井或单项工程的应直接计入油气开发支出中的单井或单项工程支出；不能分清的应按投资比例分摊计入单井或单项工程支出。

建设主管单位发生的"管理费用"和其他无法直接计入单井或单项工程的支出，应以本单位油气开发支出当期发生额为基数，分月按比例分配计入单井或单项工程支出。

财务部门按季度依据各单位油气开发支出余额计算资本化利息，各单位再将应负担的资本化利息分配计入单井或单项工程。

6.5.1.4.2　新增资产确定

探井核销（含报废评价井）执行石油勘字〔2005〕259号《中国石油天然气股份有限公司探井核销管理办法》。建设单位应在探井、评价井完工后及时做出地质结论，按要求向股份公司办理报废探井、报废评价井的核销申报工作。

完钻的探井一年以上没有地质结论，且近期不再进行评价和实施新方案的，经报股份公司勘探与生产分公司批准后，转入"勘探费用"核销。报废探井、报废评价井成本全额转入"勘探费用—探井"。

成功探井有效井段支出转入接收单位"油气资产"，无效井段支出计入建设单位

"勘探费用—探井无效井段"。成功评价井全额转资，转入接收单位"油气资产"。

开发井工程支出形成的资产验收合格后，按《油气资产及固定资产管理办法》规定办理预转资或正式转资，转入"油气资产"。

6.5.2　施工单位管控重点

竣工阶段施工单位造价管控重点是工程索赔。工程索赔的目的通常有两个，即工期延长和费用补偿。按索赔目的分为工期索赔、费用索赔；按合同类型分总承包合同索赔、分包合同索赔、合伙合同索赔、供应合同索赔、劳务合同索赔等；按处理方式分单项索赔、总索赔。

工程索赔特点主要表现为索赔没有统一标准，但有若干影响因素；不"索"则不"赔"；成功的索赔基于国家法规和合同；索赔以利益为原则。

工程索赔的干扰事件和索赔理由主要有业主（或工程师）违约、合同错误、合同变更、工程环境变化、不可抗力。

6.5.2.1　工程索赔依据

承包人提出工程索赔和处理索赔主要依据下列文件或凭证：

（1）工程施工合同；

（2）国家和地方政府有关法律法规；

（3）国家、部门和地方有关的标准、规范和定额；

（4）工程施工合同履行过程中与索赔事件有关的各种凭证。

6.5.2.2　工程索赔条件

承包人工程索赔成立的基本条件：

（1）索赔事件已经造成承包人直接经济损失或工期延误；

（2）造成费用增加或工期延误的索赔事件非因承包人的原因发生；

（3）承包人已经按照工程施工合同规定的期限和程序提交了索赔意向通知、索赔报告及相关证明材料。

合同双方通过谈判，可请人调解或通过仲裁、诉讼，最终解决索赔事件。

6.6　后评价阶段钻井工程造价管控重点

后评价工作需要钻井工程建设过程中各个参与管理主体共同完成，其中建设单位和施工单位是最重要的管理主体。开展钻井工程造价后评价，可以从不同的方面展开。可以按时间段展开，对前三年、上一年、上半年开展钻井工程造价后评价；可以按地理区域展开，对区块、油气田、油气区开展钻井工程造价后评价。

后评价结果将有助于持续改进以后的钻井工程造价管理，其中最重要的是为以后的钻井工程提供一套科学合理的计价标准。计价标准管控是钻井工程造价管理的核心，需要集团公司、油田公司、钻探公司共同完成，其中油田公司处于主导地位。

6.6.1　建立油气区配套计价标准体系

6.6.1.1　技术路线

全过程钻井工程计价标准管控的技术路线概括为"工程量清单计价、标准井承上启下、全过程科学定价"。以"油气区"为基本管理对象，实施"工程量清单计价模式"和"标准井管理"，形成全过程配套的钻井工程计价标准体系，并且在统一规范的钻井工程造价管理平台发布运行。

6.6.1.1.1　工程量清单计价模式

工程量清单计价模式是采用工程量清单中的分部分项工程量和综合单价进行工程计价的一种方法。工程量清单可以更加清晰地列出钻井工程的单项工程、单位工程、分部工程、分项工程、子项工程，便于分析对比优化，实现精细管控钻井造价目标。

6.6.1.1.2　标准井管理

标准井是代表本油气区现有钻井生产力水平、实施标准化设计和工程量清单计价、由多口典型井参数确定的一种样板井，表明在一个油气藏正常施工条件下的钻井工程消耗和造价。标准井的直接表现形式就是概算指标，其模式参见附录B。

标准井管理就是根据近3年本油气区实际完成的典型井参数，按照标准化工程项目、标准化费用项目、标准化计价方法，建立若干个标准化样板工程，用于科学投资决策和组织钻井生产，合理确定工程消耗和造价。主要作用：一是将本油气区钻井计价标准体系中的定额类标准和指标类标准联系起来，形成一套完整的计价标准体系；二是非常直观地将本油气区钻井工程参数、工程量和工程造价显现出来，信息高度清晰透明；三是可以直接快速地服务于年度投资计划、开发方案论证、钻井工程费用预算、建设单位和施工单位总包合同签订等各项钻井业务管理。

标准井管理可以具体体现在：（1）油田公司按基于标准井的概算指标，测算得出单位钻井投资效益指标，用于优化编制勘探开发方案和安排年度钻井投资；（2）油田公司根据标准井项目明细优化措施工作量，实施限额设计；（3）标准井中工程费部分可以直接作为钻井总承包价格；（4）甲乙双方可以根据标准井工程量清单项目工程量和价格，共同制订鼓励性钻井合同条款；（5）钻探公司可以根据标准井科学组织施工队伍。

6.6.1.2　建立油气区配套计价标准体系

根据《钻井工程计价标准编制办法》，建立油气区配套计价标准体系。一个油气区（方圆 300~500km）钻井就是一条生产流水线，从钻前工程、钻完井工程到试油工程，一口井通常需要 20~30 支施工队伍共同完成，施工队伍劳动定员、设备配套等密切联系。比如，中国石油天然气集团公司企业标准 Q/SY 1011—2012《钻井工程劳动定员》规定了钻井作业、钻井技术服务、钻井液技术服务、钻前工程、管具工程、固井工程的劳动定员，钻前工程、管具工程、固井工程、定向井技术服务劳动定员标准均是以所服务的钻机台数为基础，参见表 6-18。其中，固井作业劳动定员标准参见表 6-19，单台钻机年完井口数定员调整系数参见表 6-20。

表 6-18　钻井工程劳动定员计算方法

序号	项目	计算公式	备注
1	重丘、山岭钻前工程劳动定员	$Y=56+7.8X$	X 为钻机台数
2	平原、丘陵钻前工程劳动定员	$Y=52+4.5X$	X 为钻机台数
3	管具工程劳动定员	$Y=58+5.45X$	X 为钻机台数
4	固井工程劳动定员	$Y=34+4.96X$	X 为钻机台数
5	定向井技术服务劳动定员	$Y=8+2.3X$	X 为钻机台数

表 6-19　固井作业劳动定员

定员编号	服务钻机台数（台）	定员（人）				
		合计	固井队伍	技术研究队伍	修保队伍	综合服务队伍
15.1	10	84	48	8	19	9
15.2	15	108	66	10	22	10
15.3	20	133	84	12	25	12
15.4	25	158	100	13	30	15
15.5	30	183	117	15	35	16
15.6	35	208	134	16	40	18
15.7	40	232	151	18	43	20
15.8	45	257	172	19	45	21
15.9	50	282	191	21	48	22
15.9	55	307	211	22	51	23
15.9	60	332	230	24	54	24

表 6-20　单台钻机年完井口数固井作业定员调整系数

单台钻机年完井口数	定员调整系数
4	0.96
5	0.98
6	1.00
7	1.02

单台钻机年完井口数	定员调整系数
8	1.04
9	1.06
10	1.08
11	1.10
12	1.13
13	1.16
14	1.19
15	1.22
16	1.25
17	1.28
18	1.31
19	1.35
20	1.39

基础定额就是根据近 3 年本油气区实际完成钻井工程量，按照标准化管理方法，建立反映本油气区生产力水平的一条钻井生产流水线配套标准，用于科学组织施工队伍，合理确定工程消耗和造价，指导本油气区尽可能实现钻井生产效率最大化和单位成本最小化。某油气区钻井工程基础定额示例参见表 6-21。

表 6-21　某油气区钻井工程基础定额示例

序号	队伍名称	队伍数量（支）	人员定额			设备定额			工作量定额	
			人数（人）	人均人工费（元）	队年人工费（元）	资产原值（万元）	年折旧（万元）	年修理费（万元）	年有效工作时间	年有效工作量
I	钻前工程									
1	井位测量队	2	4	105000	420000	134.00	16.08	6.03		230 次
2	钻前工程队	3	26	98000	2548000	585.60	97.60	29.28	250d	
3	水电安装队	3	18	99500	1791000	660.00	110.00	33.00	220d	
4	综合队	3	25	99800	2495000	396.00	49.50	19.80	240d	
II	钻完井工程									
5	钻井队	50								
5.1	ZJ20 钻机	5	45	115000	5175000	1300.00	154.38	77.19	220d	
5.2	ZJ30 钻机	25	49	118000	5782000	1700.00	201.88	100.94	235d	
5.3	ZJ50 钻机	18	55	119000	6545000	2600.00	308.75	154.38	260d	
5.4	ZJ70 钻机	2	58	121000	7018000	3300.00	391.88	195.94	270d	
6	定向井服务队	15								
6.1	MWD 定向	12	6	125000	750000	800.00	400.00	16.00	245d	
6.2	LWD 定向	3	6	125000	750000	2000.00	1000.00	40.00	210d	
7	欠平衡服务队	2	12	121000	1452000	650.00	216.67	8.67	180d	
8	固井队	10								

序号	队伍名称	队伍数量（支）	人员定额			设备定额			工作量定额	
			人数（人）	人均人工费（元）	队年人工费（元）	资产原值（万元）	年折旧（万元）	年修理费（万元）	年有效工作时间	年有效工作量
8.1	单机单泵车组	5	26	112000	2912000	600.00	54.00	13.50		110 次
8.2	双机双泵车组	5	30	112000	3360000	1300.00	220.00	55.00		130 次
9	录井队	70								
9.1	地质录井	50	6	115000	690000	16.00	2.00	1.00	270d	
9.2	气测录井	8	6	115000	690000	132.00	17.00	6.00	240d	
9.3	国产综合录井	5	11	115000	1265000	260.00	32.00	11.00	220d	
9.4	进口综合录井	3	11	115000	1265000	530.00	64.00	22.00	220d	
9.5	地化录井	2	4	115000	460000	120.00	15.00	5.00	150d	
9.6	核磁共振录井	2	2	115000	230000	21.00	3.00	1.00	120d	
10	测井队	15								
10.1	国产数控	5	11	117000	1287000	726.00	106.00	32.00		1879000 计价米
10.2	引进数控	5	11	117000	1287000	1160.00	164.00	35.00		1879000 计价米
10.3	快速测井平台	2	11	117000	1287000	1143.00	176.00	52.00		1879000 计价米
10.4	国产成像	1	12	117000	1404000	1200.00	165.00	52.00		1561000 计价米
10.5	引进成像	1	12	117000	1404000	1565.00	225.00	70.00		1180000 计价米
11	取心队	1	8	117000	936000	403.00	49.00	17.00		3440 颗
Ⅲ	试油工程									
12	作业队	48								
12.1	XJ250 修井机	3	16	105000	1680000	187.00	22.21	7.77	210d	
12.2	XJ350 修井机	15	16	105000	1680000	202.00	23.99	8.40	225d	
12.3	XJ450 修井机	18	18	105000	1890000	293.00	34.79	12.18	230d	
12.4	XJ550 修井机	6	26	105000	2730000	391.00	46.43	16.25	255d	
12.5	XJ650 修井机	4	36	105000	3780000	450.00	53.44	18.70	260d	
12.6	XJ750 修井机	2	36	105000	3780000	580.00	68.88	24.11	270d	
13	射孔队	5	11	115000	1265000	513.00	73.00	26.00		6000 射孔米
14	地面计量队	5	12	115000	1380000	1020.00	155.00	31.00	190d	
15	地层测试队	6	6	115000	690000	35.00	5.00	1.00	180d	
16	压裂队	7								
16.1	2000 型车组	3	74	105000	7770000	5200.00	620.00	220.00		115 次
16.2	2250 型车组	2	74	105000	7770000	5500.00	650.00	230.00		95 次
16.3	2500 型车组	2	76	105000	7980000	5600.00	670.00	240.00		80 次

在基础定额确定的前提下，编制出消耗定额和费用定额。根据综合单价构成要求，组织编制科学配套的本油气区预算定额、概算定额。以本油气区标准井参数和综合单价为基础，编制出概算指标。在概算指标基础上进一步综合，编制出估算指标。采用估算指标和近3年各区块钻井工程量加权平均，编制出参考指标。最终形成基础定额、消耗定额、费用定额、预算定额、概算定额、概算指标、估算指标、参考指标的钻井工程计价标准体系。

6.6.2　动态调整计价标准

钻井工程计价标准实行集团公司和所属企业两级动态管理，每年调整两次。

根据集团公司年度勘探开发业务发展需要、年度投资计划和主要人工、设备、材料价格变化情况，集团公司工程造价管理部门制定年度统一计价标准和编制方法，包括基础定额、消耗定额、费用定额和造价指数，以文件形式在1月份发布。所属企业工程造价管理部门根据统一计价标准和编制方法，结合本企业钻井计划，调整编制一套预算定额，在1~2月份发布，用于当年上半年预结算工作。

根据当年钻井施工和主要材料价格变化情况，所属企业在7月份发布调整预算定额，用于下半年预结算工作。同时集团公司工程造价管理部门以当前预算定额为基础，组织编制出年度概算指标、估算指标和参考指标，用于集团公司、油田公司勘探开发方案编制和审查、下一年度投资计划和规划编制。

6.6.3　钻井工程动态价格分析方法

这里以钻井工程人工价格、柴油价格、套管价格为例，说明建立一套科学的钻井工程动态价格分析方法。

6.6.3.1　标准井费用变化分析方法

6.6.3.1.1　标准井人工费分析方法

（1）标准井人工费计算方法为

$$C_{rf} = P_{rj} \times Y \div N \times T \div H$$

式中，C_{rf} 为标准井人工费，元/m；P_{rj} 为施工队平均人工价格，元/人年；Y 为施工队定员，人；N 为施工队年有效工作时间，d；T 为标准井钻井周期，d；H 为标准井钻井深度，m。

（2）标准井人工费变化值计算方法为

$$\Delta C_{rf} = （P_{rj2} - P_{rj1}）\times Y \div N \times T \div H$$

式中，ΔC_{rf} 为标准井人工费变化值，元/m；P_{rj2} 为施工队当期平均人工价格，元/人年；P_{rj1} 为施工队上期平均人工价格，元/人年；Y 为施工队定员，人；N 为施工队年有效工作时间，d；T 为标准井钻井周期，d；H 为标准井钻井深度，m。

（3）人工价格变化对标准井工程造价影响程度计算方法为

$$d_{Cr} = C_{rf} \div C_T, \quad d_{\Delta Cr} = \Delta C_{rf} \div C_T$$

式中，d_{Cr} 为人工费占标准井全部工程造价的比例，%；C_{rf} 为标准井人工费，元/m；C_T 为标准井平均单位进尺造价，元/m；$d_{\Delta Cr}$ 为人工费变化值占标准井全部工程造价的比例，%；ΔC_{rf} 为标准井人工费变化值，元/m。

6.6.3.1.2　标准井柴油费分析方法

（1）标准井柴油费计算方法为

$$C_{of} = M_o \times P_{oj} \times T \div H$$

式中，C_{of} 为标准井柴油费，元/m；M_o 为平均日柴油消耗量，t/d；P_{oj} 为当期柴油价格，元/t；T 为标准井钻井周期，d；H 为标准井钻井深度，m。

（2）标准井柴油费变化值计算方法为

$$\Delta C_{of} = M_o \times (P_{oj2} - P_{oj1}) \times T \div H$$

式中，ΔC_{of} 为标准井柴油费变化值，元/m；M_o 为平均日柴油消耗量，t/d；P_{oj2} 为当期柴油价格，元/t；P_{oj1} 为上期柴油价格，元/t；T 为标准井钻井周期，d；H 为标准井钻井深度，m。

（3）柴油价格变化对标准井工程造价影响程度计算方法为

$$d_{Co} = C_{of} \div C_T, \quad d_{\Delta Co} = \Delta C_{of} \div C_T$$

式中，d_{Co} 为柴油费占标准井全部工程造价的比例，%；C_{of} 为标准井柴油费，元/m；C_T 为标准井平均单位进尺造价，元/m；$d_{\Delta Co}$ 为柴油费变化值占标准井全部工程造价的比例，%；ΔC_{of} 为标准井柴油费变化值，元/m。

6.6.3.1.3　标准井套管费分析方法

（1）标准井套管费计算方法为

$$C_{gf} = \sum_{k=1}^{n} (M_{gk} \times P_{gjk}) \div H$$

式中，C_{gf} 为标准井套管费，元/m；n 为套管规格数量，组；M_{gk} 为标准井套管消耗量，t；P_{gjk} 为当期平均套管价格，元/t；H 为标准井钻井深度，m。

（2）标准井套管费变化值计算方法为

$$\Delta C_{gf} = \sum_{k=1}^{n} \left[M_{gk} \times (P_{gjk2} - P_{gjk1}) \right] \div H$$

式中，ΔC_{gf} 为标准井套管费变化值，元/m；n 为套管规格数量，组；M_{gk} 为标准井套管消耗量，t；P_{gjk2} 为当期平均套管价格，元/t；P_{gjk1} 为上期平均套管价格，元/t；H 为标准井钻井深度，m。

（3）套管价格变化对标准井工程造价影响程度计算方法为

$$d_{Cg} = C_{gf} \div C_{T}, \quad d_{\Delta Cg} = \Delta C_{gf} \div C_{T}$$

式中，d_{Cg} 为套管费占标准井全部工程造价的比例，%；C_{gf} 为标准井套管费，元/m；C_{T} 为标准井平均单位进尺造价，元/m；$d_{\Delta Cg}$ 为套管费变化值占标准井全部工程造价的比例，%；ΔC_{gf} 为标准井套管费变化值，元/m。

6.6.3.1.4 标准井综合费分析方法

标准井综合费分析方法就是将上述人工费、柴油费、套管费的变化分析结果进行综合。当然，根据实际工作需要，还可以增加设备费、油管费、运输费、管理费等很多项目，并将所有这些项目放在一起进行综合分析。

（1）标准井综合费计算方法为

$$C_{zf} = C_{rf} + C_{of} + C_{gf}$$

式中，C_{zf} 为标准井综合费，元/m；C_{rf} 为标准井人工费，元/m；C_{of} 为标准井柴油费，元/m；C_{gf} 为标准井套管费，元/m。

（2）标准井综合费变化值计算方法为

$$\Delta C_{zf} = \Delta C_{rf} + \Delta C_{of} + \Delta C_{gf}$$

式中，ΔC_{zf} 为标准井综合费变化值，元/m；ΔC_{rf} 为标准井人工费变化值，元/m；ΔC_{of} 为标准井柴油费变化值，元/m；ΔC_{gf} 为标准井套管费变化值，元/m。

（3）综合价格变化对标准井工程造价影响程度计算方法为

$$d_{Cz} = C_{zf} \div C_{T} \qquad d_{\Delta Cz} = \Delta C_{zf} \div C_{T}$$

式中，d_{Cz} 为人工、柴油、套管 3 项综合费占标准井全部工程造价的比例，%；C_{zf} 为标准井人工、柴油、套管 3 项综合费，元/m；C_{T} 为标准井平均单位进尺造价，元/m；$d_{\Delta Cz}$ 为人工、柴油、套管 3 项综合费变化值占标准井全部工程造价的比例，%；ΔC_{zf} 为标准井人工、柴油、套管 3 项综合费变化值，元/m。

6.6.3.2 区块钻井工程投资变化分析方法

区块钻井工程投资变化分析方法是采用标准井工程造价变化分析结果分析某一个油田下属的区块钻井工程投资变化情况，即分析在某一区块钻井进尺工程量 W_q 确定的条件下，各种价格变化对整个区块钻井工程投资的影响程度。

6.6.3.2.1　区块钻井工程投资计算方法

该方法计算公式为

$$V_{Tq} = \sum_{i=1}^{n} (C_{Ti} \times W_{qi})$$

式中，V_{Tq} 为区块钻井工程总投资，元；n 为本区块所采用标准井的数量，口；C_{Ti} 为标准井平均单位进尺造价，元/m；W_{qi} 为标准井对应的钻井进尺工程量，m。

当然，区块平均单位进尺造价可以采用区块钻井工程总投资 V_{Tq} 除以区块钻井进尺工程量 W_q 计算得出。

6.6.3.2.2　人工价格变化对区块钻井工程投资影响分析

（1）区块人工费计算方法为

$$V_{qr} = \sum_{i=1}^{n} C_{rfi} \times W_{qi}$$

式中　V_{qr} 为区块人工费，元；C_{rfi} 为标准井人工费，元/m；W_{qi} 为标准井对应的钻井进尺工程量，m。

（2）区块人工费变化值计算方法为

$$\Delta V_{qr} = \sum_{i=1}^{n} \Delta C_{rfi} \times W_{qi}$$

式中，ΔV_{qr} 为区块人工费变化值，元；ΔC_{rfi} 为标准井人工费变化值，元/m；W_{qi} 为标准井对应的钻井进尺工程量，m。

（3）人工价格变化对区块钻井工程投资影响程度计算方法为

$$d_{qr} = V_{qr} \div V_{Tq}, \quad d_{\Delta qr} = \Delta V_{qr} \div V_{Tq}$$

式中，d_{qr} 为区块人工费占区块钻井工程投资的比例，%；V_{qr} 为区块人工费，元；V_{Tq} 为区块钻井工程投资，元；$d_{\Delta qr}$ 为区块人工费变化值占区块钻井工程投资的比例，%；ΔV_{qr} 为区块人工费变化值，元。

6.6.3.2.3　柴油价格变化对区块钻井工程投资影响分析

（1）区块柴油费计算方法为

$$V_{qo} = \sum_{i=1}^{n} C_{ofi} \times W_{qi}$$

式中，V_{qo} 为区块柴油费，元；C_{ofi} 为标准井柴油费，元/m；W_{qi} 为标准井对应的钻井进尺工程量，m。

（2）区块柴油费变化值计算方法为

$$\Delta V_{qo} = \sum_{i=1}^{n} \Delta C_{ofi} \times W_{qi}$$

式中，ΔV_{qo} 为区块柴油费变化值，元；ΔC_{ofi} 为标准井柴油费变化值，元/m；W_{qi} 为标准井对应的钻井进尺工程量，m。

（3）柴油价格变化对区块钻井工程投资影响程度计算方法为

$$d_{qo} = V_{qo} \div V_{Tq}, \quad d_{\Delta qo} = \Delta V_{qo} \div V_{Tq}$$

式中，d_{qo} 为区块柴油费占区块钻井工程投资的比例，%；V_{qo} 为区块柴油费，元；V_{Tq} 为区块钻井工程投资，元；$d_{\Delta qo}$ 为区块柴油费变化值占区块钻井工程投资的比例，%；ΔV_{qo} 为区块柴油费变化值，元。

6.6.3.2.4 套管价格变化对区块钻井工程投资影响分析

（1）区块套管费计算方法为

$$V_{qg} = \sum_{i=1}^{n} C_{gfi} \times W_{qi}$$

式中，V_{qg} 为区块套管费，元；C_{gfi} 为标准井套管费，元/m；W_{qi} 为标准井对应的钻井进尺工程量，m。

（2）区块套管费变化值计算方法为

$$\Delta V_{qg} = \sum_{i=1}^{n} \Delta C_{gfi} \times W_{qi}$$

式中，ΔV_{qg} 为区块套管费变化值，元；ΔC_{gfi} 为标准井套管费变化值，元/m；W_{qi} 为标准井对应的钻井进尺工程量，m。

（3）套管价格变化对区块钻井工程投资影响程度计算方法为

$$d_{qg} = V_{qg} \div V_{Tq}, \quad d_{\Delta qg} = \Delta V_{qg} \div V_{Tq}$$

式中，d_{qg} 为区块套管费占区块钻井工程投资的比例，%；V_{qg} 为区块套管费，元；V_{Tq} 为区块钻井工程投资，元；$d_{\Delta qg}$ 为区块套管费变化值占区块钻井工程投资的比例，%；ΔV_{qg} 为区块套管费变化值，元。

6.6.3.2.5 综合价格变化对区块钻井工程投资影响分析

（1）区块综合费计算方法为

$$V_{qz} = \sum_{i=1}^{n} C_{zfi} \times W_{qi}$$

式中，V_{qz} 为区块综合费，元；C_{zfi} 为标准井综合费，元/m；W_{qi} 为标准井对应的钻井进尺工程量，m。

（2）区块综合费变化值计算方法为

$$\Delta V_{qz} = \sum_{i=1}^{n} \Delta C_{zfi} \times W_{qi}$$

式中，ΔV_{qz} 为区块综合费变化值，元；ΔC_{zfi} 为标准井综合费变化值，元/m；W_{qi} 为标准井对应的钻井进尺工程量，m。

（3）综合价格变化对区块钻井工程投资影响程度计算方法为

$$d_{qz} = V_{qz} \div V_{Tq}, \quad d_{\Delta qz} = \Delta V_{qz} \div V_{Tq}$$

式中，d_{qz} 为区块综合费占区块钻井工程投资的比例，%；V_{qz} 为区块综合费，元；V_{Tq} 为区块钻井工程投资，元；$d_{\Delta qz}$ 为区块综合费变化值占区块钻井工程投资的比例，%；ΔV_{qz} 为区块综合费变化值，元。

6.6.3.3 油田公司钻井工程投资变化分析方法

采用区块钻井工程投资变化分析结果，可以进一步分析某一个油田公司钻井工程投资变化情况，即分析在某油田公司钻井进尺工程量 W_y 确定的条件下，各种价格变化对整个油田公司钻井工程投资的影响程度。

6.6.3.3.1 油田公司钻井工程投资计算方法

该方法计算公式为

$$V_{Ty} = \sum_{i=1}^{n} V_{Tqi}$$

式中，V_{Ty} 为油田公司钻井工程总投资，元；n 为油田公司所属区块数量，个；V_{Tqi} 为区块钻井工程总投资，元。

当然，油田公司平均单位进尺造价可以采用油田公司钻井工程总投资 V_{Ty} 除以油田公司钻井进尺工程量 W_y 计算得出。

6.6.3.3.2 人工价格变化对油田公司钻井工程投资影响分析

（1）油田公司人工费计算方法为

$$V_{yr} = \sum_{i=1}^{n} V_{qri}$$

式中，V_{yr} 为油田公司人工费，元；n 为油田公司所属区块数量，个；V_{qri} 为区块人工费，元。

（2）油田公司人工费变化值计算方法为

$$\Delta V_{yr} = \sum_{i=1}^{n} \Delta V_{qri}$$

式中，ΔV_{yr} 为油田公司人工费变化值，元；n 为油田公司所属区块数量，个；ΔV_{qri} 为区块人工费变化值，元。

（3）人工价格变化对油田公司钻井工程投资影响程度计算方法为

$$d_{yr} = V_{yr} \div V_{Ty}, \quad d_{\Delta yr} = \Delta V_{yr} \div V_{Ty}$$

式中，d_{yr} 为油田公司人工费占油田公司钻井工程投资的比例，%；V_{yr} 为油田公司人工费，元；V_{Ty} 为油田公司钻井工程投资，元；$d_{\Delta yr}$ 为油田公司人工费变化值占油田公司钻井工程投资的比例，%；ΔV_{yr} 为油田公司人工费变化值，元。

6.6.3.3.3　柴油价格变化对油田公司钻井工程投资影响分析

（1）油田公司柴油费计算方法为

$$V_{yo} = \sum_{i=1}^{n} V_{qoi}$$

式中，V_{yo} 为油田公司柴油费，元；n 为油田公司所属区块数量，个；V_{qoi} 为区块柴油费，元。

（2）油田公司柴油费变化值计算方法为

$$\Delta V_{yo} = \sum_{i=1}^{n} \Delta V_{qoi}$$

式中，ΔV_{yo} 为油田公司柴油费变化值，元；n 为油田公司所属区块数量，个；ΔV_{qoi} 为区块柴油费变化值，元。

（3）柴油价格变化对油田公司钻井工程投资影响程度计算方法为

$$d_{yo} = V_{yo} \div V_{Ty} , \quad d_{\Delta yo} = \Delta V_{yo} \div V_{Ty}$$

式中，d_{yo} 为油田公司柴油费占油田公司钻井工程投资的比例，%；V_{yo} 为油田公司柴油费，元；V_{Tq} 为油田公司钻井工程投资，元；$d_{\Delta yo}$ 为油田公司柴油费变化值占油田公司钻井工程投资的比例，%；ΔV_{yo} 为油田公司柴油费变化值，元。

6.6.3.3.4　套管价格变化对油田公司钻井工程投资影响分析

（1）油田公司套管费计算方法为

$$V_{yg} = \sum_{i=1}^{n} V_{qgi}$$

式中，V_{yg} 为油田公司套管费，元；n 为油田公司所属区块数量，个；V_{qgi} 为区块套管费，元。

（2）油田公司套管费变化值计算方法为

$$\Delta V_{yg} = \sum_{i=1}^{n} \Delta V_{qgi}$$

式中，ΔV_{yg} 为油田公司套管费变化值，元；n 为油田公司所属区块数量，个；ΔV_{qgi} 为区块套管费变化值，元。

（3）套管价格变化对油田公司钻井工程投资影响程度计算方法为

$$d_{yg} = V_{yg} \div V_{Ty}, \quad d_{\Delta yg} = \Delta V_{yg} \div V_{Ty}$$

式中，d_{yg} 为油田公司套管费占油田公司钻井工程投资的比例，%；V_{yg} 为油田公司套管费，元；V_{Ty} 为油田公司钻井工程投资，元；$d_{\Delta yg}$ 为油田公司套管费变化值占油田公司钻井工程投资的比例，%；ΔV_{yg} 为油田公司套管费变化值，元。

6.6.3.3.5　综合价格变化对油田公司钻井工程投资影响分析

（1）油田公司综合费计算方法为

$$V_{yz} = \sum_{i=1}^{n} V_{qzi}$$

式中，V_{yz} 为油田公司综合费，元；n 为油田公司所属区块数量，个；V_{qzi} 为区块综合费，元。

（2）油田公司综合费变化值计算方法为

$$\Delta V_{yz} = \sum_{i=1}^{n} \Delta V_{qzi}$$

式中，ΔV_{yz} 为油田公司综合费变化值，元；n 为油田公司所属区块数量，个；ΔV_{qzi} 为油田公司综合费变化值，元。

（3）综合价格变化对油田公司钻井工程投资影响程度计算方法为

$$d_{yz} = V_{yz} \div V_{Ty}, \quad d_{\Delta yz} = \Delta V_{yz} \div V_{Ty}$$

式中，d_{yz} 为油田公司综合费占油田公司钻井工程投资的比例，%；V_{yz} 为油田公司综合费，元；V_{Ty} 为油田公司钻井工程投资，元；$d_{\Delta yz}$ 为油田公司综合费变化值占油田公司钻井工程投资的比例，%；ΔV_{yz} 为油田公司综合费变化值，元。

6.6.3.4　股份公司钻井工程投资变化分析方法

采用油田公司钻井工程投资变化分析结果，可以进一步分析股份公司钻井工程投资变化情况，即分析在股份公司钻井进尺工程量 W_z 确定的条件下，各种价格变化对整个股份公司钻井工程投资的影响程度。

股份公司钻井工程投资计算方法和人工价格变化、柴油价格变化、套管价格变化以及三者的综合价格变化对股份公司钻井工程投资影响的分析计算方法，同油田公司钻井工程投资分析计算方法是一致的，只是将区块升级为油田公司，将油田公司升级为股份公司。因此，这里不再将各种计算公式重复列出。

6.6.3.5　钻井工程动态价格分析方法应用

这套钻井工程动态价格分析方法是一项综合配套的工程造价管理技术，可以在钻井工程计价标准编制与调整、钻井工程投资变化趋势分析、钻井工程投资规划编制、勘探开发方案中钻井投资编制、钻井工程年度投资计划编制等方面进行广泛应用。

6.6.3.5.1　用于钻井工程计价标准编制与调整

依据标准井工程参数，确定标准井工程量消耗标准，采用工程量清单模式，计算出标准井工程造价，即编制出概算指标。同时根据各种主要费用项目的价格变化，可以及时调整概算指标。

区块钻井工程投资计算方法即是钻井工程估算指标的编制方法。由于其来源于概算指标，价格变化的调整可以随着概算指标的调整而同时进行调整。

油田公司钻井工程投资计算方法实际上就是钻井工程参考指标的编制方法。因为其来源于概算指标，价格变化的调整也可以随着概算指标的调整而同时进行调整。

价格变化对区块、油田公司、股份公司的钻井工程投资影响程度计算方法实际上就是钻井工程造价指数的测算方法。

可见，这套造价管理技术是一套编制和调整钻井工程计价标准的配套方法。

6.6.3.5.2　用于钻井工程投资变化趋势分析和规划编制

该项技术可以分析历年因为主要费用项目的价格变化引起的钻井工程投资变化趋势，进而可以用于钻井工程投资规划编制。举例如下。

（1）平均柴油价格变化引起钻井工程投资变化趋势分析。

以 2004 年为基期，分析某油田 2005—2011 年由于平均柴油价格变化引起平均单位进尺钻井工程投资变化趋势，如图 6-4 所示。

图 6-4　某油田 2005—2011 年柴油价格变化对钻井工程投资影响趋势

（2）平均管材价格变化引起钻井工程投资变化趋势分析。

以 2004 年为基期，分析某油田 2005—2011 年由于平均管材价格变化引起平均单位进尺钻井工程投资变化趋势，如图 6-5 所示。

6.6.3.5.3　用于勘探开发方案中钻井投资编制

在可行性研究报告中，需要根据勘探方案或开发方案中钻井数量和钻井进尺，编制出多年的钻井工程投资，并将这些投资作为固定资产进行折现，计算出净现值、投资回收期等经济效益指标。因此，需要科学合理的钻井工程投资估算指标和参考指标，考虑物价上涨因素，并且做出多方案进行比选，为投资决策提供可靠的依据。

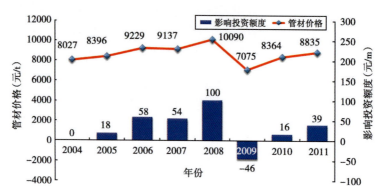

图 6-5　某油田 2005—2011 年管材价格变化对钻井工程投资影响趋势

6.6.3.5.4　用于钻井工程年度投资计划编制

在上一年工程量和投资水平基础上，采用标准井工程参数，结合本年度工程量情况，分析各地区价格变化趋势，测算本年度价格变化对钻井工程投资影响，用于钻井工程年度投资计划编制和调整。除了图 6-4 和图 6-5 给出的钻井投资影响程度表现形式外，还可以采用钻井造价指数。图 6-6 给出了某年度套管价格上涨 10% 对各油田钻井工程投资影响指数。

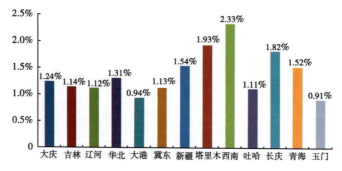

图 6-6　某年度套管价格上涨 10% 对钻井工程投资影响指数

由图 6-6 可以看出，套管价格上涨 10%，影响钻井工程投资变化幅度最大的前 3 个油田分别是西南油气田 2.33%、塔里木油田 1.93%、长庆油田 1.82%；影响钻井工程投资变化幅度最小的是玉门油田，仅有 0.91%。

7　钻井工程全面造价管理机制效果分析

7.1　"混合制+企业制"管理机制案例分析

7.1.1　苏里格气田开发概况

截至 2013 年底，苏里格气田经过 8 年产能建设，动用储量 5100 多亿方，累计钻井 7000 多口，建成年产 210 多亿方天然气生产能力。苏里格气田开发大体分为 3 个阶段。

第 1 阶段（2000—2004 年）：解决认识问题。开展大量前期开发评价工作，认识到苏里格气田是低渗、低压、低丰度的大面积"三低"气田，采用常规方式开发，投资大、效益差，难以有效开发。开发目标从追求单井高产调整为追求整体有效开发，以单井 $1\times10^4\mathrm{m}^3/\mathrm{d}$、稳产 3 年为目标。

第 2 阶段（2005—2008 年）：创新开发模式。2005 年初集团公司作出发挥中国石油整体优势，加快苏里格气田开发步伐的重大决策。尝试一种全新的战略联盟："5+1"合作开发新模式。辽河、长庆、四川、华北、大港等 5 家施工单位为乙方，实施区块总承包，负责钻井、采气的全部施工，并且建设和管理井、站、集气支线；长庆油田公司 1 家建设单位为甲方；甲乙方合作时间可长达 30 年。由此催生了"六统一、三共享、一集中"的新型管理机制，即统一规划部署、统一组织机构、统一对外协调、统一技术政策、统一生产调度、统一后勤支持；资源共享、技术共享、信息共享；集中协调管理。管理机制创新极大地调动了施工单位积极性和创造性，集成创新了有针对性的 3 大类 12 项开发配套技术。其中，以高精度二维地震为核心的井位优选、以 PDC 钻头为代表的快速钻井、以直井多层压裂为主的储层改造、以井下节流为关键的地面优化等 6 项关键技术的应用，使（Ⅰ+Ⅱ）类开发井比例达到 80%，单井钻井成本由 1200 万元降低到 800 万元，实现了气田规模有效开发。

第 3 阶段（2009 年至今）：持续技术创新。开发井型由直井、丛式井转变为水平井；储层改造由直井多层到水平井多段、段内多缝、体积压裂；生产管理由人工巡护到数字化、智能化管理；丛式水平井开发技术、储层改造技术和数字化管理技术的突破应用，使气田开发水平大幅提高。

7.1.2 苏里格气田管理机制分析

从新制度经济学角度分析，苏里格气田管理机制是比较典型的"混合制+企业制"管理机制。

以合作区块为管理对象，长庆油田苏里格气田开发分公司作为建设单位，与辽河、长庆、四川、华北、大港等5家施工单位建立联盟管理模式的混合制管理机制，组建5个项目经理部，按照"六统一、三共享、一集中"管理。如第二项目经理部辖有苏10、苏11、苏53等3个区块，对应的是长城钻探公司苏里格气田分公司，代表长城钻探公司（2008年2月重组前代表辽河石油勘探局）与长庆油田公司合作开发苏里格气田，目前有两个采气作业区。

在钻井生产组织方面，长城钻探公司设立长庆生产指挥中心和工程技术部长庆分部。长庆生产指挥中心全权负责长庆油气区钻井生产组织，实行一体化管理，主要职责包括：（1）市场信息的收集、整理及分析，项目的前期论证、投（议）标、谈判和签约等市场开发管理；（2）施工队伍的调度和工作量的调配；（3）工程技术服务项目的生产协调和运行管理；（4）施工队伍的工程技术管理、质量管理和HSE监督管理；（5）设备资源的合理配置和物资后勤保障协调；（6）民营施工队伍的资质审核、市场准入管理和工作量的调配、安全环保和生产组织管理；（7）工程项目与甲方结算；（8）协调处理长庆市场的各种内外部关系。

工程技术部长庆分部主要职责包括：（1）工程技术支持和技术管理；（2）监督检查施工队伍工程技术管理制度执行情况；（3）组织审定重点项目工程设计、施工方案；（4）负责重点工程、特殊工艺和关键环节的验收和作业许可；（5）负责较大工程事故调查、分析和处理，参与重特大事故调查、分析和处理；（6）指导井下复杂情况处理、工程质量管理；（7）组织新技术、新工艺推广和应用；（8）负责施工作业井控工作监督、检查和考核；（9）负责工程技术文档管理和上报。

可见，长城钻探公司在长庆油气区实行矩阵式的企业制管理机制，长庆生产指挥中心类似于油气区事业部，工程技术部长庆分部相当于专业技术部。

7.1.3 经济学根源解析

7.1.3.1 苏里格气田开发模式降低成本分析

从2000年8月苏里格气田诞生到2005年底，83口气井在长达5年多的时间内，采出了大约$3 \times 10^8 m^3$天然气，只相当于塔里木盆地克拉2气田一口气井一个多月的产量。用常规开采方法，苏里格气田不可能有经济效益。任何事物的发生和发展都有其内在因素，苏里格气田之所以能大幅度降低开发成本，管理创新就是这种内在的控制因素。

中国石油天然气集团公司内部重组以后，工程技术服务企业和油田公司成为两个相对独立的实体，前者通过向后者提供服务来实现生存和发展。由于油田公司的投资正是工程技术服务企业的利润来源，所以工程技术服务企业降低成本也就失去了原动力。苏里格气田前期开发评价试验中，钻井周期较长、综合建井成本较高的问题一直没有得到解决。

"5+1"合作模式的建立，使参与气田合作开发的5家未上市企业的最终利润来源不再是工程技术服务，而是生产的天然气。工程技术服务方面的投资是羊毛出在羊身上。比如钻井，过去钻井公司按照油田公司的设计方案，把井打出来就可以了，剩下的就是到油田公司去结算。如果把钻井周期降下来了，材料费用也降下来了，那么等到打下一口井的时候，油田公司也会把投资降下来，利润空间可能反而缩小了。合作开发以后，井是给钻井公司自己打的，没有人给你结算费用，所花的钱得从气井的产量中挣回来。如果气井的产量很高，成本高一点也许不算什么，可苏里格气田单井产量低是不以人的意志为转移的客观现实，要想在开发中得到效益，降低成本成了唯一的选择。

苏里格气田降低成本首先从PDC钻头快速钻井技术开始。钻井周期是决定钻井总成本的主要参数之一，钻井周期越长，费用就越高。面对这一问题，中国石油天然气集团公司整体优势得到发挥，长庆油田与工程技术服务企业密切配合，大力开展技术创新，形成以PDC钻头为核心，涵盖井身结构、钻井液体系等内容的快速钻井技术。2006年底，第二项目经理部（属于长城钻探公司）首先把单井钻井周期缩短到14d，接着第一项目经理部（属于西部钻探公司）又把这一纪录改写为11d3h。使苏里格气井钻井周期由平均45d降低到15d，缩短了三分之二。按钻井日费5万元左右计算，钻井周期缩短30d，单井直接节约成本就达150万元。

由于天然气开发往往要面对高压、含硫等带来的高风险，国内大部分气田都采用进口套管和油管。但进口套管和油管价格远远高于国产。此时，中国石油天然气集团公司的整体优势再次得到发挥，通过与中国石油管材研究所等单位通力配合，在较短的时间内研制出了适合苏里格气田的套管和油管，取代了进口套管和油管。每米套管节约400多元，3500多米的气井就可以节约成本近160万元，加上国产化油管单井可降低成本40多万元，每口井就可节约成本200万元。

此外，苏里格气田还形成了独特的集输模式，也大大降低了开发成本。通过采用井间串接、树状集气模式，大大缩短了输气管线的长度，节约了大量的建设费用。简化计量是苏里格气田的又一降本措施，还通过设备橇装化，把功能相关联设备组合在一起，避免了反复运输造成的浪费。单井地面投资由原来的220万元降至110万元。

苏里格气田在大规模建设过程中全面推行"标准化设计、模块化建设、标准化造价、规模化采购"建设模式，实现"生产效率和建设质量两提高、工程造价和安全风险两降低"。集成创新 3 大类 12 项配套开发技术，技术创新与管理创新有机结合，气田开发成本得到有效控制，单井钻井成本降低 40%，地面建设投资降低 50%，提高了苏里格气田开发效率和效益。

7.1.3.2　经济学根源解析

7.1.3.2.1　产权理论解析

新制度经济学的产权理论认为，产权是一个权利束，包括所有权、使用权、收益权、处置权等。产权是一种社会关系，是规定人们相互行为关系的一种规则，并且是社会的基础性规则。产权实质上是一套激励与约束机制，产权安排直接影响资源配置效率，一个社会的经济绩效如何，最终取决于产权安排对个人行为所提供的激励。

苏里格气田管理模式创新的本质是苏 10、苏 53 等合作区块的产权发生了根本性变化，由长庆油田公司转移到 5 家工程技术服务企业。5 家工程技术服务企业的收益来源不再是提供钻井服务，而是天然气销售，极大地调动了工程技术服务企业积极性和创造性。钻井服务仅是气田评价、钻井、采气、输气整个业务链中的一个关键环节，而钻井服务又是 5 家工程技术服务企业的专业特长，因此可以将钻井效率极大地提高，实现综合钻井成本最小化。

7.1.3.2.2　经济机制设计理论解析

通过"六统一、三共享、一集中"联盟管理模式，可以很好地实现甲方和乙方之间信息有效利用、资源配置合理、激励措施相容。比如 5 家工程技术服务企业所缺乏的前期大量勘探地质信息、地面建设标准信息等，长庆油田公司可以毫无保留地交给 5 家工程技术服务企业。提高钻井生产效率的大量施工信息完全由工程技术服务企业掌握，可以建立高效一体化服务管理模式，交易费用非常小，甚至可以忽略不计。

比如，川庆钻探公司组成物探、钻井、地质、工程、科研完整的产业链，有利于各方发挥优势，建立高效的生产组织管理模式。这个公司成立苏里格气田水平井组织领导机构，分设提速领导小组、现场协调小组和技术支撑小组；完善生产例会制度、现场协调制度、领导把关制度和技术分析制度等 5 项制度，为水平井钻井提速提供保障。川庆地质研究院加强地质研究，保证水平段一次直接顺利入窗。川庆工程技术研究院加强现场技术管理，精细组织定向服务和钻井液服务，有效控制井眼轨迹和提升钻井速度。承担钻井施工任务的钻井队采取严格控制钻具探伤、井下工具的使用时间等措施。

川庆钻探公司制订出苏里格水平井提速方案，展开科研攻关，依靠技术创新，加大技术集成力度，总结试验成功了 5 项水平井快速钻井配套技术，探寻到了解决气井水平井施工工艺复杂、施工管理难度大、成本费用高等难题的良方。如表层井段防砂堵漏快速钻井技术，解决了表层井段流砂层垮塌难题，机械钻速由以前的每小时42m提高到51.3m，同比提高22%；直井段防斜打直快速钻井技术，使二开直井段机械钻速同比提高了42.26%；钻进时间由原先平均13d缩短到5.9d。4月11日开钻的桃7-17-19H水平井，5月21日完钻，裸眼水平段长900m，完钻井深4360m，首次实现了苏里格气田水平井的钻井周期控制在40d以内。由川庆钻探50567钻井队施工的苏平14-19-09井，获得83.3×10⁴m³/d（无阻流量）的高产气流，成为苏里格气田开发以来第一口试气高产水平井。

7.1.3.3 苏里格气田开发管理模式问题分析

苏里格气田开发管理模式的问题是全产业链业务分工和定位不科学，导致重复设置机构。比如前期开发地质研究和后期采气作业应该属于油田公司的业务范围，也是油田公司擅长的业务，却由工程技术服务企业来承担，导致长城钻探公司等施工单位设立地质研究院、采气作业区等机构。

7.2 "市场制+混合制"管理机制案例分析

7.2.1 案例背景

A油气区和B油气区距离3000多公里。A油气区由A1油田公司管理，A2钻探公司一直在A油气区进行钻井作业，A1油田公司和A2钻探公司采用混合制的关联交易管理模式。B油气区由B1油田公司管理，B2钻探公司一直在B油气区钻井作业。

为了建立市场竞争机制，期望降低钻井成本，A1油田公司决定开放钻井市场，引入外部钻井施工队伍。2009年3月至2012年4月3年多时间里，基地位于B油气区的B2钻探公司调用5部ZJ40钻机，进入到A油气区钻井市场，共钻井63口。考虑到区块、井深、井身结构等对比口径一致，选取其中58口井进行对比分析，其中HC区块46口井、AY区块12口井。HC区块所钻井为开发井，AY区块所钻井为探井和评价井。

A2钻探公司共有46口井与B2钻探公司同一个时间段内作业，其中在HC区块有9部ZJ40钻机钻井31口，在AY区块有4部ZJ40钻机和5部ZJ30钻机钻井15口。

7.2.2 钻井井深、钻井周期和平均钻速分析

7.2.2.1 钻井井深分析

在HC区块和AY区块，按开钻时间先后顺序，B2钻探公司和A2钻探公司的钻

井井深变化情况如图 7-1 所示。

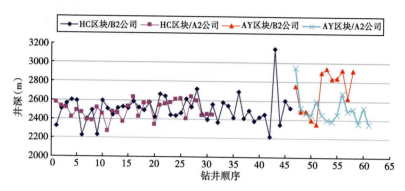

图 7-1　B2 钻探公司和 A2 钻探公司钻井井深变化情况

总体上看，钻井井深变化区间在 2200～3000m 之间。在 HC 区块，B2 钻探公司 46 口井平均井深 2506.41m，A2 钻探公司 31 口井平均井深 2493.39m，二者几乎相等。在 AY 区块，B2 钻探公司 12 口井平均井深 2709.08m，A2 钻探公司 15 口井平均井深 2506.00m，二者相差 203.08m，二者基本相当。

可见，在 HC 和 AY 两个区块，两家钻井公司施工条件相当，具有可比性。

7.2.2.2　钻井周期分析

在 HC 区块和 AY 区块，按开钻时间先后顺序，B2 钻探公司和 A2 钻探公司的钻井周期变化情况如图 7-2 所示。

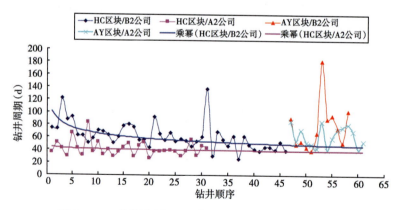

图 7-2　B2 钻探公司和 A2 钻探公司钻井周期变化情况

在 HC 区块，B2 钻探公司的钻井周期表现出明显的学习曲线特征，在大约第 39 口井时，基本上达到 A2 钻探公司的钻井周期水平；46 口井平均钻井周期 61.62d，第 1 口井到第 38 口井平均钻井周期 65.37d，第 39 口井到第 46 口井平均钻井周期 43.80d。而 A2 钻探公司的钻井周期基本保持在同一水平上，31 口井平均钻井周期 41.87d。B2 钻探公司平均钻井周期 61.62d，比 A2 钻探公司平均钻井周期 41.87d 多

19.75d，高出47.15%。

在AY区块，B2钻探公司的钻井周期和A2钻探公司的钻井周期没有变化规律。B2钻探公司的12口井平均钻井周期78.48d，A2钻探公司的15口井平均钻井周期62.50d。B2钻探公司平均钻井周期比A2钻探公司平均钻井周期多15.98d，高出25.56%。

从两个区块实际钻井周期角度分析，A2钻探公司基本没有特别异常的钻井周期，而B2钻探公司有3口井的钻井周期表现出特别异常，表明B2钻探公司的风险性更大。

7.2.2.3 平均钻速分析

采用井深除以钻井周期测算出平均钻速。在HC区块和AY区块，按开钻时间先后顺序，B2钻探公司和A2钻探公司的平均钻速变化情况如图7-3所示。

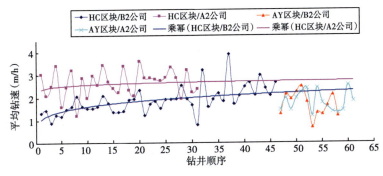

图7-3 B2钻探公司和A2钻探公司平均钻速变化情况

在HC区块，B2钻探公司的平均钻速表现出明显的学习曲线特征，在大约第39口井时，基本上达到A2钻探公司的平均钻速水平；46口井平均钻速1.69m/h，第1口井到第38口井平均钻速1.60m/h，第39口井到第46口井平均钻速2.39m/h。而A2钻探公司的平均钻速基本保持在同一水平上，后期微微有些上升，31口井平均钻速2.48m/h。A2钻探公司平均钻速2.48m/h，比B2钻探公司平均钻速1.69m/h高出46.38%。

在AY区块，B2钻探公司的平均钻速和A2钻探公司的平均钻速没有变化规律。B2钻探公司的12口井平均钻速1.44m/h，A2钻探公司的15口井平均钻速1.67m/h，A2钻探公司平均钻速比B2钻探公司平均钻速高出16.15%。

从两个区块实际平均钻速角度分析，B2钻探公司在施工38口井后，平均钻速接近了A2钻探公司的平均钻速水平。

综合分析钻井周期和平均钻速变化情况，A2钻探公司的钻井周期和平均钻速基本保持在一个水平上，没有看出因为引入竞争机制，使A2钻探公司的平均钻速明显提高和钻井周期明显缩短。而 B2 钻探公司要达到 A2 钻探公司的钻井周期和平均钻速水平，需要一段很长的时间和很大的钻井工作量。

7.2.3 实际钻井成本水平分析

B2 钻探公司和 A2 钻探公司在 HC 区块和 AY 区块总体钻井成本情况参见表 7-1。采用总成本除以钻井数量，得到平均单井成本；采用总成本除以钻井进尺数量，得到平均每米成本；采用总成本除以钻井周期，得到平均每天成本。采用平均每天成本中的直接材料费、直接人工费、机械使用费、其他直接费 4 项费用，其中直接材料费扣除钻头和钻井液材料费，计算出平均钻井日费。

表 7-1　B2 钻探公司和 A2 钻探公司总体钻井成本水平

施工单位	区块	井数（口）	进尺（m）	钻井周期（d）	总成本（万元）	平均单井成本（万元）	平均每米成本（元）	平均每天成本（元）	平均钻井日费（元）
B2 钻探公司	HC	46	115295.00	2834.40	35747.75	777.13	3100.55	126121.06	86217.20
	AY	12	32509.00	941.70	12651.44	1054.29	3891.67	134346.80	84844.68
	合计	58	147804.00	3776.10	48399.19	834.47	3274.55	128172.43	85874.91
A2 钻探公司	HC	31	77295.00	1298.10	18394.11	593.36	2379.73	141700.23	97358.34
	AY	15	37590.00	937.50	11978.22	798.55	3186.54	127767.64	84436.63
	合计	46	114885.00	2235.60	30372.32	660.27	2643.72	135857.59	91939.62
（B2 钻探公司－A2 钻探公司）÷A2 钻探公司	HC					30.97%	30.29%	-10.99%	-11.44%
	AY					32.03%	22.13%	5.15%	0.48%
	合计					26.38%	23.86%	-5.66%	-6.60%

7.2.3.1 平均单井成本水平对比

由表 7-1 看出，总体上 B2 钻探公司平均单井成本比 A2 钻探公司平均单井成本高出 26.38%。在 HC 区块，B2 钻探公司平均单井成本 777.13 万元，A2 钻探公司平均单井成本 593.36 万元，高出 30.97%。在 AY 区块，B2 钻探公司平均单井成本 1054.29 万元，A2 钻探公司平均单井钻井成本 798.55 万元，高出 32.03%。

7.2.3.2 平均每米成本水平对比

由表 7-1 看出，总体上 B2 钻探公司平均每米成本比 A2 钻探公司平均每米成本高出 23.86%。在 HC 区块，B2 钻探公司平均每米成本 3100.55 元，A2 钻探公司平均每米成本 2379.73 元，高出 30.29%，同平均单井成本高出幅度基本一致。在 AY 区块，B2 钻探公司平均每米成本 3891.67 元，A2 钻探公司平均每米成本 3186.54 元，高出 22.13%。

7.2.3.3 平均每天成本水平对比

由表 7-1 看出，总体上 B2 钻探公司平均每天成本比 A2 钻探公司平均每天成本低

5.66%。在 HC 区块，B2 钻探公司平均每天成本 126121.06 元，A2 钻探公司平均每天成本 141700.23 元，低 10.99%。在 AY 区块，B2 钻探公司平均每天成本 134346.80 元，A2 钻探公司平均每天成本 127767.64 元，高出 5.15%。

7.2.3.4 平均钻井日费水平对比

由表 7-1 看出，总体上 B2 钻探公司平均钻井日费比 A2 钻探公司平均钻井日费低 6.60%。在 HC 区块，B2 钻探公司平均钻井日费 86217.20 元，A2 钻探公司平均钻井日费 97358.34 元，低 11.44%。在 AY 区块，B2 钻探公司平均钻井日费 84844.68 元，A2 钻探公司平均钻井日费 84436.63 元，高出 0.48%，二者基本相当。

需要注意，在 HC 区块，B2 钻探公司采用 5 部 ZJ40 钻机钻井 46 口，A2 钻探公司采用 9 部 ZJ40 钻机钻井 31 口，二者均采用 ZJ40 钻机。在 AY 区块，B2 钻探公司采用 5 部 ZJ40 钻机钻井 12 口，A2 钻探公司采用 4 部 ZJ40 钻机和 5 部 ZJ30 钻机钻井 15 口，后者 5 部钻机级别小于前者。

7.2.4 增加钻井成本水平及原因分析

7.2.4.1 增加总体钻井成本水平

采用 A2 钻探公司 HC 区块和 AY 区块的平均每米钻井成本，乘以 B2 钻探公司的 HC 区块和 AY 区块工作量，进行同样钻井工作量条件下总体钻井成本水平对比，如表 7-2 所示。

表 7-2 相同工作量条件下总体钻井成本水平对比

施工单位	区块	进尺（m）	单价（元/m）	总成本（元）
B2 钻探公司	HC	115295.00	3100.55	357477539.73
	AY	32509.00	3891.67	126514380.85
	合计	147804.00		483991920.57
A2 钻探公司	HC	115295.00	2379.73	274370719.40
	AY	32509.00	3186.54	103591333.98
	合计	147804.00		377962053.38
B2 钻探公司-A2 钻探公司	HC	0.00	720.82	83106820.33
	AY	0.00	705.13	22923046.86
	合计	0.00		106029867.19
（B2 钻探公司-A2 钻探公司）÷A2 钻探公司	HC		30.29%	30.29%
	AY		22.13%	22.13%
	合计			28.05%

由表 7-2 可以看出，在总进尺 147804.00m 条件下，B2 钻探公司总钻井成本 48399.19 万元，A2 钻探公司折算总钻井成本 37796.21 万元，B2 钻探公司比 A2 钻探

公司总钻井成本增加 10602.99 万元，比 A2 钻探公司成本增加了 28.05%。

7.2.4.2 增加钻井成本原因分析

7.2.4.2.1 长距离动迁增加巨额的动复员费用

2009 年初，B2 钻探公司的 5 部钻机陆续从 B 油气区基地开始动迁，分别于 2 月到 5 月陆续到达 A 油气区的 HC 区块。B2 钻探公司实际发生动迁费 1149.50 万元（不含管理费），平均每部钻机动迁费 229.90 万元。2012 年初，B2 钻探公司的 5 部钻机陆续回迁，实际发生回迁费 916.11 万元，平均每部钻机回迁费 183.22 万元。

5 部钻机动复员费合计 2065.61 万元，平均每部钻机 413.12 万元。

7.2.4.2.2 新队伍施工交纳昂贵的学习费用

B2 钻探公司的钻井队进入到 A 油气区钻井市场，相对于 A2 钻探公司的钻井队，属于新队伍施工作业，缺乏经验，会产生昂贵的学习费用。

由前面钻井周期分析中得出，在 HC 区块，B2 钻探公司的钻井周期表现出明显的学习曲线特征，在大约第 39 口井时，基本上达到 A2 钻探公司的钻井周期水平，第 1 口井到第 38 口井平均钻井周期 65.37d，第 39 口井到第 46 口井平均钻井周期 43.80d。而 A2 钻探公司的钻井周期基本保持在同一水平上，31 口井平均钻井周期 41.87d。

B2 钻探公司前 38 口井一直处于学习状态，平均每口井钻井周期 65.37d，比 A2 钻探公司 41.87d 多出 23.5d；乘以 38 口井，累计多出 893.00d。取表 7-1 中 HC 区块平均钻井日费 86217.20 元/d 计算，得出学习费用 7699.20 万元。若是按 A2 钻探公司钻井日费 97358.34 元/d 计算，得出学习费用 8694.10 万元。

7.2.4.2.3 外部市场施工增加大量的运营费用

（1）新增项目部运行费用。该项目 B2 钻探公司新成立一个 22 个人组成的项目部，负责这个外部市场的管理。无形之中，这个项目部运行每年需要上百万的运行费。

（2）新增人工费。凡是开拓外部市场，钻探公司发给每个人的奖金比在本油气区的员工一般需要增加 30%~50%，甚至达到一倍以上。此外，还需要给外部市场作业人员各种差旅补贴、生活补贴、休假补贴等。

（3）新增配件材料费。维持正常钻井施工，通常需要钻头、钻井液材料、钻机配件材料、柴油机配件材料、钻井泵配件材料等上千种规格型号的材料，而且许多是石油行业专用材料。若在当地临时性采购，材料价格往往会比本油气区长期供应的材料价格高。而且在当地临时加工钻机专用配件，其加工费会大幅度增加，甚至达到数倍。

（4）新增运输费。从钻机搬迁到大宗材料运输，钻一口井的运输量通常达到数百吨到上千吨，而且钻井工程运输常常是超长、超宽、超高的"三超"运输，在当地很难临时找到合适的重型吊车、大型卡车，运输价格和用车量都会提高和增加；另外，对于个别急需的钻井专用配件材料，有时需要从几千公里外的钻探公司基地运到井场。因此，运输费会比正常组织钻井施工增加。

（5）新增市场协调费。钻井队伍到一个新的地区施工，从钻井队的吃、住、行，到钻井废水、废液、废物排放和柴油机噪声影响，都需要同当地政府有关部门、井场周边群众打交道，往往都会增加一定数额的市场协调费。

采用增加总成本 10602.99 万元，减去动复员费用 2065.61 万元，再减去学习费用 7699.20 万元，测算得出新增加运营费用 838.19 万元。

7.2.5 钻井周期和成本与工程结算对比

7.2.5.1 实际钻井周期与工程结算周期对比

在 HC 区块和 AY 区块，按开钻时间先后顺序，A2 钻探公司的实际钻井周期和 A1 油田公司的工程结算周期变化情况如图 7-4 所示，B2 钻探公司的实际钻井周期和 A1 油田公司的工程结算周期变化情况如图 7-5 所示。表 7-3 给出了平均单井实际钻井周期和平均单井结算钻井周期对比情况。

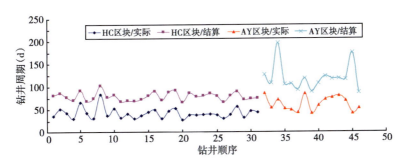

图 7-4　A2 钻探公司实际钻井周期和工程结算周期变化情况

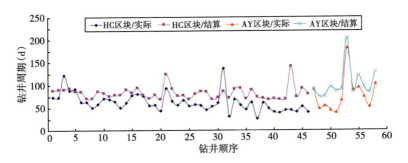

图 7-5　B2 钻探公司实际钻井周期和工程结算周期变化情况

表7-3 平均实际周期和平均结算周期对比

序号	区块	钻探公司	平均实际周期（d）	平均结算周期（d）	结算-实际（d）	（结算-实际）÷实际
1	HC	B2	61.62	82.12	20.50	33.28%
2		A2	41.87	78.93	37.05	88.49%
3		B2-A2	19.74	3.19		
4		（B2-A2）÷A2	47.15%	4.04%		
5	AY	B2	78.48	103.00	24.53	31.25%
6		A2	62.50	119.22	56.72	90.75%
7		B2-A2	15.98	-16.22		
8		（B2-A2）÷A2	25.56%	-13.60%		
9	全部	B2	3776.10	5013.59	1237.49	32.77%
10		A2	2235.60	4235.10	1999.50	89.44%

由图7-4、图7-5和表7-3看出，工程结算周期普遍比实际钻井周期长很多。

在HC区块，B2钻探公司46口井平均结算周期比平均实际周期多20.50d，高出33.28%；A2钻探公司31口井平均结算周期比平均实际周期多37.05d，高出88.49%。B2钻探公司比A2钻探公司平均实际周期多19.74d，高出47.15%；B2钻探公司比A2钻探公司平均结算周期多3.19d，仅高出4.04%，二者基本相当。

在AY区块，B2钻探公司12口井平均结算周期比平均实际周期多24.53d，高出31.25%；A2钻探公司15口井平均结算周期比平均实际周期多56.72d，高出90.75%。B2钻探公司比A2钻探公司平均实际周期多15.98d，高出25.56%；而B2钻探公司比A2钻探公司平均结算周期少16.22d，降低13.60%。

综合两个区块分析，B2钻探公司58口井结算周期比实际周期多1237.49d，高出32.77%；A2钻探公司46口井结算周期比实际周期多1999.50d，高出89.44%。

7.2.5.2 实际钻井成本与工程结算费用对比

因AY区块为探井和评价井施工，统计数据时未完全结算，为了对比口径一致，这里仅分析HC区块对比情况。

7.2.5.2.1 单井钻井成本和结算费用变化趋势对比

B2钻探公司和A2钻探公司单井钻井成本和结算费用总体变化情况如图7-6所示。

总体来看，B2钻探公司和A2钻探公司单井工程结算费用总体变化趋势具有一致性。相对结算费用而言，B2钻探公司单井钻井成本表示出较多的异常点，特别是在初期的5口井，而A2钻探公司单井钻井成本和单井工程结算费用表现出一致性。

7.2.5.2.2 钻井成本和结算费用水平对比

对于B2钻探公司，采用实际总成本除以46口井、115295m进尺、2834.4d实际

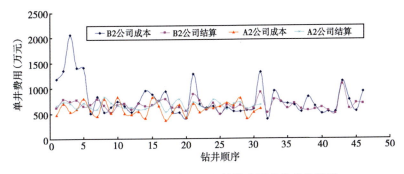

图 7-6　单井钻井成本和工程结算费用总体变化情况

周期，得出平均单井、平均每米、平均每天的单位实际成本；采用结算总费用除以 46 口井、115295m 进尺、3777.57d 结算周期，得出平均单井、平均每米、平均每天的单位结算费用。

对于 A2 钻探公司，采用实际总成本除以 31 口井、77295m 进尺、1298.1d 实际周期，得出平均单井、平均每米、平均每天的单位实际成本；采用结算总费用除以 31 口井、77295m 进尺、2446.8d 结算周期，得出平均单井、平均每米、平均每天的单位结算费用。

表 7-4 给出了 HC 区块钻井实际成本与结算费用水平对比情况。

表 7-4　HC 区块钻井实际成本与结算费用水平对比

施工单位	项目	总成本（万元）	平均单井（万元）	平均每米（元）	平均每天（元）
B2 钻探公司	实际成本	35747.75	777.13	3100.55	126121.06
	结算费用	30563.12	664.42	2650.86	80906.84
	结算-实际	-5184.63	-112.71	-449.68	-45214.23
	（结算-实际）÷实际	-14.50%	-14.50%	-14.50%	-35.85%
A2 钻探公司	实际成本	18394.11	593.36	2379.73	141700.23
	结算费用	20526.13	662.13	2655.56	83889.69
	结算-实际	2132.02	68.77	275.83	-57810.53
	（结算-实际）÷实际	11.59%	11.59%	11.59%	-40.80%

由表 7-4 可以看出，总体上 B2 钻探公司亏损，A2 钻探公司盈利。

B2 钻探公司钻井 46 口，亏损 5184.63 万元，平均单井亏损 112.71 万元，平均每米亏损 449.68 元，亏损率达到 14.50%；平均每天亏损 45214.23 元，亏损率达到 35.85%。

A2 钻探公司钻井 31 口，盈利 2132.02 万元，平均单井盈利 68.77 万元，平均每米盈利 275.83 元，盈利率达到 11.59%；平均每天亏损 57810.53 元，亏损率达到

40.80%。

需要说明的是，实际钻井成本中尚未包括钻探公司的上级管理费，若考虑到全成本核算，B2 钻探公司亏损得会更多，A2 钻探公司盈利会明显减少。

7.2.5.3 两家钻探公司工程结算费用水平对比

表 7-5 给出了 HC 区块 B2 钻探公司和 A2 钻探公司工程结算费用对比情况。为了同口径对比，扣除 B2 钻探公司 5 部钻机 1379.00 万元长距离动迁费用后，对比情况参见表 7-6。

表 7-5　HC 区块钻井结算费用水平对比

钻探公司	平均单井（万元）	平均每米（元）	平均每天（元）
B2	664.42	2650.86	80906.84
A2	662.13	2655.56	83889.69
A2-B2	-2.28	4.69	2982.86
（A2-B2）÷B2	-0.34%	0.18%	3.69%

表 7-6　HC 区块钻井结算费用水平对比（扣除动迁费）

钻探公司	平均单井（万元）	平均每米（元）	平均每天（元）
B2	634.44	2531.26	77256.34
A2	662.13	2655.56	83889.69
A2-B2	27.70	124.30	6633.35
（A2-B2）÷B2	4.37%	4.91%	8.59%

由表 7-5 可以看出，总体上 B2 钻探公司和 A2 钻探公司平均单井、平均每米的结算费用几乎相等，平均每天结算费用 B2 钻探公司低 3.69%。

由表 7-6 可以看出，扣除 A1 油田公司支付给 B2 钻探公司的长距离动迁费 1379.00 万元，同等条件下，B2 钻探公司比 A2 钻探公司平均单井、平均每米、平均每天的结算费用分别低 4.37%、4.91%、8.59%。

7.2.6　经济学根源分析

综合上述分析，在 A 油气区钻井生产管理中，A1 油田公司与 B2 钻探公司采用市场制管理机制，与 A2 钻探公司采用混合制管理机制。可见钻井市场管理机制存在显著增加总体钻井成本等一系列问题，没有实现有效配置资源，没有达到互利双赢。究其根源，参考信息经济学相关理论，可以概括为两个方面：一是信息不对称或者说是不完全导致重大决策失误和损失，二是激励机制不相容或者说是不一致导致钻井成本失真和加剧钻井关联交易矛盾。

7.2.6.1 信息不对称问题分析

7.2.6.1.1 A1 油田公司信息不对称问题分析

A1 油田公司和 A2 钻探公司双方在同一个油气区几十年，应该属于非常了解的买方和卖方关系。但是由于石油钻井工程的高度专业性，A1 油田公司对每一口井的地下钻井条件、钻井周期、钻井材料消耗等具体钻井作业信息并不掌握，并且对 A2 钻探公司的实际钻井成本水平掌握的信息相对较少，所采用的计价标准还是 10 年前钻井水平的钻井周期定额，所采用的费用价格远落后于目前实际的钻井成本水平。由前面数据分析可以看到，A1 油田公司所掌握的结算钻井周期比 A2 钻探公司的实际钻井周期要长 90% 左右，接近一倍，而平均每天结算价格和实际钻井成本相差 40% 左右。因此，对于同样一口井或一批井，买卖双方所持有的工程造价信息是不对称的，应该讲，A2 钻探公司掌握的信息是最充分的。

A1 油田公司认为 A2 钻探公司平均每天钻井价格高，而 B2 钻探公司平均每天钻井价格低，按谈判价格分析，相差 7.2% 左右。但是不知道 B2 钻探公司钻井周期等作业指标比 A2 钻探公司差很多，更不清楚 A2 钻探公司经过几十年的实践已经交了大量学费，在 A 油气区已经处于学习曲线的最低水平，在现有生产力水平条件下能够缩短钻井周期的余地非常小。因此，想通过引入竞争机制，缩短钻井周期，降低钻井成本。于是 A1 油田公司决定开放市场，引入 B2 钻探公司。

这样，A 油气区市场出现逆向选择问题。在经济学中，逆向选择是指由交易双方信息不对称和市场价格下降产生的劣质品驱逐优质品，进而出现市场交易产品平均质量下降的现象。以 HC 区块 77 口井为例，在市场开放条件下，B2 钻探公司钻井 46 口井，A2 钻探公司钻井 31 口井；在市场不开放条件下，77 口井全部由 A2 钻探公司完成。对比市场开放和市场不开放两种情况下 A 油气区钻井交易质量水平，钻井周期水平参见表 7-7，钻井成本水平参见表 7-8，钻井结算水平参见表 7-9。

表 7-7　HC 区块钻井周期水平对比

市场条件	施工单位	井数	进尺（m）	总钻井周期（d）	单井周期（d）
市场开放	B2 公司	46	115295	2834.40	61.62
	A2 公司	31	77295	1298.10	41.87
	合计	77	192590	4132.50	53.67
市场不开放	A2 公司	77	192590	3224.31	41.87
市场开放-市场不开放				908.19	11.79
（市场开放-市场不开放）÷市场不开放				28.17%	28.17%

表7-8　HC区块钻井成本水平对比

市场条件	施工单位	井数	进尺（m）	总成本（万元）	单井成本（万元）	每米成本（元）
市场开放	B2公司	46	115295	35747.75	777.13	3100.55
	A2公司	31	77295	18394.11	593.36	2379.73
	合计	77	192590	54141.86	703.14	2811.25
市场不开放	A2公司	77	192590	45831.18	595.21	2379.73
市场开放-市场不开放				8310.68	107.93	431.52
（市场开放-市场不开放）÷市场不开放				18.13%	18.13%	18.13%

表7-9　HC区块钻井结算水平对比

市场条件	施工单位	井数	进尺（m）	总结算（万元）	单井结算（万元）	每米结算（元）
市场开放	B2公司	46	115295	30563.12	664.42	2650.86
	A2公司	31	77295	20526.13	662.13	2655.56
	合计	77	192590	51089.25	663.50	2652.75
市场不开放	A2公司	77	192590	51143.38	664.20	2655.56
市场开放-市场不开放				-54.12	-0.70	-2.81
（市场开放-市场不开放）÷市场不开放				-0.11%	-0.11%	-0.11%

由表7-7可以看出，在市场开放条件下，总钻井周期比市场不开放时增长了28.17%。引入外部队伍后，77口实际钻井周期增加了908.19d，平均每口井增加了11.79d。

由表7-8可以看出，在市场开放条件下，总钻井成本比市场不开放时增长了18.13%。引入外部队伍后，77口实际钻井成本增加了8310.68万元，平均每口井成本增加了107.93万元，平均每米成本增加431.53元/m。

由表7-9可以看出，在市场开放条件下，总钻井结算费用比市场不开放时降低了0.11%。引入外部队伍后，77口钻井结算费用减少了54.12万元，平均每口井结算费用减少了0.70万元，平均每米结算费用减少了2.81元/m。

综合上述分析，在HC区块77口井钻井作业中，市场开放导致钻井周期增加了908.19d，增长了28.17%；实际钻井成本增加了8310.68万元，增长了18.13%；而钻井结算费用仅减少了54.12万元，降低了0.11%。可见，这种市场管理机制使A油气区钻井交易质量水平大幅度下降。

7.2.6.1.2　B2钻探公司信息不对称问题分析

在案例分析中我们看到，B2钻探公司在HC区块前38口井一直处于学习状态，平均每口井钻井周期65.37d，比A2钻探公司41.87d多出23.5d；乘以38口井，累计多出 893.00d。为什么会出现这种情况？最主要原因就是 B2 钻探公司对 A 油气区的钻井信息掌握得非常少，或者说是不完全的，例如地层岩性、地层压力系统、岩石可钻性等地层条件，以及适应这些地层条件的钻头选型、钻具组合、钻井液配方等一系列配套的钻井技术等。相对而言，A2 钻探公司经过几十年在 A 油气区钻井作业，掌握的地下信息更多，所采用的钻井技术与本油气区的地质条件是符合的；二者在同一油气区施工，信息是不对称的，掌握信息多的钻井队伍，自然会表现出优良的钻井作业指标。同样道理，若是 A2 钻探公司到 B 油气区钻井作业，很可能其钻井作业指标还不如 B2 钻探公司，因为 B2 钻探公司经过几十年在 B 油气区钻井作业，掌握的钻井信息比 A2 钻探公司更多。

另外，进入 A 油气区市场前，B2 钻探公司应该会了解到 A1 油田公司的结算钻井周期和结算费用水平。从表观数据来看，想通过采取钻井成本管理措施，采用较低的钻井日费，结合较长的结算钻井周期，抵消学习费用和外部市场经营费用；同时根据在 B 油气区的施工经验，认为井深 2000~3000m 的井钻井难度不是很大，进入 A 油气区市场应该会盈利。但是 A1 油田公司的结算钻井周期和结算价格已经同实际钻井生产力水平偏差很大了，并且石油钻井工程是一个高度隐蔽性工程，地下的地层岩性、地层压力、岩石可钻性、油气水性质等信息更难以学习和掌握，必然要交高昂的信息费和学费。

7.2.6.2 激励不相容问题分析

首先分析一下 A1 油田公司和 B2 钻探公司。因为存在学习费用和外部市场经营费用，B2 钻探公司实际钻井成本应该比现有 A 油气区实际钻井费用消耗得更多。但是 A1 油田公司所给的结算价格却低于现有油气区实际结算价格，二者的变化方向恰恰相反。为了适应 A1 油田公司的要求，B2 钻探公司被迫采取少摊管理费等财务措施降低钻井日费标准，进而导致 B2 钻探公司钻井成本失真。

其次分析一下 A1 油田公司和 A2 钻探公司。在精神激励方面，A1 油田公司引入外部队伍，在一定程度上表达了对 A2 钻探公司不满意，并且使后者产生一定的压力，不但不能起到精神激励作用，反而会打击 A2 钻探公司的工作积极性。在物质激励方面，在年度钻井工作量一定的条件下，B2 钻探公司占有一定市场份额，A2 钻探公司工作量会相应减少，生产经营收入指标会受到一定影响。并且单位工作量上分摊的管理费用和关联交易费用就会增加，负担加重，也没有起到激励作用和效果。

7.2.7 存在问题及影响分析

7.2.7.1 显著增加集团公司总体钻井成本

在案例中市场制管理机制下，对于 A 油气区而言，B2 钻探公司的长距离搬迁费、学习费用、外部市场运营费等钻井成本 10602.99 万元，比 A2 钻探公司成本增加了 28.05%，都是在 A 油气区现有生产力水平条件下增加的额外费用。从集团公司来看，A2 钻探公司和 B2 钻探公司都属于集团公司下属的子公司，显然这种市场制管理机制导致的大量钻井成本增加，将会显著增加集团公司总体钻井成本。

7.2.7.2 显著增加股份公司钻井工程投资压力

在市场开放案例中，总体上 B2 钻探公司和 A2 钻探公司平均单井、平均每米的结算费用几乎相等，平均每天结算费用 B2 钻探公司低 3.69%。扣除 A1 油田公司支付给 B2 钻探公司的长距离动迁费 1379.00 万元，同等条件下，B2 钻探公司比 A2 钻探公司平均单井、平均每米、平均每天的结算费用分别低 4.37%、4.91%、8.59%。

从眼前来看，本油气区的钻井投资额度可能会有一定水平的下降，钻井工程投资压力有所减轻。但从长期来看，钻井工程投资水平归根结底还是要取决于实际钻井成本水平，增加的长距离搬迁费、学习费用、运营费等大量钻井成本最终是要反映到钻井工程投资上去的。不是反映到 A1 油田公司，就是反映到 B1 油田公司，最终将反映的是钻井工程投资的增长。引入队伍的油气区和输出队伍的油气区的钻井工程投资都会在不知不觉中增加，而且这些增加的投资都是无价值的。由于这种无效的钻井成本增加，长期来看，将会显著增加股份公司总体钻井工程投资压力。

7.2.7.3 明显影响油田公司及时回收投资

在 HC 区块，B2 钻探公司前 38 口井一直处于学习状态，平均每口井钻井周期 65.37d，比 A2 钻探公司 41.87d 多出 23.5d；乘以 38 口井，累计多出 893.00d。由于 B2 钻探公司钻井周期长，进而 A1 油田公司投产时间必须相应向后推迟，投资回收期将会受到很大影响。根据 HC 区块平均日产量和天然气井口价格，按平均每口开发井日产值 15.00 万元计算，则 38 口开发井将影响到总产值 13395.00 万元不能及时回收。

7.2.7.4 影响钻井成本管理水平

在 HC 区块，A2 钻探公司 9 部 ZJ40 钻机平均钻井日费 97358.34 元，B2 钻探公司 5 部 ZJ40 钻机平均钻井日费 86217.20 元，低 11.44%。在相同生产组织条件下，B2 钻探公司和 A2 钻探公司的钻井日费应该是基本一致的，考虑到外部市场运营费用，B2 钻探公司的钻井日费还应该更高一些。但钻井成本数据却反映出 B2 钻探公司的钻井日费比 B2 钻探公司低很多，究其原因，主要是外部市场实行不完全成本核算。外部市场的结算价格普遍比关联交易价格低，为了保证项目能够正常运行和考核，钻探企业对关联交易市场和外部市场实行不一样的管理政策，对外部市场的项目少提甚至不提管理费，少分摊折旧和修理费，使钻探企业钻井成本水平失真，进而影响到集团公司总体钻井成本的真实性。

7.2.7.5 加剧钻井关联交易矛盾

从引入队伍的油气区看，油田公司引入外部队伍，在一定程度上表达了对本油气区原来的钻探公司不满意，并且使后者产生一定的压力，在双方情感方面会产生不和谐，甚至会使本油气区的钻探公司主人翁责任感大打折扣。另外，在年度总工作量一定的条件下，外部队伍占有一定市场份额，本油气区钻探公司工作量会相应减少，进而单位工作量上分摊的管理费用和关联交易费用就会增加，负担加重。这样就会使该油气区的钻井关联交易矛盾进一步加深。

从输出队伍的油气区来看，一方面外出闯市场的队伍基本上是钻探公司的好队伍好钻机，若是在原来的油气区施工，将会产生良好的施工业绩，使该油气区具有良好的平均钻井水平；但是这些好队伍出来了，那么该油气区的钻井水平会有一定的影响，进而油田公司不满意。另一方面外出队伍的管理费等相关费用减免，减免掉的费用会分摊到关联交易工作量的费用中去。这些问题都会使关联交易矛盾加剧。

7.2.7.6 增加钻井工程风险和安全隐患

一是增加环境风险。一支钻井队伍到一个新的地区施工，首先面临着环境风险，如当地雨雪天气、季节性风向风力等自然环境风险，还有道路通行、噪声污染、人文风俗等社会环境风险。

二是增加井下复杂事故风险和安全隐患。外来的钻井队伍对当地油田的地层条件、压力体系、岩石特性等没有实践经验，发生井下复杂事故的概率大大增加。

三是增加交通运输风险。钻机搬迁常常是超长、超宽、超高的"三超"运输，上千吨"三超"货物长距离运输，会显著增加交通运输风险和安全隐患。

7.3 钻井工程全面造价管理机制总体效果分析

7.3.1 明确中国石油钻井工程造价管理发展方向

采用新制度经济学的交易费用理论和信息经济学的经济机制设计理论等经济学原理，系统分析中国石油钻井工程造价管理机制和发展方向问题。认为应该建立一套"全过程+动平衡+标准化+信息化"的钻井工程造价管理长效机制。钻井工程管理机制总体概括为"混合制管理机制+企业制管理机制"。建设单位（油田公司及下属二级单位）与施工单位（钻探公司及下属二级单位）之间应该建立混合制管理机制，具体包括关联交易和联盟两种管理模式，建立三边治理结构和双边治理结构；钻井工程各专业施工单位之间应该建立企业制管理机制，具体包括油气区事业部的一体化组织生产和技术支持部的专业化技术管理，二者形成扁平化的矩阵式治理结构。

按照全面造价管理理论的全过程、全要素、全风险、全团队造价管理4个方面要求，钻井工程全过程造价管理机制运行总体要求概括为：生产组织一体化、技术管理专业化；劳动薪酬差异化、竞争淘汰有序化；计价标准体系化、定价过程动态化；生产效率最大化、综合成本最小化。给出了钻井工程全过程造价管控运行流程图，并且分别从建设单位和施工单位角度，说明了决策阶段、设计阶段、准备阶段、施工阶段、竣工阶段、后评价阶段的钻井工程全过程造价管控重点，列出了钻井工程造价管理制度建设相关内容。

上述内容基本解决了中国石油钻井工程造价管理发展方向问题，有利于进一步统一思想，促进中国石油钻井工程造价管理顺利健康发展。

7.3.2　有利于全面优化股份公司钻井工程投资决策

（1）优化编制钻井工程投资中长期规划和勘探开发方案。

在决策阶段，建设单位采用钻井工程参考指标、估算指标、造价指数等计价标准，测算出单位储量钻井投资、单位产量钻井投资或者单位产值钻井投资等效益指标，按单位钻井投资效益指标高低排队，进行多方案优选。按照这个思路和方法编制中长期规划和勘探开发方案中的钻井工程投资，会使石油天然气勘探开发项目的前期投资决策更加科学合理，避免重大的决策失误，所产生的社会经济效益巨大。

（2）优化调整钻井工程年度投资计划。

首先，在上述科学合理的钻井工程投资中长期规划和勘探开发方案条件下，钻井工程年度投资计划编制也就相对简单容易。其次，可以采用多方案优选的方法安排钻井工程年度投资计划。比如要求每个油田公司做出两套年度投资计划，并且测算出新增单位储量（亿吨或万吨）所需要的探井和评价井投资，测算出新增单位产能（亿吨或万吨）增长所需要的开发井投资；勘探与生产分公司就可以按新增单位储量投资和新增单位产能投资进行排队，结合其他相关关键业绩指标，做出所属油田公司年度投资计划的排列组合；优选出2~3套方案供管理层决策。最后，可以采用钻井工程投资动态优化分析技术，针对价格变化实施动态优化调整钻井工程年度投资计划。这样，会使钻井工程年度投资计划编制和执行相统一。

（3）有效控制钻井工程设计功能过剩和预算偏高。

目前钻井工程设计和钻井工程造价管理是脱节的，技术与经济相结合的效益差，经常发生钻井工程设计功能过剩导致钻井工程预算偏高。

在新的钻井工程造价管理机制下，推广标准化设计和标准井管理，采用钻井工程预算预警制度，可以大大改善这种状况，实现钻井技术与经济有效地结合，同时也能够避免应用某些单项新技术、新工艺、新材料造成钻井工程造价畸高。

7.3.3　显著减少集团公司总体钻井工程成本

（1）显著减少钻井工程学习费用。

从前面案例分析中可以看到，基于钻井工程的高度专业性，需要支付昂贵的学习费用。按目前情况保守估算，集团公司总体钻井成本中支付学习费用的成本达数十亿元。

在新的钻井工程造价管理机制下，工程技术分公司、钻探公司等相关钻井工程服务管理部门和施工单位可以根据股份公司、油田公司的年度钻井计划和中长期规划，合理安排和调动钻井施工队伍，保证某一支施工队伍在一个油气区内能够施工数年或者有足够多的钻井工作量，进而大幅度减少钻井工程学习费用。

（2）显著减少钻井工程管理费用。

由于油田公司和钻探公司之间信息沟通不畅，加之缺乏统一的计价标准，每年关联交易谈判需要耗费大量的人力物力，直接增加管理费支出；每年钻探公司需要去闯外部市场，无形之中增加一笔不小的交易费用，并且外部市场队伍管理也会增加一笔不小的管理费；每年结算不能按时进行，甚至有些项目5~6年都没有结算，钻探公司需要承担数十亿元的工程成本，因此需要大量贷款，仅贷款利息就达数亿元。

在新的钻井工程造价管理机制下，关联交易谈判变得非常简单，谈判费用甚至可以忽略不计；工程技术分公司等相关部门可以根据股份公司年度钻井计划，合理安排和调动钻井施工队伍，可以较大幅度减少钻探公司外部市场的交易费用和管理费；同时关联交易结算按预付款、进度款及时进行，可以大幅度节省钻探公司的贷款利息。

（3）显著减少钻井工程窝工费用。

钻井工程窝工费即由于工作量不饱满而造成的养人费用。由于油田公司和钻探公司之间信息沟通不畅，一方面是油田公司有了钻井计划工作量，要求钻探公司快速上施工队伍，如果不能满足要求，就从外部引进其他施工队伍；另一方面是这批井钻完之后，施工队伍又没有活干，经常是一年只干半年活。同时钻井工程施工队伍具有高度专用性的特点，不能方便地在其他油田市场找到工作量，而且也不能随便解散施工人员，因此造成大量的窝工费。

在新的钻井工程造价管理机制下，根据总体油气勘探开发业务规划和计划，钻探公司可以了解到当年以至于未来3~5年油田公司钻井工程量计划情况，可以有针对性地调配钻井施工队伍，科学合理安排钻井工程施工，大幅度减少钻井工程窝工费。

7.3.4 促进中国石油钻井队伍稳定和健康发展

石油钻井人力资源具有典型的高度专用性特点。目前的状况是钻探企业连年亏损，严重影响到钻井队伍的思想。感觉到关联交易中实际地位是不平等的，出现了很多消极情绪。比如认为反正怎么干都是亏损，还不如多亏损些。管理松懈，甚至财务数据失真，出现经济学中常说的道德风险问题，钻井工人的主人翁精神难以看到。

在新的钻井工程造价管理机制下，困扰钻井队伍思想的主要问题能够得到有效解决。基于联盟和关联交易的混合制管理机制，油田公司和钻探公司有关钻井工程造价的信息是对称的。甚至钻探公司可以提出许多优化钻井工程设计和部署的建议，这增强了钻探公司的参与权，钻探公司的人员会明显地感觉到实际地位得到提升。这实质上是一种精神上的激励机制。关联交易结算会及时进行，不再需要反复谈判。钻探企业即使亏损，也能够说清楚为什么亏损，亏损在什么地方，有一个解决问题的渠道，同时可以制定优质服务优质价格等一系列激励措施。这样，钻井工人气顺了，负面的消极情绪自然就会减少了，钻井工程施工质量和效益就会提高。进而，钻井工人的收入也会相应提高，形成一个良性循环。中国石油钻井队伍就会稳定和健康发展，中国石油企业文化中的铁人精神将会继续发扬光大。

7.3.5　实现集团公司整体效益最大化

研究这套新的钻井工程造价管理机制的总体目标就是实现中国石油天然气集团公司整体效益最大化。按照经济机制设计理论，实现上述总体目标，必须解决全过程钻井工程造价信息不对称和钻井管理主体激励不相容问题，要求信息有效利用、资源配置合理、激励措施相容，建立一套具有中国特色的动态管理的标准化的钻井工程造价管理机制。

这套新的钻井工程造价管理机制可以避免一个一个的"信息孤岛"，实现以下4个方面钻井管理主体和部门的工程造价信息的一致性和对称性。一是纵向上的建设单位（如采油厂）、油田公司、勘探与生产分公司、股份公司直到集团公司管理层。二是纵向上的施工单位（如钻井公司）、钻探公司、工程技术分公司直到集团公司管理层。三是横向上的建设单位和施工单位、油田公司和钻探公司、勘探与生产公司和工程技术分公司。四是横向上的各级机关的计划部门、财务部门、预算部门、造价部门和勘探、开发、工程等业务主管部门。

在钻井工程造价信息一致性和对称性的基础上，决策、设计、准备、施工、竣工等全过程各阶段的钻井投资、钻井队伍、钻井设备等资源配置就会得到优化，单位钻井投资效益排队方法、鼓励性计价合同等各种激励措施就会比较容易制定出来并产生实效，而且会极大地降低重大投资决策的失误率和大幅度减少交易费用，进而实现中国石油天然气集团公司整体效益最大化。

8 钻井工程造价管理相关知识

8.1 经济学相关理论

8.1.1 经济学基本概念

经济学是研究人类社会在各个发展阶段上的各种经济活动和各种相应的经济关系及其发展规律的学科。经济学核心思想是资源的优化配置与优化再生。经济学分为两个主要领域：宏观经济学和微观经济学。宏观经济学以地区、国家层面作为研究对象，研究的是收入与生产、货币、物价、就业、国际贸易等问题；微观经济学研究的是个体或个体与其他个体间的决策问题，包括经济物品的消费、生产过程中稀缺资源的投入、资源的分配、分配机制上的选择等等。

经济学研究人类经济活动中价值的创造、转化、实现的发展规律，价值规律是经济学的核心规律。经济学的发展又分为政治经济学与科学经济学两大类型。政治经济学根据所代表阶级的利益，为了突出某个阶级在经济活动中的地位和作用，自发从某个侧面研究价值规律或经济规律；科学经济学用科学方法从整体上研究人类经济活动的价值规律或经济规律。

目前经济学分支主要有发展经济学、新制度经济学、环境经济学、金融经济学、信息经济学、劳动经济学、法律经济学、管理经济学、公共经济学、福利经济学、国际经济学、社会经济学、货币经济学、政治经济学、行为经济学、博弈论等。这里重点介绍钻井工程造价管理研究中主要采用的新制度经济学和信息经济学相关理论。

8.1.2 新制度经济学相关理论

新制度经济学源自 Ronald Coase 的《企业的性质》，最早由 Oliver Williamson 提出。新制度经济学派是在 20 世纪 70 年代凯恩斯经济学对经济现象丧失解释力之后兴起，获得诺贝尔经济学奖的学者有 Friedrich August Hayek（1974）、James M. Buchanan（1986）、Ronald Coase（1991）、Douglass North（1993）、William Vickrey（1996）、Joseph E. Stiglitz（2001）。新制度经济学的核心思想是产权结构和交易费用影响激励和经济行为，因而制度安排对于人的行为和资源配置及经济增长具有至关重要的影响。

主要包括 4 个基本理论：交易费用理论、产权理论、企业理论、制度变迁理论。

8.1.2.1　基本概念

8.1.2.1.1　交易的概念

交易源自社会分工与合作。社会分工具有方向相反的两种影响：一是提高了生产效率，或者说是减少生产成本；二是带来了交易成本，各个经济主体之间不得不进行大量协调活动，需要付出程度不一的成本。当分工的效率提高大于合作成本的增加时，分工就会逐渐深化；反之则分工就会停滞乃至退化。当一种分工效率与合作成本之差大于另外一种分工效率与合作成本之差时，分工就会沿着前一方向发展；反之则沿着后一方向发展。分工的这两种相辅相成的影响，构成了经济乃至社会制度或组织存在和演变的根源。

生产和交易构成了人类经济活动的全部内容，生产反映了人与物之间的关系，而交易则反映了人与人之间的关系；交易与交换比较，交换只是一种实际交货与收货的劳动活动，实现的是对商品或者货币的物质控制，交易则是一种让与和取得标的物所有权的法律活动，实现的是对所有权的法律控制。因此，人类的经济活动其实就是两项：生产和交易。前者针对的是人与自然的关系，是个技术问题；后者针对的是人与人之间的关系，是个制度问题。相应地，成本也可以分为两项，即生产成本和交易成本。

8.1.2.1.2　交易费用的概念

交易费用又称交易成本。关于交易费用的定义比较多，总体上可以分为狭义的定义和广义的定义两大类。R. C. O. Matthews 在《制度和增长源泉的经济学》中提出一个狭义定义：交易费用是事前安排合约、事后监督和执行合约的成本，它与生产成本相对应。这种定义主要是立足于市场交易对象，包括发现交易对象的搜寻费用、谈判和签订合同的费用、履行合约的费用等。

从广义的角度分析，交易费用分为市场交易费用、管理交易费用、政治交易费用3 种类型。市场交易费用是指市场交易过程谈判、签约、履行合约的成本。管理交易费用主要是企业内部组织交易时所发生的设立和维持或改变组织设计的成本、运营一个组织的成本、企业经营过程中管理者决策失误导致的成本等。政治交易费用是通过集体行动来供给公共物品的成本，包括设立和维持或改变一个体系的正式与非正式政治组织的成本、运营一个国家的成本等。

8.1.2.1.3　制度的概念

制度是一个社会的游戏规则，起着规范、约束人们行为的作用。具有以下几方面特性：（1）制度是一种公共规则，表现为一定范围内的人群共同遵守的东西；（2）制度是一个长期有效的规则，具有长期性和稳定性；（3）制度是一种实现合作的规则，在某种意义上讲，制度就是人们在合作中经过多次博弈而达成的一系列规则的总和；（4）制度是一种提供确定性的规则，通过建立一个人们相互作用的结构来减少人们相互交往时的不确定性，消除人们之间的利益冲突。因此，制度是人类赖以生存和发展的基石，是人们能够进行正常交往和相处的基础。

制度对于经济活动的作用通过制度的功能体现出来。第一个功能是降低交易费用；第二个功能是为经济提供服务；第三个功能是为合作创造条件；第四个功能是提供激励机制；第五个功能是外部收益内部化；第六个功能是抑制机会主义行为。

8.1.2.2 产生交易费用的根源分析

关于为什么会存在交易费用，Oliver Williamson 认为主要由两方面因素决定，一个方面是与交易有关的人的行为因素，另一个方面是与特定交易有关的因素。两方面共同作用产生了交易费用。

8.1.2.2.1 关于人的行为因素的 3 个重要假说

8.1.2.2.1.1 经济人

人类行为动机是谋求自身利益最大化，即人总是会在既定的制度下谋求自己的最大利益。当现有的制度不能保证其获得最大利益时，或者发现了新的获利机会时，人总是会设法通过改变制度来获最大利益。同样，当交易是有成本的时候，人们总是会选择成本最小的方式进行交易。此外，由于每个人都具有追求自身利益最大化的动机，因此人们之间的冲突不可避免，而制度的作用就是妥善解决这种冲突或者将这种冲突减至最低限度。

8.1.2.2.1.2 有限理性

一方面人们面临的是一个不确定的环境，对复杂的环境认识能力是有限的，人不可能无所不知。另一方面是信息不完全，环境复杂，参与者众多，不确定性因素多，信息太多和太少一样不理想，信息太多反而累人，关键是要有用的信息；同时信息还是不对称的，又分事前不对称和事后不对称两种情况。而制度的一个作用就是减少这种环境的不确定性，增强人们对环境的把握能力。

8.1.2.2.1.3 机会主义

所谓机会主义并不只是人们利用一切机会来实现个人最大利益的行为，它更强调的是人们采取一切不诚实或者欺骗的手段来获取个人利益的做法。由于机会主义的存在，复杂交易的风险增大了，交易问题更加复杂化了。在 Oliver Williamson 看来，机会主义行为是交易费用理论研究的核心，因为交易费用的很大一部分就来自于机会主义行为。

综上所述，新制度经济学的研究对象是一个追求个人利益最大化的、有限理性的、具有机会主义倾向的契约人。

8.1.2.2.2 关于与特定交易有关的 3 个重要因素

8.1.2.2.2.1 资产专用性

资产专用性指某项资产能够被重新配置于其他替代用途或是被他人使用而不损失其生产价值的程度。一项资产的专用性与其生产价值的损失程度成正比，如果该损失程度为零，它就是通用性资产；否则，它就是专用性资产。极端的情况是用于其他用途的价值为零，即属于完全专用性的资产，也称为特质资产，其机会成本为零。资产的专用性主要可以分为 4 类：一是位置的专用性，也就是地理位置具有不可移动性，如果试图通过移动地理位置来实现某种交易，则完全不可能。二是人力资本的专用性，一些特殊的专业技术职位需要拥有特殊知识和信息的劳动者才能胜任；而这些拥有特殊知识和信息的劳动者，一旦离开这种职位，也会导致人力资本的巨大损失。三是实物资产的专用性，如某种机器设备，在物理性能上具有专门的适用性，除了规定的一定用途外，别无他用。四是专项资产的专用性，主要指根据客户的特定需要而专门进行投资而形成的资产。此外，还有品牌资产专用性、时间专用性、关系专用性等。

资产专用性问题根源在社会分工，正是因为社会分工，才出现了专用性的资产，因此它具有分工的基本经济特征，即经济效率提高和交易成本增加。与通用性资产相比，专用性资产发挥了专业化优势而带来了产出上的利益，但同时也要支付因需要密切协调而不得不支付的相应费用。资产专用性的两面性促使人们寻找恰当的契约，以充分发挥其优势并尽量克服其不足。

8.1.2.2.2.2 不确定性

不确定性指人们对未来会发生什么以及会如何变化没有确切的把握。这种不确定性是由于不完全信息和有限理性，人们不可能会预料到未来的一切，因此未来具有一种不确定性。不确定性的范围是广泛的，既包括可以预期到的意外事件，也包括一方具有信息，另一方缺乏信息的那种不确定性。即使是预期到的意外事件，要进行预期并在合约中提出解决办法也是有成本的。而那些没有预期到的意外事件，既然连想象都不可能，解决起来就更困难。尤其是在资产的专用性存在时，不确定性的出现更加剧了交易的困难。这意味着，要签订一个完全的合约，应对所有可能出现的意外事件，代价将十分高昂。因此，在不确定性越大的时候，交易的成本也就越高。为了降低交易中的不确定性，人们设计了各种制度，即便如此，不确定性也不可能完全消除。

8.1.2.2.2.3 交易频率

交易频率指当事人在一定时期内交易的次数。在交易涉及专用性资产的条件下，为了维持稳定的交易关系，当事人需要做出一些特殊安排，或者成立专门机构，这势必要付出一定的成本。如果交易频率高，意味着交易次数多，即使这种交易成本很高，但通过分摊到多次交易中而使每次交易的成本降低，这种做法就是值得的。相反，如果交易频率低，交易次数少，那么为该交易设置一种特殊安排的交易成本就相对昂贵。可见，交易频率是通过资产专用性而影响交易成本，进而影响交易的治理结构和契约模式。

8.1.2.3 交易方式与治理机制分析

为了便于分析问题，根据资产专用性的程度不同，交易方式可以分为 3 种类型：低专用性资产交易、中专用性资产交易、高专用性资产交易。

8.1.2.3.1 低专用性资产交易

对于低专用性资产交易，也可以视为高度标准化的交易，主要应使用市场制治理机制。无论是偶然交易还是经常交易，尤其是重复交易时，它最为有效。对应的是古典契约模式，主要特征在于当事人身份无关性和契约内容的明晰性。此时不确定性问题不显著，交易双方只需要签订一个简单的标准契约即可保证交易顺利进行。由于产品的标准化，他们可以轻而易举地获得所需产品，而无须保持长期的合作关系。即使长期合作，也无须设立特别的机制或安排。从适应性角度分析，"自发适应"充分发挥作用，即分散的交易者独立地对环境变化做出积极反应；"自觉适应"能力弱，即大量交易者不能通过统一的计划和管理来适应环境变化。从激励强度角度分析，市场具有高度的激励效果。从行政控制角度分析，市场治理意味着交易双方处于自主地位，对彼此的控制能力很弱。

8.1.2.3.2 中专用性资产交易

对于中专用性资产交易，也可以视为半专用性资产的交易，主要应使用混合制治理机制。当交易属于数次或是偶然交易时，采用三边治理结构。对应的是新古典契约模式，当事人的身份依然不重要，契约依然要求明晰化。但由于资产专用性的存在，不确定性问题突出出来。为了尽可能地减少资产损失的风险，双方有强烈的意向保持合作关系的长期稳定。然而，由于交易次数太少，建立一种专用性治理结构的成本得不到足够补偿，转而借助第三方来帮助解决争端。从适应性角度分析，"自发适应"较市场治理结构减弱，"自觉适应"较市场治理结构增强。从激励强度角度分析，较市场治理结构减弱。从行政控制角度分析，较市场治理结构增强。

当交易频率很高时，采用双边治理结构。对应的是关系型契约模式，主要特征是交易双方处于平等地位。由于交易的非标准化特征，双方需要保持稳定而持久的关系，同时重复交易也能保证其收益足以弥补建立专用性治理结构的成本，激励当事人建立一个专用性机构。但是，由于资产的专用性程度还不足够高，于是形成了一种两难局面：一方面双方愿意维持交易关系，以避免牺牲专用性资产的价值；另一方面双方想发挥市场的激励功能，但一个完全的契约又是难以达成和顺利调整的。这样，双方便会选择附有补充协议的外购契约模式，如制定互购协议或资产抵押等，从而在保持了独立地位的同时又存在着紧密联系。从适应性角度分析，"自发适应"进一步减弱，"自觉适应"进一步增强。激励强度进一步减弱，行政控制进一步增强。

8.1.2.3.3　高专用性资产交易

对于高专用性资产交易，也可以称为特质资产的交易，主要应使用混合制或企业制治理机制。当交易属于数次或是偶然交易时，采用三边治理结构，同上面中专用性资产交易一样。

当交易频率很高时，采用一体化治理结构。对应的是关系型契约模式，主要特征是交易双方不再保持独立地位，甚至存在着等级关系。由于资产专用性的程度非常高，双方对市场交易的兴趣索然。双方强烈要求建立更紧密的合作关系，甚至不惜放弃自己的自主地位。这种情况下，垂直一体化将被采用，即由一方来买断另一方，完全控制整个交易并承担全部责任，从而建立一个企业。它的优势在于当事人不再需要商谈和修改契约的所有细节，而是用一种连贯的方式随时根据环境变化加以调整，以实现交易总收益的最大化。这种治理机制"自发适应"最弱，"自觉适应"最强。激励强度最弱，行政控制最强。

综合上述分析，交易方式与治理机制的主要特征总结如表8-1所示。

表8-1　交易方式与治理机制的主要特征

资产专用性	低	中		高	
交易频率	低、高	低	高	低	高
治理机制	市场制	混合制			企业制
契约法	古典契约	新古典契约	关系型契约	新古典契约	关系型契约
自发适应	强	中	中	中	弱
自觉适应	弱	中	中	中	强
激励强度	强	中	中	中	弱
行政控制	弱	中	中	中	强

可见3种治理机制各自有其优势和不足，因而不能简单地说哪一种治理机制更好，关键是取决于双方交易的性质，更应关注的是交易方式和治理机制之间的合理匹配问题。市场制和企业制处于两个极端，分别对应了外部交易和内部交易。而三边治理和双边治理则处于中间位置，是一种混合制，在现实世界中存在着大量的混合模式，如长期契约、互惠交易、特许经营等。

8.1.2.4　交易费用与治理机制的范围

8.1.2.4.1　资产专用性分析

为了简化分析，暂时不考虑不确定性和交易频率，而只分析最为关键的资产专用性问题。这里采用 TC_M、TC_X、TC_H 分别代表市场制、混合制、企业制的交易费用，用 k 代表资产专用性程度的高低。于是有

$$TC_M = M(k)，\ TC_X = X(k)，\ TC_H = H(k)$$

它们显示了交易费用与资产专用性之间的对应关系。

在选择同样水平的资产专用性条件下，存在

$$M(0) < H(0)，\ TC'_M > TC'_H > 0$$

第一个不等式表示在不存在专用性资产的情况下，市场制交易费用小于企业制交易费用。因为此时当事人完全可以通过市场完成交易，不并需要特别安排。而企业制不仅不能给交易增加任何收益，而且会带来额外的官僚成本。

第二个不等式表示随着资产专用性增强，市场制交易费用增加速度大于企业制交易费用。资产专用性导致当事人双方依赖关系出现，他们之间需要加以协调的干扰越来越多。但市场制治理在很大程度上不利于这种协调，交易双方往往因意见不一或讨价还价而未能及时做出反应，从而减少了交易的收益。而企业制则可以通过行政控制而实现对干扰的灵活适应，由此带来的收益也大大抵消了其官僚成本。

混合制在适应性、激励强度、行政控制方面处于中间值。与市场制相比，混合制削弱了激励而加强了交易双方之间的合作；与企业制相比，混合制牺牲了内部协调而提高了激励强度。于是有

$$M(0) < X(0) < H(0)，\ TC'_M > TC'_X > TC'_H > 0$$

图 8-1 表示了基于资产专用性变化的交易费用变化情况，图中的包络曲线表示出了资产专用性不同的交易与治理机制的对应关系。

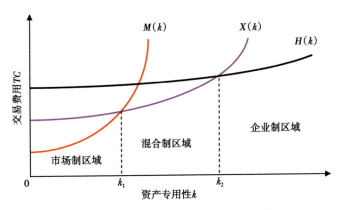

图 8-1 基于资产专用性的交易费用函数

令 k^* 表示一项交易中 k 的最优值，则有效的治理机制有如下 3 种情况：

（1）当 $k^*<k_1$ 时，市场制治理机制的交易费用最小，此时应选择市场交易；

（2）当 $k_1<k^*<k_2$ 时，市场激励对有依赖关系的交易双方协调造成阻碍，行政控制所带来的收益增加，但还不足以达到抵消官僚成本的程度，所以混合制是一种行之有效的模式；

（3）当 $k^*>k_2$ 时，行政控制的收益已经开始超过其成本，此时企业制的交易费用最低，从而成为双方交易的选择。

可见，一项交易究竟是采用哪种治理机制，资产专用性起到了决定性作用。随着资产专用性程度的增加，市场制、混合制、企业制依次显示了其节约交易费用的优势。

8.1.2.4.2　不确定性分析

对于不确定性，市场依靠的是自发适应，即常说的市场自发性和盲目性，而混合制和企业制则在不同程度上采取了自觉适应方式。一般来说，后者虽然付出了官僚成本代价，但对不确定性的适应更有优势。如果没有不确定性问题，后者将远不如前者优越。而随着不确定性程度的加深，则后者的优势则逐渐显现出来，因而导致市场范围的缩小和混合制、企业制范围的扩大。即使是一个市场已经较为发达的社会，如果出现经济或政治秩序动荡等，使得环境变得极为不确定，之前存在的大量市场交易也会转移到企业自己制造等方式。这些方式具有自给自足的意思，并且可以节省大量交易费用。可见，不确定性的增加会导致交易沿着由外向内的方向转变，不确定性的减少则会导致交易沿着由内向外的方向转变。

8.1.2.4.3　交易频率分析

总体来说，交易频率越高，总交易费用也越高。交易频率影响单次交易的费用，即平均交易费用。在交易费用一定时，交易频率越高，平均交易费用越低。对于上述 3 种治理机制是相同的。不过，由于 3 种治理机制的交易费用起点和变化趋势存在差异，从而对平均交易费用产生不同影响。由市场制到混合制再到企业制，当事人为组织交易而进行的专用性投资依次增加，市场制治理并不需要特殊的机构和协议，企业则是为交易而设置的一个专门机构。这意味着，此类交易费用比较中，市场最有优势而企业最具劣势，而更高的交易频率则减少了企业制和混合制对于市场的劣势。因此，随着交易频率的增加，市场的范围在不断缩小，而混合制和企业制的范围在不断扩大。

8.1.2.5　基本理论概述

8.1.2.5.1　交易费用理论

交易费用是新制度经济学最基本的概念。交易费用思想是 Ronald Coase 在 1937 年的论文《企业的性质》一文中提出的，认为交易费用应包括度量、界定和保障产权的费用，发现交易对象和交易价格的费用，讨价还价、订立合同的费用，督促契约条款严格履行的费用等。交易费用思想对于新制度经济学具有重要意义。由于经济学是研究稀缺资源配置的，交易费用理论表明交易活动是稀缺的，市场的不确定性导致交易也是冒风险的，因而交易也有代价，从而也就有如何配置的问题。资源配置问题就是经济效率问题。所以，一定的制度必须提高经济效率，否则旧的制度将会被新的制度所取代。这样，制度分析才被认为真正纳入了经济学分析之中。

8.1.2.5.2　产权理论

新制度经济学的产权理论认为，产权是一个权利束，包括所有权、使用权、收益权、处置权等。产权是一种社会关系，是规定人们相互行为关系的一种规则，并且是社会的基础性规则。产权实质上是一套激励与约束机制，产权安排直接影响资源配置效率，一个社会的经济绩效如何，最终取决于产权安排对个人行为所提供的激励。

8.1.2.5.3　企业理论

Ronald Coase 运用其首创的交易费用分析工具，对企业的性质以及企业与市场并存于现实经济世界这一事实做出了先驱性的解释。认为市场机制是一种配置资源的手段，企业也是一种配置资源的手段，二者是可以相互替代的。交易费用的节省是企业产生、存在以及替代市场机制的唯一动力。由于企业管理是有费用的，企业规模不可能无限扩大，其限度在于利用企业方式组织交易的成本等于通过市场交易的成本。

8.1.2.5.4　制度变迁理论

在决定一个国家经济增长和社会发展方面，制度具有决定性作用。制度变迁的原因之一就是相对节约交易费用，即降低制度成本，提高制度效益。所以，制度变迁可以理解为一种收益更高的制度对另一种收益较低的制度的替代过程。

8.1.3　信息经济学相关理论

信息经济学起源于20世纪40年代，到70年代基本发展成熟。信息经济学分为两个领域：宏观信息经济学和微观信息经济学。宏观信息经济学又称情报经济学、信息工业经济学，以研究信息产业和信息经济为主，是研究信息这一特殊商品的价值生产、流通和利用以及经济效益的一门新兴学科，是在信息技术不断发展的基础上发展建立起来的。微观信息经济学又被称为理论信息经济学，是从微观的角度入手，研究信息的成本和价格，并提出用不完全信息理论来修正传统的市场模型中信息完全和确知的假设，重点考察运用信息提高市场经济效率的种种机制；因为主要研究在非对称信息情况下，当事人之间如何制定合同、契约及对当事人行为的规范问题，故又称契约理论或机制设计理论。

8.1.3.1 信息不对称理论简介

早在20世纪70年代，信息不对称现象就受到Joseph E. Stiglitz、George A. Akerlof和Michael Spence 3位美国经济学家的关注。2001年，3位经济学家因提出信息不对称理论而获得诺贝尔经济学奖。得出的主要结论包括"市场不是万能的"、"信息是有价值的"、"信息本身也是市场"、"市场中存在摩擦和交易成本"等。这一理论已经成为现代信息经济学的核心，被广泛应用到从传统的农产品市场到现代金融市场等各个领域，如股市、就业与失业、信贷配给、商品促销、商品的市场占有等。

8.1.3.1.1 信息不对称概念

信息不对称是指在市场经济活动中，各类人员对有关信息的了解是有差异的；掌握信息比较充分的人员，往往处于比较有利的地位，而信息贫乏的人员，则处于比较不利的地位。该理论认为：市场中卖方比买方更了解有关商品的各种信息；掌握更多信息的一方可以通过向信息贫乏的一方传递可靠信息而在市场中获益；买卖双方中拥有信息较少的一方会努力从另一方获取信息；市场信号显示在一定程度上可以弥补信息不对称的问题；信息不对称是市场经济的弊病，要想减少信息不对称对经济产生的危害，政府应在市场体系中发挥强有力的作用。

8.1.3.1.2 信息不对称理论主要作用

（1）该理论指出了信息对市场经济的重要影响。随着新经济时代的到来，信息在市场经济中所发挥的作用比过去任何时候都更加突出，并将发挥更加不可估量的作用。

（2）该理论揭示了市场体系中的缺陷。指出完全的市场经济并不是天然合理的，完全靠自由市场机制不一定会给市场经济带来最佳效果，特别是在投资、就业、环境保护、社会福利等方面。

（3）该理论强调了政府在经济运行中的重要性。呼吁政府加强对经济运行的监督力度，使信息尽量由不对称到对称，由此改善由市场机制所造成的一些不良影响。

8.1.3.1.3 信息不对称理论重要启示

（1）高度重视信息对未来经济社会可持续发展的重大影响。当今我们正在进入一个以互联网为基础的大数据、云计算等为代表的信息社会。这是一个充满不确定性、高利润与高风险并存、快速多变的"风险经济"新经济时代。市场经济中的信息不对称现象比比皆是，问题的关键是各行各业的决策者怎样努力掌握与了解比较充分的信息，研究生产力发展的规律和趋势，把握住经济、技术和社会的发展动向。可以预见，在新经济时代，过去的"大鱼吃小鱼"将不再是一般规律，取而代之的将是"快的吃慢的"、"信息充分的吃信息不充分的"，速度是新经济的自然淘汰方式。只有及时掌握比较充分的信息，才能胸有成竹，变不确定为确定，认准方向，加快发展。

（2）应注意政府对经济运行发挥作用的方式、方法的研究。市场经济不排除政府对市场的干预，关键是要研究什么地方需要干预，用什么手段干预以及怎样干预，才能完善和发展市场经济。经济手段、法律手段和行政手段的运用，都应以相关信息的收集、研究为前提，一切唯书、唯上、照抄、照搬是不行的。

（3）重视信息资源的开发利用工作。要不断地发掘信息及其他相关要素的经济功能，并及时将其转化为现实的信息财富，努力开拓其在经济社会发展中的用途。要克服知识和观念方面的障碍，树立正确的信息意识。目前，世界上经济发达国家都把占有、开发和利用信息资源作为一项基本国策，对信息资源的开发利用工作十分普及。信息业就业人数占全社会就业人数比重，美国、欧共体国家已经超过 50%，澳大利亚、日本也接近 50%。

（4）信息不对称问题的背后隐藏的其实又是道德风险问题。由信息不对称导致的各种问题和风险，在发展中国家向市场经济的转型中尤为突出和严重，市场经济所要求的人的素质却没能紧紧跟上，或者说人心向恶，时时都要重典管理。这说明科技可以解技术问题，但也只能解决技术问题，它对道德或个人偏好无能为力，因为它丝毫不能解决市场经济需要的制度问题。

8.1.3.2 经济机制设计理论简介

经济机制设计理论由 Leonid Hurwicz 开创，Eric S. Maskin、Roger B. Myerson 进一步发展，3 人于 2007 年获得诺贝尔经济学奖。经济机制设计理论是最近二三十年微观经济领域中发展最快的一个经济学分支，已经进入了主流经济学的核心部分，深深地影响和改变了包括信息经济学、规制经济学、公共经济学、劳动经济学等在内的现代经济学的许多学科，被广泛地运用于垄断定价、最优税收、契约理论、委托代理理论以及拍卖理论等诸多领域。

8.1.3.2.1 基本概念

经济机制设计理论是研究在自由选择、自愿交换、信息不完全及决策分散化的条件下，设计一套机制（规则或制度）来达到既定目标的理论。它用一个统一的模型把所有的经济机制放在一起进行研究，可以是计划经济机制、市场经济机制或它们的各种混合机制。研究对象大到整个经济社会的制度设计，小到只有两个参与者的经济组织管理。

经济机制设计理论与传统经济分析方法主要区别是分析问题的出发点不同。传统经济分析方法是在给定的经济机制条件下，如市场经济机制或计划经济机制，如何实现资源有效配置。而经济机制设计理论恰恰相反，是在给定的实现目标条件下，采用什么样的经济机制。

8.1.3.2.2 经济机制评价标准

评价某种经济机制优劣的基本标准有 3 个：（1）信息是否有效利用；（2）资源

是否有效配置；（3）激励是否相容。

有效利用信息要求机制运行需要尽可能低的信息成本。如果信息的利用不是有效的，则机制的运行成本就会大大增加。

有效配置资源通常采用帕累托最优标准，即在一群人和一定的可分配资源下，从一种分配状态到另一种状态的变化中，在没有使任何人境况变坏的前提下，使得至少一个人变得更好；如果一个资源配置不是有效的，则存在资源的浪费和改进经济效率的余地。在社会化大生产条件下，资源配置主要有两种方式：计划方式和市场方式。计划方式是计划部门根据社会需要和可能，以计划配额、行政命令来统管资源和分配资源；这种方式有可能从整体利益上协调经济发展，集中力量完成重点工程项目，但也易于出现资源闲置或浪费的现象。市场方式是企业根据市场上供求关系的变化状况和产品价格的信息，在竞争中实现生产要素的合理配置；但这种方式也存在着一些不足之处，由于市场机制作用的盲目性和滞后性，有可能产生社会总供给和社会总需求的失衡、产业结构不合理以及市场秩序混乱等现象。

激励相容要求个人理性和集体理性一致，如果一个机制不是激励相容的，个人在追求私利时可能会损害集体利益和影响既定目标的实施。在很多情况下，讲真话不满足激励相容约束，在别人都讲真话的时候，必然会有一个人，他可以通过说谎而得到好处。那么，什么时候或者说在什么样的机制下人们愿意讲真话呢？只有当社会选择的规则照顾到一个人的利益的时候，这个人才有动力讲真话。

8.1.3.2.3 主要解决问题

经济机制设计理论主要解决两个问题：一是信息成本问题，二是机制激励问题。

解决信息成本问题，即所设计的机制需要较少的关于消费者、生产者和其他经济活动参与者的信息和信息运行成本。任何一个经济机制的设计和执行都需要信息传递，而信息传递是需要花费成本的。因此，对于制度设计者来说，自然是信息空间的维数越小越好。

解决机制激励问题，即在所设计的机制下，使得各个参与者在追求个人利益的同时，能够达到设计者所设定的目标。在个人经济环境中，在参与性约束条件下，不存在一个有效的分散化的经济机制（包括市场竞争机制），能够导致帕累托最优配置，并使人们有动力去显示自己的真实信息。因为，如果一个人愿意讲真话，那就意味着讲真话是他的占优策略。因此，在机制设计中，要想得到能够产生帕累托最优配置的机制，很多时候必须放弃占优均衡假设，即放弃每个人都讲真话办真事的假定。因此，任何机制设计，都不得不考虑激励问题。我们要实现某一个目标，首先要使这个目标是在技术可行性范围内；其次，我们要使它满足个人理性，即参与性，如果一个人不参与，那么你的机制设计就是虚设的；第三，它要满足激励相容约束，要使个人自利行为自愿实现设定的目标。

经济机制设计理论的模型由 4 部分组成：（1）经济环境；（2）自利行为描述；（3）想要得到的社会目标；（4）配置机制（包括信息空间和配置规则）。

8.2 管理学相关理论

8.2.1 管理学基本概念

管理学是一门研究人类社会管理活动中各种现象及规律的学科，是在近代社会化大生产条件下和自然科学与社会科学日益发展的基础上形成的。管理学是在自然科学和社会科学两大领域的交叉点上建立起来的一门综合性交叉学科，涉及数学、社会科学、技术科学、新兴科学、领导学、决策科学、未来学、预测学、创造学、战略学、科学学等。现代管理学的诞生是以 F. W. Taylor 的名著《科学管理原理》（1911 年）以及 Henry Fayol 的名著《工业管理和一般管理》（1916 年）为标志。

管理是指在特定的环境下，管理者通过执行计划、组织、领导、控制等职能，整合组织的各项资源，实现组织既定目标的活动过程。它有 3 层含义：（1）管理是一种有意识、有目的的活动，它服务并服从于组织目标；（2）管理是一个连续实现组织目标的过程，就是管理者执行相互关联的计划、组织、领导、控制等职能的过程；（3）管理活动是在一定的环境中进行的，在开放的条件下，任何组织都处于千变万化的环境之中，复杂的环境成为决定组织生存与发展的重要因素。

中国著名学者成思危提出了管理学的"3 个基础、3 个层次、3 个领域"学科结构。3 个基础是数学、经济学和心理学；3 个层次是基础管理、职能管理和战略管理；3 个领域是管理基础理论与方法、企业与事业单位管理、宏观管理与政策研究。

目前管理学分支主要有古典管理学、行为管理学、社会系统学、决策理论学、系统管理学、经验主义学、权变理论学、管理科学学、组织行为学、社会技术系统学、经理角色学、经营管理学等。这里重点介绍钻井工程造价管理研究中主要采用的科学管理理论和全面造价管理理论。

8.2.2 科学管理理论简介

19 世纪末 20 世纪初，在技术最发达、资本主义发展最快的美国，诞生了古典管理理论代表人物之一 F. W. Taylor。他提倡科学管理，1911 年出版《科学管理原理》。认为科学管理的基础是，雇主的财富最大化和雇员的财富最大化应该是管理的两个首要目标，财富最大化只能是生产率最大化的结果。因此，科学管理的中心问题是提高生产率，具体措施包括：（1）通过科学试验，制定出标准化的工具、机器、材料和作业环境的操作方法，研究出工时定额；（2）选择配备第一流的最合适工人，掌握标准化操作方法；（3）采取有差别的计件工资制；（4）雇佣双方进行心理革命，变对抗为信任；（5）实行职能工长制；（6）在管理控制上实行例外原则。正是科学、协调、合作、最大化产出、实现每个人的劳动生产率最大化和富裕最大化等各个要素的集成，构成了科学管理。

F. W. Taylor 当时倡导的科学管理"泰勒制"的核心是科学的工时定额，其体现的主要目标是提高工人的劳动生产率，降低生产成本，增加企业盈利，而其他方面内容则是为了达到这一主要目标而制定的措施。工时定额与有差别的计件工资制度相结合，成为提高劳动效率的有力措施。"泰勒制"的产生和推行，在提高劳动生产率方面取得了显著的效果，给企业管理带来了根本性的改革和深远的影响。从此，定额作为科学管理的基础，得到了普遍的重视。

20世纪30年代末到第二次世界大战时期，为了解决复杂的军事问题，管理科学应运而生。管理科学是"泰勒制"科学管理理论的继续和发展，它以运筹学、系统工程、电子技术等科学技术手段，吸取了现代自然科学和技术科学的新成果，形成一种现代的组织管理科学。一些新的技术方法在制定定额中得到运用，定额的范围也大大突破了工时定额的内容。因此定额是社会化大生产的产物，是科学管理的核心，伴随着管理科学的发展而发展，它在西方企业的现代化管理中一直占有重要地位。定额在社会主义国家也同样得到重视，十月革命胜利后，列宁指出："应该在俄国研究与传授泰勒制，有系统地试行这种制度，并且使它适应下来"。新中国成立后，学习苏联定额管理模式，开始了定额管理工作。按照定额的编制程序和用途分类，中国工程建设定额体系包括施工定额、预算定额、概算定额、概算指标、投资估算指标等5种。

因此，定额是管理科学的基础，也是现代管理科学中的重要内容和基本环节。定额是节约社会劳动、提高劳动生产率的重要手段，定额是组织和协调社会化大生产的工具，定额是宏观调控的依据，定额是评价劳动成果和经营效益的尺度。

8.2.3　全面造价管理理论简介

"全面造价管理"（Total Cost Management—TCM）一词最初出自1978年 B. J. Mitchell 所著的《图书馆职能的成本分析》一书。原美国造价工程师协会主席 R. E. Westney 先生于1991年5月在美国休斯敦召开的春季研讨会上提出了全面造价管理思想："全面造价管理就是通过有效地使用专业知识和专门技术去计划和控制资源、造价、盈利和风险。"美国造价工程师协会为推动全面造价管理理论与方法的发展，于1992年更名为"国际全面造价管理促进协会"（The Association for the Advancement of Cost Engineering International——through Total Cost Management，简称 AACE-I）。1997 年国际全面造价管理促进协会对工程造价管理的定义："造价工程或造价管理，其领域包括应用从事造价工程实践所获得的工程经验与判断，和通过学习掌握的科学原理与技术，去解决有关工程造价预算、造价控制、运营计划与管理、盈利分析、项目管理以及项目计划与进度安排等方面的问题。"

1998 年 4 月在荷兰举行的国际造价工程联合会第 15 次专业大会上，许多专家在将全过程造价管理扩展到全生命周期造价管理后，又提出了全面造价管理的概念。全面造价管理是基于工程项目特性提出的。一是工程项目由许多前后接续的阶段和各种各样生产技术活动构成；二是工程项目的每项活动都受造价、工期与质量 3 个基本要素的影响；三是工程项目通常是不重复的，所处的环境是开放的、复杂多变的，所以具有较大的风险性和不确定性；四是工程项目涉及多个不同的利益主体，包括项目业主、承包商、供应商、设计与咨询中介机构等，整个过程是由他们共同合作完成的。所以，工程项目全面造价管理包括 4 个主要内容：一是工程项目全过程造价管理；二是工程项目全要素造价管理；三是工程项目全风险造价管理；四是工程项目全团队造价管理。

8.2.3.1 工程项目全过程造价管理

工程项目是人类通过生产技术活动，将各种资源转化成人们所需工程设施的一种独特的过程，是由一系列的具体实践活动有机集合而成的。这一独特的生产技术活动过程既有明确的起点和终点，也有明确的阶段性和连续性。根据工程项目的这种阶段性，一个工程项目"全过程"的造价就可以被分解成各阶段的造价，公式为

$$C = \sum_{i=1}^{n} C_i$$

式中，C 为工程项目造价；$i=1$，2，3，…，n；n 为工程项目的阶段数；C_i 为工程项目第 i 阶段造价。

综上所述，工程项目全面造价管理方法论的首要和最基本的管理技术方法应该是工程项目全过程造价管理的技术方法。要实现对于工程项目全过程造价的全面管理，必须从两个方面入手：一个方面是要合理确定由各项具体活动造价构成的工程项目全过程造价；另一个方面是要科学的控制各项具体活动过程的造价和工程项目全过程的造价。因此，工程项目全过程造价管理的技术方法就必须包括两个方面的具体技术方法：一是基于实践活动全过程的造价确定技术方法；二是基于实践活动全过程的造价控制方法。

8.2.3.2 工程项目全要素造价管理

在工程项目的全过程建设中，影响工程造价的基本要素是工期、质量、造价，也

被称为工程项目成功3要素。这3个要素是可以相互影响和相互转化的。因此对于工程项目的全面造价管理，必须掌握一套从全要素管理入手的全面造价管理具体技术方法，分析和找出工期、质量、造价3个要素的相互关系，进而实现全要素造价集成管理。其技术方法有二：一是分析和预测工程项目3个要素变动与发展趋势的方法；二是控制这3个要素变动，实现全面造价管理目标的方法。这两个方面的具体技术方法构成一套工程项目全要素造价管理方法。

8.2.3.3 工程项目全风险造价管理

一般产品的生产过程通常是在相对可控和相对确定的企业内部环境下进行的，主要的影响因素是企业内部自身条件。但工程项目的实现过程却是在一个存在许多风险和不确定性因素的外部环境条件下进行的，如气候条件、地质条件、施工环境条件、通货膨胀、第三者造成的停工等等风险，这些都会造成工程项目造价的不正常变动。

这些不确定性因素使得工程项目的造价一般都会具有3种不同成分：一是确定性造价，人们所知道的确定会发生的造价，而且知道其发生数额的大小；二是风险性造价，人们只知道它可能发生，同时知道其发生的概率以及不同发生概率情况下造价的分布情况，但是不能肯定它一定会发生；三是完全不确定性造价，人们既不知道其是否会发生，也不知道发生概率的分布情况。这3部分不同性质的造价一起构成了一个工程项目的总造价。

工程造价的不确定性是绝对的，确定性是相对的。随着工程项目的展开，工程项目的大部分造价都会从最初的不确定性造价逐步地转变成为风险性造价，然后转变为确定性造价。一般只有当项目完成时，才会最终形成一个完全确定的工程项目造价。

所以要实现对于工程项目全风险造价管理，最根本的任务有3个：一是首先要识别一个工程项目中存在的各种风险，并且定出全风险性造价；二是要通过控制风险事件的发生和发展，直接或间接的控制工程项目的全风险造价；三是要开展对于包括风险性造价和不可预见费等预备费在内的各种风险性造价和风险性造价管理储备的直接控制，从而实现整个项目的全风险造价管理目标。与此相应的工程项目全风险造价管理有3种技术方法：一是分析、识别和确定风险性事件与风险性造价的方法；二是对于风险事件的发生与发展实施进程控制方法；三是对于全风险造价及其管理储备的直接控制方法。这3个方面的具体技术方法将构成一套工程项目全风险造价技术方法。

8.2.3.4 工程项目全团队造价管理

在工程项目实现过程中会涉及参与项目建设的多个不同的利益主体，包括工程项目的项目法人或业主、承担工程项目设计任务的设计单位或工程师、承担工程项目监理工作的工程咨询单位或监理工程师、承担工程项目造价管理工作的工程造价咨询单位或造价工程师与工料测量师、承担工程项目施工任务的施工单位或承包商及分包商、提供各种工程项目所需物料和设备的供应商等。在一个工程项目的实现过程中，这些利益主体都有各自的利益，而且有时这些利益主体之间的利益还会发生冲突。这就要求在工程项目的造价管理中必须全面协调各个利益主体之间的利益与关系，将这些利益相互冲突的不同主体联合在一起构成一个全面合作的团队，并通过这个团队的共同努力，实现对于工程项目的全面造价管理。

为此就要建立一套相应的方法，能有效的协调各方间利益，消除各方间的冲突，沟通各方间的信息，建立起造价管理合作思想和收益共享的机制，以保证全面造价管理团队的成员之间的真诚合作，实现建设项目造价的全面降低。

因此工程项目全过程造价管理、工程项目全要素造价管理、工程项目全风险造价管理、工程项目全团队造价管理是相互联系的有机集成体，其逻辑关系如图8-2所示。

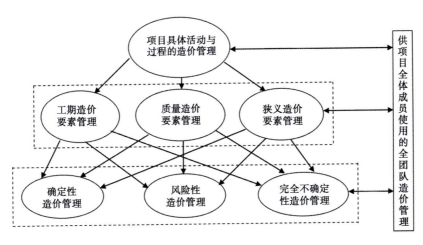

图 8-2　工程项目全面造价管理方法逻辑关系模型

可以看出，全面造价管理的思想不仅是人类社会和经济发展的客观需要，而且是人们对建设项目造价管理方法的汇总与集成。至今，世界各国仍处于全面造价管理有关概念和原理的研究上，并在积极实践，理论与方法尚未成熟。但毫无疑问，全面造价管理是21世纪工程造价管理的发展方向。

8.3　工程项目管理概述

8.3.1　工程项目组成和分类

8.3.1.1　工程项目组成

工程项目可分为单项工程、单位（子单位）工程、分部（子分部）工程和分项工程。

8.3.1.1.1　单项工程

单项工程是指具有独立的设计文件，竣工后可以独立发挥生产能力、投资效益的一组配套齐全的工程项目。单项工程是工程项目的组成部分，一个工程项目有时可以仅包括一个单项工程，也可以包括多个单项工程。生产性工程项目的单项工程，一般是指能独立生产的车间，包括厂房建筑、设备安装等工程。

8.3.1.1.2　单位（子单位）工程

单位工程是指具备独立施工条件并能形成独立使用功能的工程。对于建筑规模较大的单位工程，可将其能形成独立使用功能的部分作为一个子单位工程。根据《建筑工程施工质量验收统一标准》GB 50300—2013，具有独立施工条件和能形成独立使用功能是单位（子单位）工程划分的基本要求。

单位工程是单项工程的组成部分，也可能是整个工程项目的组成部分。按照单项工程的构成，又可将其分解为建筑工程和设备安装工程。如工业厂房工程中的土建工程、设备安装工程、工业管道工程等分别是单项工程中所包含的不同性质的单位工程。

8.3.1.1.3　分部（子分部）工程

分部工程是指将单位工程按专业性质、建筑部位等划分的工程。根据《建筑工程施工质量验收统一标准》GB 50300—2013，建筑工程包括：地基与基础、主体结构、建筑装饰装修、屋面、建筑给排水及采暖、建筑电气、智能建筑、通风与空调、电梯、建筑节能等分部工程。

当分部工程较大或较复杂时，可按材料种类、工艺特点、施工程序、专业系统及类别等将分部工程划分为若干子分部工程。例如，地基与基础分部工程又可细分为土方、基坑、地基、桩基础、地下防水等子分部工程；主体结构分部工程又可细分为混凝土结构、型钢和钢管混凝土结构、砌体结构、钢结构、轻钢结构、索膜结构、木结构、铝合金结构等子分部工程；建筑装饰装修分部工程又可细分为地面、抹灰、门窗、吊顶、轻质隔墙、饰面板（砖）、幕墙、涂饰、裱糊与软包、外墙防水、细部等子分部工程；智能建筑分部工程又可细分为通信网络系统、计算机网络系统、建筑设备监控系统、火灾报警及消防联动系统、会议系统与信息导航系统、专业应用系统、安全防范系统、综合布线系统、智能化集成系统、电源与接地、计算机机房工程、住宅（小区）智能化系统等子分部工程。

8.3.1.1.4　分项工程

分项工程是指将分部工程按主要工种、材料、施工工艺、设备类别等划分的工程。例如，土方开挖、土方回填、钢筋、模板、混凝土、砖砌体、木门窗制作与安装、玻璃幕墙等工程。分项工程是工程项目施工生产活动的基础，也是计量工程用工用料和机械台班消耗的基本单元，同时又是工程质量形成的直接过程。分项工程既有其作业活动的独立性，又有相互联系、相互制约的整体性。

8.3.1.2　工程项目分类

为了适应科学管理的需要，可以从不同角度对工程项目进行分类。

（1）按建设性质划分，工程项目可分为新建项目、扩建项目、改建项目、迁建项目和恢复项目。

①新建项目指根据国民经济和社会发展的近远期规划，按照规定的程序立项，从无到有、"平地起家"进行建设的工程项目。

②扩建项目指现有企业为扩大产品的生产能力或增加经济效益而增建的生产车间、独立的生产线或分厂；事业和行政单位在原有业务系统的基础上扩大规模而新增的固定资产投资项目。

③改建项目包括挖潜、节能、安全、环境保护等工程项目。

④迁建项目指原有企事业单位根据自身生产经营和事业发展的要求，按照国家调整生产力布局的经济发展战略，需要或出于环境保护等其他特殊要求，搬迁到异地而建设的工程项目。

⑤恢复项目指原有企事业和行政单位，因自然灾害或战争使原有固定资产遭受全部或部分报废，需要进行投资重建来恢复生产能力和业务工作条件、生活福利设施等的工程项目。这类工程项目，无论是按原有规模恢复建设，还是在恢复过程中同时进行扩建，都属于恢复项目。但对尚未建成投产或交付使用的工程项目受到破坏后，若仍按原设计重建的，原建设性质不变；如果按新设计重建，则根据新设计内容来确定其性质。

工程项目按其性质分为上述5类，一个工程项目只能有一种性质，在工程项目按总体设计全部建成之前，其建设性质始终不变。

（2）按投资作用划分，工程项目可分为生产性项目和非生产性项目。

①生产性项目指直接用于物质资料生产或直接为物质资料生产服务的工程项目。主要包括：a. 工业建设项目：工业、国防和能源建设项目；b. 农业建设项目：农、林、牧、渔、水利建设项目；c. 基础设施建设项目：交通、邮电、通信、地质普查、勘探建设项目等；d. 商业建设项目：商业、饮食、仓储、综合技术服务事业的建设项目。

②非生产性项目指用于满足人民物质和文化、福利需要和非物质资产部门的建设项目。主要包括：a. 办公用房：国家各级党政机关、社会团体、企业管理机关的办公用房；b. 居住建筑：住宅、公寓、别墅等；c. 公共建筑：科学、教育、文化艺术、广播电视、卫生、博览、体育、社会福利事业、公共事业、咨询服务、宗教、金融、

保险等建设项目；d. 其他工程项目：不属于上述各类的其他非生产性项目。

（3）按项目规模划分，基本建设项目分为大型、中型、小型三类；更新改造项目分为限额以上和限额以下两类。不同等级标准的工程项目，报建和审批机构及程序不尽相同。划分工程项目等级的原则如下。

①按批准的可行性研究报告（初步设计）所确定的总设计能力或投资总额的大小，依据国家颁布的《基本建设项目大中小型划分标准》进行划分。

②凡生产单一产品的项目，一般以产品的设计生产能力划分；生产多种产品的项目，一般按其主要产品的设计生产能力划分；产品分类较多，不易分清主次、难以按产品的设计能力划分时，可按投资总额划分。

③对国民经济和社会发展具有特殊意义的某些项目，虽然设计能力或全部投资不够大、中型项目标准，经国家批准已列入大、中型计划或国家重点建设工程的项目，也按大、中型项目进行管理。

④更新改造项目一般只按投资额分为限额以上和限额以下项目，不再按生产能力或其他标准划分。

⑤基本建设项目的大、中、小型和更新改造项目限额的具体划分标准，根据各个时期经济发展和实际工作中的需要而有所变化。

（4）按投资效益和市场需求划分，工程项目可划分为竞争性项目、基础性项目和公益性项目。

①竞争性项目指投资回报率比较高、竞争性比较强的工程项目。如：商务办公楼、酒店、度假村、高档公寓等工程项目。其投资主体一般为企业，由企业自主决策、自担投资风险。

②基础性项目指具有自然垄断性、建设周期长、投资额大而收益低的基础设施和需要政府重点扶持的一部分基础工业项目，以及直接增强国力的符合经济规模的支柱产业项目，如交通、能源、水利、城市公用设施等。政府应集中必要的财力、物力通过经济实体投资建设这些工程项目，同时还应广泛吸收企业参与投资，有时还可吸收外商直接投资。

③公益性项目指为社会发展服务、难以产生直接经济回报的工程项目。包括：科技、文教、卫生、体育和环保等设施，公、检、法等政权机关以及政府机关、社会团体办公设施，国防建设等。公益性项目的投资主要由政府用财政资金安排。

（5）按投资来源划分，工程项目可划分为政府投资项目和非政府投资项目。

①政府投资项目在国外也称为公共工程，是指为了适应和推动国民经济或区域经济的发展，满足社会的文化、生活需要，以及出于政治、国防等因素的考虑，由政府通过财政投资、发行国债或地方财政债券、利用外国政府赠款以及国家财政担保的国

内外金融组织的贷款等方式独资或合资兴建的工程项目。

按照其盈利性不同，政府投资项目又可分为经营性政府投资项目和非经营性政府投资项目。经营性政府投资项目是指具有盈利性质的政府投资项目，政府投资的水利、电力、铁路等项目基本都属于经营性项目。经营性政府投资项目应实行项目法人责任制，由项目法人对项目的策划、资金筹措、建设实施、生产经营、债务偿还和资产的保值增值，实行全过程负责，使项目的建设与建成后的运营实现一条龙管理。

非经营性政府投资项目一般是指非盈利性的、主要追求社会效益最大化的公益性项目。学校、医院以及各行政、司法机关的办公楼等项目都属于非经营性政府投资项目。非经营性政府投资项目可实施"代建制"，即通过招标等方式，选择专业化的项目管理单位负责建设实施，严格控制项目投资、质量和工期，待工程竣工验收后再移交给使用单位，从而使项目的"投资、建设、监管、使用"实现四分离。

②非政府投资项目指企业、集体单位、外商和私人投资兴建的工程项目。这类项目一般均实行项目法人责任制，使项目的建设与建成后的运营实现一条龙管理。

8.3.2 工程项目建设程序

8.3.2.1 建设程序含义和内容

建设程序指工程项目从策划、评估、决策、设计、施工到竣工验收、投入生产或交付使用的整个建设过程中，各项工作必须遵循的先后工作次序。工程项目建设程序是工程建设过程客观规律的反映，是工程项目科学决策和顺利实施的重要保证。

世界各国和国际组织在建设程序上可能存在某些差异，但是按照工程项目发展的内在规律，投资建设一个工程项目都要经过投资决策和建设实施两个发展时期。这两个发展时期又可分为若干阶段，各阶段之间存在着严格的先后次序，可以进行合理的交叉，但不能任意颠倒次序。

以世界银行贷款项目为例，其建设周期包括项目选定、项目准备、项目评估、项目谈判、项目实施和项目总结评价6个阶段。每一阶段的工作深度，决定着项目在下一阶段的发展，彼此相互联系、相互制约。在项目选定阶段，要根据借款申请国所提出的项目清单，进行鉴别选择，一般根据项目性质选择符合世界银行贷款原则，有助于当地经济和社会发展的急需项目。被选定的项目经过1~2年的项目准备，提出详细可行性研究报告，由世界银行组织专家进行项目评估之后，与申请国进行贷款谈判、签订协议，然后进入项目的勘察设计、采购、施工、生产准备和试运转等实施阶段，在项目贷款发放完成后一年左右进行项目的总结评价。正是由于其科学、严密的项目周期，保证了世界银行在各国的投资保持有较高的成功率。

按照中国现行规定，政府投资项目的建设程序可以分为以下阶段：

（1）根据国民经济和社会发展长远规划，结合行业和地区发展规划的要求，提出项目建议书。

（2）在勘察、试验、调查研究及详细技术经济论证的基础上编制可行性研究报告。

（3）根据咨询评估情况，对工程项目进行决策。

（4）根据可行性研究报告，编制设计文件。

（5）初步设计经批准后，进行施工图设计，并做好施工前各项准备工作。

（6）组织施工，并根据施工进度做好生产或动用前的准备工作。

（7）按批准的设计内容完成施工安装，经验收合格后正式投产或交付使用。

（8）生产运营一段时间（一般为1年）后，可根据需要进行项目后评价。

8.3.2.2 决策阶段工作内容

8.3.2.2.1 编报项目建议书

项目建议书是拟建项目单位向国家提出的要求建设某一项目的建议文件，是对工程项目建设的轮廓设想。项目建议书的主要作用是推荐一个拟建项目，论述其建设的必要性、建设条件的可行性和获利的可能性，供国家选择并确定是否进行下一步工作。

项目建议书的内容视项目不同而有繁有简，但一般应包括以下几方面内容：

（1）项目提出的必要性和依据。

（2）产品方案、拟建规模和建设地点的初步设想。

（3）资源情况、建设条件、协作关系和设备技术引进国别、厂商的初步分析。

（4）投资估算、资金筹措及还贷方案设想。

（5）项目进度安排。

（6）经济效益和社会效益的初步估计。

（7）环境影响的初步评价。

对于政府投资项目，项目建议书按要求编制完成后，应根据建设规模和限额划分报送有关部门审批。项目建议书经批准后，可进行可行性研究工作，但并不表明项目非上不可，批准的项目建议书不是项目的最终决策。

8.3.2.2.2 编报可行性研究报告

可行性研究是对工程项目在技术上是否可行和经济上是否合理进行科学的分析和论证。

（1）可行性研究的工作内容。可行性研究应完成以下工作内容：①进行市场研究，以解决项目建设的必要性问题；②进行工艺技术方案的研究，以解决项目建设的技术可行性问题；③进行财务和经济分析，以解决项目建设的经济合理性问题。

凡经可行性研究未通过的项目，不得进行下一步工作。

（2）可行性研究报告的内容。可行性研究工作完成后，需要编写出反映其全部工作成果的"可行性研究报告"。就其内容来看，各类项目的可行性研究报告内容不尽相同。对一般工业项目而言，其可行性研究报告应包括以下基本内容：①项目提出的背景、项目概况及投资的必要性；②产品需求、价格预测及市场风险分析；③资源条件评价（对资源开发项目而言）；④建设规模及产品方案的技术经济分析；⑤建厂条件与厂址方案；⑥技术方案、设备方案和工程方案；⑦主要原材料、燃料供应；⑧总图、运输与公共辅助工程；⑨节能、节水措施；⑩环境影响评价；⑪劳动安全卫生与消防；⑫组织机构与人力资源配置；⑬项目实施进度；⑭投资估算及融资方案；⑮财务评价和国民经济评价；⑯社会评价和风险分析；⑰研究结论与建议。

8.3.2.2.3　项目投资决策管理制度

根据《国务院关于投资体制改革的决定》（国发〔2004〕20号），政府投资项目实行审批制；非政府投资项目实行核准制或登记备案制。

（1）政府投资项目。对于采用直接投资和资本金注入方式的政府投资项目，政府需要从投资决策的角度审批项目建议书和可行性研究报告。除特殊情况外，不再审批开工报告，同时还要严格审批其初步设计和概算。对于采用投资补助、转贷和贷款贴息方式的政府投资项目，则只审批资金申请报告。

政府投资项目一般都要经过符合资质要求的咨询中介机构的评估论证，特别重大的项目还应实行专家评议制度。国家将逐步实行政府投资项目公示制度，以广泛听取各方面的意见和建议。

（2）非政府投资项目。对于企业不使用政府资金投资建设的项目，政府不再进行投资决策性质的审批，区别不同情况实行核准制或登记备案制。

①核准制。企业投资建设《政府核准的投资项目目录》中的项目时，仅需向政府提交项目申请报告，不再经过批准项目建议书、可行性研究报告和开工报告的程序。

②备案制。对于《政府核准的投资项目目录》以外的企业投资项目，实行备案制。除国家另有规定外，由企业按照属地原则向地方政府投资主管部门备案。

对于实施核准制或登记备案制的项目，虽然政府不再审批项目建议书和可行性研究报告，但这并不意味着企业不需要编制可行性研究报告。为了保证企业投资决策的质量，投资企业也应编制可行性研究报告。

为扩大大型企业集团的投资决策权，对于基本建立现代企业制度的特大型企业集团，投资建设《政府核准的投资项目目录》中的项目时，可以按项目单独申报核准，也可编制中长期发展建设规划，规划经国务院或国务院投资主管部门批准后，规划中属于《政府核准的投资项目目录》中的项目不再另行申报核准，只需办理备案手续。

企业集团要及时向国务院有关部门报告规划执行和项目建设情况。

8.3.2.3 建设实施阶段工作内容

8.3.2.3.1 工程设计

（1）工程设计的阶段及其内容。工程项目的设计工作一般划分为两个阶段，即初步设计和施工图设计。重大项目和技术复杂项目，可根据需要增加技术设计阶段。

①初步设计。是根据可行性研究报告的要求所作的具体实施方案，目的是为了阐明在指定的地点、时间和投资控制数额内，拟建项目在技术上的可行性和经济上的合理性，并通过对工程项目所作出的基本技术经济规定，编制项目总概算。

初步设计不得随意改变被批准的可行性研究报告所确定的建设规模、产品方案、工程标准、建设地址和总投资等控制目标。如果初步设计提出的总概算超过可行性研究报告总投资的10%以上或其他主要指标需要变更时，应说明原因和计算依据，并重新向原审批单位报批可行性研究报告。

②技术设计。应根据初步设计和更详细的调查研究资料编制，以进一步解决初步设计中的重大技术问题，如：工艺流程、建筑结构、设备选型及数量确定等，使工程项目的设计更具体、更完善，技术指标更好。

③施工图设计。根据初步设计或技术设计的要求，结合现场实际情况，完整地表现建筑物外形、内部空间分割、结构体系、构造状况以及建筑群的组成和周围环境的配合。它还包括各种运输、通信、管道系统、建筑设备的设计。在工艺方面，应具体确定各种设备的型号、规格及各种非标准设备的制造加工图。

（2）施工图设计文件的审查。根据《房屋建筑和市政基础设施工程施工图设计文件审查管理办法》（建设部令第134号），建设单位应当将施工图送施工图审查机构审查。施工图审查机构按照有关法律、法规，对施工图涉及公共利益、公众安全和工程建设强制性标准的内容进行审查。审查的主要内容包括：①是否符合工程建设强制性标准；②地基基础和主体结构的安全性；③勘察设计企业和注册执业人员以及相关人员是否按规定在施工图上加盖相应的图章和签字；④其他法律、法规、规章规定必须审查的内容。

任何单位或者个人不得擅自修改审查合格的施工图。确需修改的，凡涉及上述审查内容的，建设单位应当将修改后的施工图送原审查机构审查。

8.3.2.3.2 建设准备

建设准备工作内容。项目在开工建设之前要切实做好各项准备工作。其主要内容包括：（1）征地、拆迁和场地平整；（2）完成施工用水、电、通信、道路等接通工作；（3）组织招标选择工程监理单位、施工单位及设备、材料供应商；（4）准备必要的施工图纸；（5）办理工程质量监督和施工许可手续。

（1）工程质量监督手续的办理。建设单位在办理施工许可证之前应当到规定的工程质量监督机构办理工程质量监督注册手续。办理质量监督注册手续时需提供下列资料：①施工图设计文件审查报告和批准书；②中标通知书和施工、监理合同；③建设单位、施工单位和监理单位工程项目的负责人和机构组成；④施工组织设计和监理规划（监理实施细则）；⑤其他需要的文件资料。

（2）施工许可证的办理。从事各类房屋建筑及其附属设施的建造、装修装饰和与其配套的线路、管道、设备的安装，以及城镇市政基础设施工程的施工，建设单位在开工前应当向工程所在地的县级以上人民政府建设行政主管部门申请领取施工许可证。必须申请领取施工许可证的建筑工程未取得施工许可证的，一律不得开工。

工程投资额在30万元以下或者建筑面积在300m² 以下的建筑工程，可以不申请办理施工许可证。

8.3.2.3.3 施工安装

工程项目经批准新开工建设，项目即进入施工安装阶段。项目新开工时间是指工程项目设计文件中规定的任何一项永久性工程第一次正式破土开槽开始施工的日期。不需开槽的工程，正式开始打桩的日期就是开工日期。铁路、公路、水库等需要进行大量土、石方工程的，以开始进行土方、石方工程的日期作为正式开工日期。工程地质勘察、平整场地、旧建筑物的拆除、临时建筑、施工用临时道路和水、电等工程开始施工的日期不能算作正式开工日期。分期建设的项目分别按各期工程开工的日期计算，如二期工程应根据工程设计文件规定的永久性工程开工的日期计算。

施工安装活动应按照工程设计要求、施工合同及施工组织设计，在保证工程质量、工期、成本及安全、环保等目标的前提下进行，达到竣工验收标准后，由施工单位移交给建设单位。

8.3.2.3.4 生产准备

对于生产性项目而言，生产准备是项目投产前由建设单位进行的一项重要工作。它是衔接建设和生产的桥梁，是项目建设转入生产经营的必要条件。建设单位应适时组成专门机构做好生产准备工作，确保项目建成后能及时投产。

生产准备工作的内容根据项目或企业的不同，其要求也各不相同，但一般应包括以下主要内容：

（1）招收和培训生产人员。招收项目运营过程中所需要的人员，并采用多种方式进行培训。特别要组织生产人员参加设备的安装、调试和工程验收工作，使其能尽快掌握生产技术和工艺流程。

（2）组织准备。主要包括生产管理机构设置、管理制度和有关规定的制订、生产人员配备等。

（3）技术准备。主要包括国内装置设计资料的汇总，有关国外技术资料的翻译、编辑，各种生产方案、岗位操作法的编制以及新技术的准备等。

（4）物资准备。主要包括落实原材料、协作产品、燃料、水、电、气等的来源和其他需协作配合的条件，并组织工装、器具、备品、备件等的制造或订货。

8.3.2.3.5 竣工验收

当工程项目按设计文件的规定内容和施工图纸的要求全部建完后，便可组织验收。竣工验收是投资成果转入生产或使用的标志，也是全面考核工程建设成果、检验设计和工程质量的重要步骤。

（1）竣工验收的范围和标准。按照国家规定，工程项目按批准的设计文件所规定的内容建成，符合验收标准，都应及时组织验收，办理固定资产移交手续。工程项目竣工验收、交付使用，应达到下列标准：①生产性项目和辅助公用设施已按设计要求建完，能满足生产要求；②主要工艺设备已安装配套，经联动负荷试车合格，形成生产能力，能够生产出设计文件规定的产品；③职工宿舍和其他必要的生产福利设施，能适应投产初期的需要；④生产准备工作能适应投产初期的需要；⑤环境保护设施、劳动安全卫生设施、消防设施已按设计要求与主体工程同时建成使用。

以上是国家对工程项目竣工应达到标准的基本规定，各类工程项目除应遵循这些共同标准外，还要结合专业特点确定其竣工应达到的具体条件。

对某些特殊情况，工程施工虽未全部按设计要求完成，也应进行验收。这些特殊情况主要是指：①因少数非主要设备或某些特殊材料短期内不能解决，虽然工程内容尚未全部完成，但已可以投产或使用；②按规定的内容已建完，但因外部条件的制约，如流动资金不足、生产所需原材料不能满足等，而使已建成工程不能投入使用；③有些工程项目或单位工程，已形成部分生产能力，但近期内不能按原设计规模续建，应从实际情况出发经主管部门批准后，可缩小规模对已完成的工程和设备组织竣工验收，移交固定资产。

（2）竣工验收的准备工作。建设单位应认真做好工程竣工验收的准备工作。主要包括：①整理技术资料，技术资料主要包括土建施工、设备安装方面及各种有关的文件、合同和试生产情况报告等；②绘制竣工图，工程项目竣工图是真实记录各种地下、地上建筑物等详细情况的技术文件，是对工程进行交工验收、维护、扩建、改建的依据，同时也是使用单位长期保存的技术资料；③编制竣工决算，建设单位必须及时清理所有财产、物资和未用完或应收回的资金，编制工程竣工决算，分析概（预）算执行情况，考核投资效益，报请主管部门审查。

（3）竣工验收的程序和组织。根据国家规定，规模较大、较复杂的工程建设项目应先进行初验，然后进行正式验收。规模较小、较简单的工程项目，可以一次进行全部项目的竣工验收。

工程项目全部建完，经过各单位工程的验收，符合设计要求，并具备竣工图、竣工决算、工程总结等必要文件资料，由项目主管部门或建设单位向负责验收的单位提出竣工验收申请报告。

竣工验收要根据投资主体、工程规模及复杂程度由国家有关部门或建设单位组成验收委员会或验收组。验收委员会或验收组负责审查工程建设的各个环节，听取各有关单位的工作汇报。审阅工程档案、实地查验建筑安装工程实体，对工程设计、施工和设备质量等做出全面评价。不合格的工程不予验收。对遗留问题要提出具体解决意见，限期落实完成。

8.3.2.4　项目后评价

项目后评价是工程项目实施阶段管理的延伸。工程项目竣工验收或通过销售交付使用，只是工程建设完成的标志，而不是工程项目管理的终结。工程项目建设和运营是否达到投资决策时所确定的目标，只有经过生产经营或销售取得实际投资效果后，才能进行正确的判断；也只有在这时，才能对工程项目进行总结和评估，才能综合反映工程项目建设和工程项目管理各环节工作的成效和存在的问题，并为以后改进工程项目管理、提高工程项目管理水平制定科学的工程项目建设计划提供依据。

项目后评价的基本方法是对比法。就是将工程项目建成投产后所取得的实际效果、经济效益和社会效益、环境保护等情况与前期决策阶段的预测情况相对比，与项目建设前的情况相对比，从中发现问题，总结经验和教训。在实际工作中，往往从以下两个方面对工程项目进行后评价。

8.3.2.4.1　效益后评价

项目效益后评价是项目后评价的重要组成部分。它以项目投产后实际取得的效益（经济、社会、环境等）及其隐含在其中的技术影响为基础，重新测算项目的各项经济数据，得到相关的投资效果指标，然后将这些指标与项目前期评估时预测的有关经济效果值（如净现值 NPV、内部收益率 IRR、投资回收期 P_t 等）、社会环境影响值（如环境质量值 IEQ 等）进行对比，评价和分析其偏差情况以及原因，吸取经验教训，从而为提高项目的投资管理水平和投资决策服务。具体包括经济效益后评价、环境效益和社会效益后评价、项目可持续性后评价及项目综合效益后评价。

8.3.2.4.2　过程后评价

过程后评价是指对工程项目的立项决策、设计施工、竣工投产、生产运营等全过程进行系统分析，找出项目后评价与原预期效益之间的差异及其产生的原因，使后评价结论有根有据，同时针对问题提出解决办法。

以上两方面的评价有着密切的联系，必须全面理解和运用，才能对后评价项目作出客观、公正、科学的结论。

8.3.3　工程项目管理类型、任务及相关制度

8.3.3.1　工程项目管理类型和任务

8.3.3.1.1　工程项目管理及其类型

（1）工程项目管理概念。工程项目管理是指组织运用系统工程的观点、理论和方法对工程项目周期内的所有工作（包括项目建议书、可行性研究、评估论证、设计、采购、施工、验收等）进行计划、组织、指挥、协调和控制的过程。工程项目管理的核心任务是控制项目基本目标（造价、质量、进度），同时兼顾安全、环保、节能等社会目标，最终实现项目的功能以满足使用者的需求。

工程项目的造价、质量、进度、安全、环保、节能等目标是一个相互关联的整体，进行工程项目管理，必须充分考虑工程项目目标之间的相互关系，注意统筹兼顾，合理确定目标，防止发生盲目追求单一目标而冲击或干扰其他目标的现象。

（2）工程项目管理类型。在工程项目的策划决策和建设实施过程中，由于各阶段的任务和实施主体不同，从而构成了不同类型的项目管理（如图8-3所示），包括：业主方的项目管理、工程总承包方的项目管理、设计方的项目管理、施工方的项目管理、供货方的项目管理等。

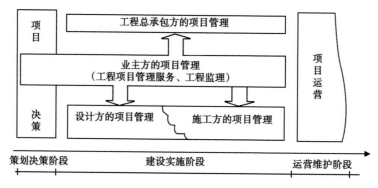

图8-3　工程项目管理类型

8.3.3.1.2　工程项目管理任务

（1）合同管理。工程总承包合同、勘察设计合同、施工合同、材料设备采购合同、项目管理合同、监理合同等均是建设单位与参与项目实施各主体之间明确权利义务关系的具有法律效力的协议文件。从某种意义上讲，工程项目的实施过程就是合同订立和履行的过程。合同管理主要是指对各类合同的订立过程和履行过程的管理，包括合同文本的选择，合同条件的协商、谈判，合同书的签署；合同履行的检查，变更和违约、纠纷的处理；总结评价等。

（2）组织协调。组织协调是实现工程项目目标必不可少的方法和手段。在工程项目实施过程中，各个参与单位需要处理和调整众多复杂的业务组织关系。主要包括：①外部环境协调，如与政府管理部门之间的协调、资源供应及社区环境方面的协调等；②项目参与单位之间的协调；③项目参与单位内部各部门、各层次及个人之间的协调。

（3）目标控制。目标控制是指工程项目管理人员在不断变化的动态环境中为保证既定计划目标的实现而进行的一系列检查和调整活动。目标控制的主要任务是采用规划、组织、协调等手段，采取组织、技术、经济、合同等措施，确保工程项目总目标的实现。工程项目目标控制的任务贯穿在项目前期策划与决策、勘察、设计、施工、竣工验收及交付使用等各个阶段。

（4）风险管理。随着工程项目规模的大型化和技术的复杂化，建设单位及项目参与各方所面临的风险越来越多。为确保工程项目的投资效益，必须对工程项目风险进行识别，并在定量分析和系统评价的基础上提出风险对策组合。

（5）信息管理。信息管理是项目目标控制的基础，其主要任务就是及时、准确地向各层级领导、各参建单位及各类人员提供所需的综合程度不同的信息，以便在工程项目进展的全过程中，动态地进行项目规划，迅速正确地进行各种决策，并及时检查决策执行结果。

（6）环保与节能。工程建设可以改造环境、为人类造福，优秀的建筑还可以增添社会景观。但与此同时，也存在着影响甚至恶化环境的种种因素。在工程建设中，应强化环保意识，对于环保方面有要求的工程项目在进行可行性研究时，必须提出环境影响评价报告；在项目实施阶段，必须做到"三同时"，即主体工程与环保措施工程同时设计、同时施工、同时投入运行。

为了应对全球气候变化和能源短缺问题，促进经济社会的低碳发展，建筑节能日益成为项目管理的重要任务之一。建筑节能涉及工程项目的规划、设计、施工及使用，由此可见，建筑节能覆盖建设工程全寿命期。在项目决策阶段，需要体现节能理念；在项目实施阶段，要严格执行工程建设标准（包括节能标准），确保工程项目满足节能要求。

除以上任务外，安全生产管理也是工程项目管理的一项重要任务。

8.3.3.1.3 工程项目管理的发展趋势

为了适应工程项目大型化、项目大规模融资及分散项目风险等需求，工程项目管理呈现出集成化、国际化、信息化趋势。

（1）集成化趋势。在项目组织方面，业主变自行管理模式为委托项目管理模式。由专业化项目管理单位作为业主代表或业主的延伸，根据其自身的资质、人才和经验，以系统和组织运作的手段和方法对项目进行集成化管理。包括项目前期决策阶段的准备工作、协助业主进行项目融资、对技术来源方进行管理、对各种设施、装置的技术进行统一和整合、对参与项目的众多承包商和供货商进行管理等。尤其是合同界面之间的协调管理，要确保各合同之间的一致性和互动性，力求建设工程全寿命期内的效益最佳。

在项目管理理念方面，不仅注重项目目标的系统性，更加强调项目目标的全寿命期管理。为了确保项目的运行质量，必须以全面质量管理的观点控制项目策划、决策、设计和施工全过程的质量。项目进度控制也不仅仅是项目实施（设计、施工）阶段的进度控制，而是包括项目前期策划、决策在内的全过程控制。项目造价全寿命期管理是将项目建设的一次性投资和项目建成后的日常费用综合起来进行控制，力求项目全寿命期造价最低，而不是追求项目建设的一次性投资最省。

（2）国际化趋势。随着经济全球化及中国经济的快速发展，在中国的跨国公司和跨国项目越来越多，中国的许多项目已通过国际招标、咨询等方式运作，中国企业走出国门在海外投资和经营的项目也在不断增加。特别是中国加入 WTO 后，中国的行业壁垒下降，国内市场国际化，国内外市场全面融合，使得项目管理的国际化正成为趋势和潮流。

（3）信息化趋势。伴随着网络时代和知识经济时代的到来，项目管理的信息化已成为必然趋势。欧美发达国家的一些工程项目管理中运用了计算机网络技术，开始实现项目管理网络化、虚拟化。此外，许多项目管理单位已开始大量使用项目管理软件进行项目管理，同时还从事项目管理软件的开发研究工作。借助于有效的信息技术，将规划管理中的战略协调、运作管理中的变更管理、商业环境中的客户关系管理等与项目管理的核心内容（造价/成本、质量/安全、进度/工期控制）相结合，建立基于Internet 的工程项目信息平台，将成为提高工程项目管理水平的有效手段。

8.3.3.2　工程项目管理相关制度

工程建设领域实行项目法人责任制、工程监理制、工程招标投标制和合同管理制，是中国工程建设管理体制深化改革的重大举措。这四项制度密切联系，共同构成了中国工程建设管理的基本制度，同时也为中国工程项目管理提供了法律保障。

8.3.3.2.1　项目法人责任制

原国家计委于 1996 年 3 月发布了《关于实行建设项目法人责任制的暂行规定》，要求"国有单位经营性基本建设大中型项目在建设阶段必须组建项目法人"，"由项目法人对项目的策划、资金筹措、建设实施、生产经营、债务偿还和资产的保值增值，实行全过程负责"。1999 年 2 月，国务院办公厅发出通知，要求"基础设施项目，除军事工程等特殊情况外，都要按政企分开的原则组成项目法人，实行建设项目法人责任制，由项目法定代表人对工程质量负总责"。项目法人责任制的核心内容是明确由项目法人承担投资风险，项目法人要对工程项目的建设及建成后的生产经营实行一条龙管理和全面负责。

（1）项目法人的设立。新上项目在项目建议书被批准后，应由项目的投资方派代表组成项目法人筹备组，具体负责项目法人的筹建工作。有关单位在申报项目可行性研究报告时，须同时提出项目法人的组建方案，否则，其可行性研究报告将不予审批。在项目可行性研究报告被批准后，应正式成立项目法人。按有关规定确保资本金按时到位，并及时办理公司设立登记。项目公司可以是有限责任公司（包括国有独资公司），也可以是股份有限公司。

由原有企业负责建设的大中型基建项目，需新设立子公司的，要重新设立项目法人；只设分公司或分厂的，原企业法人即是项目法人，原企业法人应向分公司或分厂派遣专职管理人员，并实行专项考核。

（2）项目董事会的职权。建设项目董事会的职权有：负责筹措建设资金；审核、上报项目初步设计和概算文件；审核、上报年度投资计划并落实年度资金；提出项目开工报告；研究解决建设过程中出现的重大问题；负责提出项目竣工验收申请报告；审定偿还债务计划和生产经营方针，并负责按时偿还债务；聘任或解聘项目总经理，并根据总经理的提名，聘任或解聘其他高级管理人员。

（3）项目总经理的职权。项目总经理的职权有：组织编制项目初步设计文件，对项目工艺流程、设备选型、建设标准、总图布置提出意见，提交董事会审查；组织工程设计、施工监理、施工队伍和设备材料采购的招标工作，编制和确定招标方案、标底和评标标准，评选和确定投标、中标单位。实行国际招标的项目，按现行规定办理；编制并组织实施项目年度投资计划、用款计划、建设进度计划；编制项目财务预算、决算；编制并组织实施归还贷款和其他债务计划；组织工程建设实施，负责控制工程投资、工期和质量；在项目建设过程中，在批准的概算范围内对单项工程的设计进行局部调整（凡引起生产性质、能力、产品品种和标准变化的设计调整以及概算调整，需经董事会决定并报原审批单位批准），根据董事会授权处理项目实施中的重大紧急事件，并及时向董事会报告；负责生产准备工作和培训有关人员；负责组织项目试生产和单项工程预验收；拟订生产经营计划、企业内部机构设置、劳动定员定额方案及工资福利方案；组织项目后评价，提出项目后评价报告；按时向有关部门报送项目建设、生产信息和统计资料；提请董事会聘任或解聘项目高级管理人员。

8.3.3.2.2 工程监理制

工程监理是指具有相应资质的工程监理单位受建设单位的委托，依照法律法规、工程建设标准、勘察设计文件及合同，在施工阶段对建设工程质量、进度、造价进行控制，对合同、信息进行管理，对工程建设相关方的关系进行协调，并履行建设工程安全生产管理法定职责的服务活动。

中国从 1988 年开始试行建设工程监理制度，经过试点和稳步发展两个阶段后，从 1996 年开始进入全面推行阶段。

（1）工程监理范围。根据《建设工程监理范围和规模标准规定》（建设部[2001]第 86 号部长令），下列建设工程必须实行监理：

①国家重点建设工程。指依据《国家重点建设项目管理办法》所确定的对国民经济和社会发展有重大影响的骨干项目。

②大中型公用事业工程。指项目总投资额在 3000 万元以上的下列工程项目：供水、供电、供气、供热等市政工程项目；科技、教育、文化等项目；体育、旅游、商业等项目；卫生、社会福利等项目；其他公用事业项目。

③成片开发建设的住宅小区工程。成片开发建设的住宅小区工程，建筑面积在 $5 \times 10^4 m^2$ 以上的住宅建设工程必须实行监理；$5 \times 10^4 m^2$ 以下的住宅建设工程，可以实行监理，具体范围和规模标准，由省、自治区、直辖市人民政府建设主管部门规定。为了保证住宅质量，对高层住宅及地基、结构复杂的多层住宅应当实行监理。

④利用外国政府或者国际组织贷款、援助资金的工程。包括：使用世界银行、亚洲开发银行等国际组织贷款资金的项目；使用国外政府及其机构贷款资金的项目；使用国际组织或者国外政府援助资金的项目。

⑤国家规定必须实行监理的其他工程。指学校、影剧院、体育场馆项目和项目总投资额在 3000 万元以上，关系社会公共利益、公众安全的下列基础设施项目：煤炭、石油、化工、天然气、电力、新能源等项目；铁路、公路、管道、水运、民航以及其他交通运输业等项目；邮政、电信枢纽、通信、信息网络等项目；防洪、灌溉、排涝、发电、引（供）水、滩涂治理、水资源保护、水土保持等水利建设项目；道路、桥梁、地铁和轻轨交通、污水排放及处理、垃圾处理、地下管道、公共停车场等城市基础设施项目；生态环境保护项目；其他基础设施项目。

（2）工程监理中造价控制工作内容。造价控制是工程监理的主要任务之一。监理工程师受建设单位委托，进行工程造价控制的主要工作内容包括：

①根据工程特点、施工合同、工程设计文件及经过批准的施工组织设计对工程进行风险分析，制定工程造价目标控制方案，提出防范性对策。

②编制施工阶段资金使用计划，并按规定的程序和方法进行工程计量、签发工程款支付证书。

③审查施工单位提交的工程变更申请，力求减少变更费用。

④及时掌握国家调价动态，合理调整合同价款。

⑤及时收集、整理工程施工和监理有关资料，协调处理费用索赔事件。

⑥及时统计实际完成工程量，进行实际投资与计划投资的动态比较，并定期向建设单位报告工程投资动态情况。

⑦审核施工单位提交的竣工结算书，签发竣工结算款支付证书。

此外，监理工程师还可受建设单位委托，在工程勘察、设计、发承包、保修等阶段为建设单位提供工程造价控制的相关服务。

8.3.3.2.3　工程招标投标制

工程招标投标通常是指由工程、货物或服务采购方（招标方）通过发布招标公告或投标邀请向承包商、供应商提供招标采购信息，提出所需采购项目的性质及数量、质量、技术要求、交货期、竣工期或提供服务的时间，以及对承包商、供应商的资格要求等招标采购条件，由有意提供采购所需工程、货物或服务的承包商、供应商作为投标方，通过书面提出报价及其他响应招标要求的条件参与投标竞争，最终经招标方审查比较、择优选定中标者，并与其签订合同的过程。

《招标投标法》（国家主席令第 21 号）自 2000 年 1 月 1 日起开始施行，自 2012 年 2 月 1 日起施行的《招标投标法实施条例》（国务院令第 613 号）细化、补充了《招标投标法》中关于招标、投标、开标、评标、中标等的规定，并增加了投诉与处理的相关规定。

8.3.3.2.4　合同管理制

工程建设是一个极为复杂的社会生产过程，由于现代社会化大生产和专业化分工，许多单位会参与到工程建设之中，而各类合同则是维系各参与单位之间关系的纽带。

在工程项目合同体系中，建设单位和施工单位是两个最主要的节点。

（1）建设单位的主要合同关系。为实现工程项目总目标，建设单位可通过签订合同将工程项目有关活动委托给相应的专业承包单位或专业服务机构，相应的合同有：工程承包（总承包、施工承包）合同、工程勘察合同、工程设计合同、设备和材料采购合同、工程咨询（可行性研究、技术咨询、造价咨询）合同、工程监理合同、工程项目管理服务合同、工程保险合同、贷款合同等。

（2）施工单位的主要合同关系。施工单位作为工程承包合同的履行者，也可通过签订合同将工程承包合同中所确定的工程设计、施工、设备材料采购等部分任务委托给其他相关单位来完成，相应的合同有：工程分包合同、设备和材料采购合同、运输合同、加工合同、租赁合同、劳务分包合同、保险合同等。

8.4 工程造价管理概念与发展

8.4.1 工程造价管理概念

8.4.1.1 工程造价含义

工程造价通常是指工程建设预计或实际支出的费用。由于所处的角度不同，工程造价有不同的含义。

含义一：从投资者（业主）的角度分析，工程造价是指建设一项工程预期开支或实际开支的全部固定资产投资费用。投资者为了获得投资项目的预期效益，需要对项目进行策划决策及建设实施，直至竣工验收等一系列投资管理活动。在上述活动中所花费的全部费用，就构成了工程造价。从这个意义上讲，建设工程造价就是建设工程项目固定资产总投资。

含义二：从市场交易的角度分析，工程造价是指为建成一项工程，预计或实际在工程发承包交易活动中所形成的建筑安装工程费用或建设工程总费用。显然，工程造价的这种含义是指以建设工程这种特定的商品形式作为交易对象，通过招标投标或其他交易方式，在进行多次预估的基础上，最终由市场形成的价格。这里的工程既可以是涵盖范围很大的一个建设工程项目，也可以是其中的一个单项工程或单位工程，甚至可以是整个建设工程中的某个阶段，如建筑安装工程、装饰装修工程，或者其中的某个组成部分。随着经济发展、技术进步、分工细化和市场的不断完善，工程建设中的中间产品也会越来越多，商品交换会更加频繁，工程价格的种类和形式也会更为丰富。尤其值得注意的是，投资主体的多元格局、资金来源的多种渠道，使相当一部分建设工程的最终产品作为商品进入了流通领域。如技术开发区的工业厂房、仓库、写字楼、公寓、商业设施和住宅开发区的大批住宅、配套公共设施等，都是投资者为实现投资利润最大化而生产的建筑产品，它们的价格是商品交易中现实存在的，是一种有加价的工程价格。

工程承发包价格是工程造价中一种重要的、也是较为典型的价格交易形式，是在建筑市场通过招标投标，由需求主体（投资者）和供给主体（承包商）共同认可的价格。

工程造价的两种含义实质上就是从不同角度把握同一事物的本质。对市场经济条件下的投资者来说，工程造价就是项目投资，是"购买"工程项目要付出的价格；同时，工程造价也是投资者作为市场供给主体"出售"工程项目时确定价格和衡量投资经济效益的尺度。

8.4.1.2 工程计价特征

由工程项目的特点决定，工程计价具有以下特征。

8.4.1.2.1 计价的单件性

建筑产品的单件性特点决定了每项工程都必须单独计算造价。

8.4.1.2.2 计价的多次性

工程项目需要按一定的建设程序进行决策和实施，工程计价也需要在不同阶段多次进行，以保证工程造价计算的准确性和控制的有效性。多次计价是个逐步深化、逐步细化和逐步接近实际造价的过程。工程多次计价过程如图8-4所示。

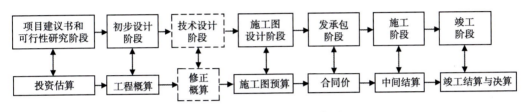

图 8-4　工程多次计价示意图

竖向箭头表示对应关系，横向箭头表示多次计价流程及逐步深化过程

（1）投资估算：指在项目建议书和可行性研究阶段通过编制估算文件预先测算和确定的工程造价。投资估算是建设项目进行决策、筹集资金和合理控制造价的主要依据。

（2）工程概算：指在初步设计阶段，根据设计意图，通过编制工程概算文件预先测算和确定的工程造价。与投资估算造价相比，概算造价的准确性有所提高，但受估算造价的控制。概算造价一般又可分为：建设项目概算总造价、各单项工程概算综合造价、各单位工程概算造价。

（3）修正概算：指在技术设计阶段，根据技术设计的要求，通过编制修正概算文件，预先测算和确定的工程造价。修正概算是对初步设计阶段的概算造价的修正和调整，比概算造价准确，但受概算造价控制。

（4）施工图预算：指在施工图设计阶段，根据施工图纸，通过编制预算文件、预先测算和确定的工程造价。预算造价比概算造价或修正概算造价更为详尽和准确，但同样要受前一阶段工程造价的控制。目前，按现行工程量清单计价规范，有些工程项目需要确定招标控制价以限制最高投标报价。

（5）合同价：指在工程发承包阶段通过签订总承包合同、建筑安装工程承包合同、设备材料采购合同，以及技术和咨询服务合同所确定的价格。合同价属于市场价格，它是由发承包双方根据市场行情通过招投标等方式达成一致、共同认可的成交价格。但应注意：合同价并不等同于最终结算的实际工程造价。根据计价方法不同，建设工程合同有许多类型，不同类型合同的合同价内涵也会有所不同。

（6）中间结算：指在工程施工过程和竣工验收阶段，按合同调价范围和调价方法，对实际发生的工程量增减、设备和材料价差等进行调整后计算和确定的价格。反映的是工程项目实际造价。竣工结算文件一般由承包单位编制，由发包单位审查，也可以委托具有相应资质的工程造价咨询机构进行审查。

（7）竣工决算：指工程竣工决算阶段，以实物数量和货币指标为计量单位，综合反映竣工项目从筹建开始到项目竣工交付使用为止的全部建设费用。工程决算文件一般是由建设单位编制，上报相关主管部门审查。

8.4.1.2.3 计价的组合性

工程造价的计算是分步组合而成的，这一特征与建设项目的组合性有关。一个建设项目是一个工程综合体，它可以按单项工程、单位工程、分部工程、分项工程等不同层次分解为许多有内在联系的工程。建设项目的组合性决定了确定工程造价的逐步组合过程。工程造价的组合过程是：分部分项工程造价—单位工程造价—单项工程造价—建设项目总造价。

8.4.1.2.4 计价方法的多样性

工程项目的多次计价有其各不相同的计价依据，每次计价的精确度要求也各不相同，由此决定了计价方法的多样性。例如，投资估算方法有设备系数法、生产能力指数估算法等；概预算方法有单价法和实物法等。不同方法有不同的适用条件，计价时应根据具体情况加以选择。

8.4.1.2.5 计价依据的复杂性

由于影响工程造价的因素较多，决定了计价依据的复杂性。计价依据主要可分为以下7类：

（1）设备和工程量计算依据。包括项目建议书、可行性研究报告、设计文件等。

（2）人工、材料、机械等实物消耗量计算依据。包括投资估算指标、概算定额、预算定额等。

（3）工程单价计算依据。包括人工单价、材料价格、材料运杂费、机械台班费等。

（4）设备单价计算依据。包括设备原价、设备运杂费、进口设备关税等。

（5）措施费、间接费和工程建设其他费用计算依据。主要是相关的费用定额和指标。

（6）政府规定的税、费。

（7）物价指数和工程造价指数。

8.4.1.3 工程造价管理含义

工程造价管理是指综合运用管理学、经济学和工程技术等方面的知识与技能，对工程造价进行预测、计划、控制、核算等的过程。工程造价管理既涵盖了宏观层次的工程建设投资管理，也涵盖了微观层次的工程项目费用管理。

8.4.1.3.1 工程造价的宏观管理

工程造价的宏观管理是指政府部门根据社会经济发展的实际需要，利用法律、经济和行政等手段，规范市场主体的价格行为，监控工程造价的系统活动。

8.4.1.3.2 工程造价的微观管理

工程造价的微观管理是指工程参建主体根据工程有关计价依据和市场价格信息等预测、计划、控制、核算工程造价的系统活动。

8.4.1.4 工程造价管理主要内容

在工程建设全过程各个不同阶段，工程造价管理有着不同的工作内容，其目的是在优化建设方案、设计方案、施工方案的基础上，有效地控制建设工程项目的实际费用支出。

（1）工程项目策划阶段：按照有关规定编制和审核投资估算，经有关部门批准，即可作为拟建工程项目策划决策的控制造价；基于不同的投资方案进行经济评价，作为工程项目决策的重要依据。

（2）工程设计阶段：在限额设计、优化设计方案的基础上编制和审核工程概算、施工图预算。对于政府投资工程而言，经有关部门批准的工程概算，将作为拟建工程项目造价的最高限额。

（3）工程发承包阶段：进行招标策划，编制和审核工程量清单、招标控制价或标底，确定投标报价及其策略，直至确定承包合同价。

（4）工程施工阶段：进行工程计量及工程款支付管理，实施工程费用动态监控，处理工程变更和索赔，编制和审核工程结算、竣工决算，处理工程保修费用等。

8.4.1.5 工程造价管理基本原则

实施有效的工程造价管理，应遵循以下 3 项原则：

（1）以决策和设计阶段为重点的全过程造价管理。工程造价管理贯穿于工程建设全过程，同时应注重工程决策和设计阶段的造价管理。工程造价管理的关键在于前期决策和设计阶段，而在项目投资决策后，控制工程造价的关键就在于设计。建设工程全寿命期费用包括工程造价和工程交付使用后的日常开支费用（含经营费用、日常维护修理费用、使用期内大修理和局部更新费用）以及该工程使用期满后的报废拆除费用等。

长期以来，中国往往将控制工程造价的主要精力放在施工阶段的审核施工图预算、结算建筑安装工程价款，对工程项目策划决策阶段的造价控制重视不够。要有效地控制工程造价，就应将工程造价管理的重点转到工程项目决策和设计阶段。

（2）主动控制与被动控制相结合。长期以来，人们一直把控制理解为目标值与实际值的比较，以及当实际值偏离目标值时，分析其产生偏差的原因，并确定下一步的对策。在工程建设全过程中进行这样的工程造价控制当然是有意义的。但问题在于，这种立足于调查—分析—决策基础之上的偏离—纠偏—再偏离—再纠偏的控制是一种被动控制，因为这样做只能发现偏离，不能预防可能发生的偏离。为尽可能地减少以至避免目标值与实际值的偏离，还必须立足于事先主动地采取控制措施，实施主动控制。也就是说，工程造价控制不仅要反映投资决策，反映设计、发包和施工，被动地控制工程造价，更要能动地影响投资决策，影响工程设计、发包和施工，主动地控制工程造价。

（3）技术与经济相结合。要有效地控制工程造价，应从组织、技术、经济等多方面采取措施。从组织上采取的措施，包括明确项目组织结构，明确造价控制者及其任务，明确管理职能分工；从技术上采取措施，包括重视设计多方案选择，严格审查监督初步设计、技术设计、施工图设计、施工组织设计，深入技术领域研究节约投资的可能性；从经济上采取措施，包括动态地比较造价的计划值和实际值，严格审核各项费用支出，采取对节约投资的有力奖励措施等。

应该看到，技术与经济相结合是控制工程造价最有效的手段。应通过技术比较、经济分析和效果评价，正确处理技术先进与经济合理两者之间的对立统一关系，力求在技术先进条件下的经济合理，在经济合理基础上的技术先进，将控制工程造价观念渗透到各项设计和施工技术措施之中。

8.4.2　工程造价管理发展

8.4.2.1　中国工程造价管理发展

中国是对工程项目造价认识最早的国家之一。春秋战国时期的科学技术名著《考工记》在"匠人为沟洫"一节中记载："凡修筑沟渠堤防，一定要先以江人一天修筑的进度为参照，再以一里工程所需的匠人数和天数来预测工程的劳力，然后方可调配人力，进行施工。"是人类最早的工程造价管理的文字记录之一。北宋李诫所著的《营造法式》一书，是人类采用定额进行工程造价管理最早的文字记录之一。明代有《工程做法》，清代有《工程做法则例》。

建国后，工程造价管理发展大体上分为 4 个阶段。

1950—1957 年，计划经济下概预算定额制度建立阶段。以概预算制度为基础的工程项目造价管理体制、工程造价确定与控制管理方法基本确立，从建筑安装工程开始，引进前苏联施工管理及定额管理模式。

1958—1976 年，造价管理体系重创和毁灭阶段。由于"左倾"错误思想统治全国，使刚刚创立的工程造价管理体制、工程造价管理方法、支持体系遭到重创。文化大革命时期造价管理体系全面毁灭。

1977—1990年，工程造价管理工作恢复阶段。1983年成立国家基本建设标准定额局，1988年成立建设部标准定额司，颁布《建设项目经济评价方法》、《全国统一建筑工程预算基础定额》、《全国统一安装工程预算基础定额》等大量有关工程造价方面文件和管理办法。提出全过程造价管理思想。

1990年以来，快速发展阶段。1990年7月中国建设工程造价管理协会成立，标志中国工程造价管理进入快速发展新阶段。在其章程中提出："建设工程造价管理系指运用科学、技术原理与经济和法律管理手段，解决工程建设活动中的造价的确定与控制、技术与经济、经营与管理等实际问题，从而提高投资效益和经济效益。"这一定义表明"造价管理"是以工程项目或建设项目为对象，以工程项目的造价确定与造价控制为主要内容，涉及工程项目的技术与经济活动，以及工程项目的经营与管理工作的一个独特的工程管理领域。提出了全过程工程造价管理概念，促进了工程造价管理工作的快速发展。1992年全国工程建设标准定额工作会议，工程造价管理体制从原来引进前苏联的"量、价统一"模式开始向"量、价分离"、逐步实现以市场机制为主导、与国际惯例接轨的新模式转变。1997年建设部和人事部开始共同组织试行全国造价工程师执业资格考试与认证工作。2006年开展造价员资格认证工作。

近年来，中国工程造价管理呈现出国际化、信息化和专业化发展趋势。

（1）工程造价管理的国际化。

随着中国经济日益融入全球资本市场，在中国的外资和跨国工程项目不断增多，这些工程项目大都需要通过国际招标、咨询等方式运作。同时，中国政府和企业在海外投资和经营的工程项目也在不断增加。国内市场国际化，国内外市场的全面融合，使得中国工程造价管理的国际化成为一种趋势。境外工程造价咨询机构在长期的市场竞争中已形成自己独特的核心竞争力，在资本、技术、管理、人才、服务等方面均占有一定优势。面对日益严峻的市场竞争，中国工程造价咨询企业应以市场为导向，转换经营模式，增强应变能力，在竞争中求生存，在拼搏中求发展，在未来激烈的市场竞争中取得主动。

（2）工程造价管理的信息化。

中国工程造价领域的信息化是从20世纪80年代末期伴随着定额管理，推广应用工程造价管理软件开始的。进入20世纪90年代中期，伴随着计算机和互联网技术的普及，全国性的工程造价管理信息化已成必然趋势。近年来，尽管全国各地及各专业工程造价管理机构逐步建立了工程造价信息平台，工程造价咨询企业也大多拥有专业的计算机系统和工程造价管理软件，但仍停留在工程量计算、汇总及工程造价的初步统计分析阶段。从整个工程造价行业看，还未建立统一规划、统一编码的工程造价信息资源共享平台；从工程造价咨询企业层面看，工程造价管理的数据库、知识库尚未建立和完善。目前，发达国家和的工程造价管理已大量运用计算机网络和信息技术，实现工程造价管理的网络化、虚拟化。特别是建筑信息建模（Building Information Modeling，BIM）技术的推广应用，必将推动工程造价管理的信息化发展。

（3）工程造价管理的专业化。

经过长期的市场细分和行业分化，未来工程造价咨询企业应向更加适合自身特长的专业方向发展。作为服务型的第三产业，工程造价咨询企业应避免走大而全的规模化，而应朝着集约化和专业化模式发展。企业专业化的优势在于：经验较为丰富、人员精干、服务更加专业、更有利于保证工程项目的咨询质量、防范专业风险能力较强。在企业专业化的同时，对于日益复杂、涉及专业较多的工程项目而言，势必引发和增强企业之间尤其是不同专业的企业之间的强强联手和相互配合。同时，不同企业之间的优势互补、相互合作，也将给目前的大多数实行公司制的工程造价咨询企业在经营模式方面带来转变，即企业将进一步朝着合伙制的经营模式自我完善和发展。鼓励及加速实现中国工程造价咨询企业合伙制经营，是提高企业竞争力的有效手段，也是中国未来工程造价咨询企业的主要组织模式。合伙制企业因对其组织方面具有强有力的风险约束性，能够促使其不断强化风险意识，提高咨询质量，保持较高的职业道德水平，自觉维护自身信誉。正因如此，在完善的工程保险制度下的合伙制也是目前发达国家和地区工程造价咨询企业所采用的典型经营模式。

8.4.2.2 国际工程造价管理主要模式

8.4.2.2.1 英国工程造价管理

英国是世界上最早出现工程造价咨询行业并成立相关行业协会的国家。英国的工程造价管理至今已有近400年的历史。在世界近代工程造价管理的发展史上，作为早期世界强国的英国，由于其工程造价管理发展较早，且其联邦成员国和地区分布较广，时至今日，其工程造价管理模式在世界范围内仍具有较强的影响力。

英国工程造价咨询公司在英国被称为工料测量师行，成立的条件必须符合政府或相关行业协会的有关规定。目前，英国的行业协会负责管理工程造价专业人士，编制工程造价计量标准，发布相关造价信息及造价指标。

在英国，政府投资工程和私人投资工程分别采用不同的工程造价管理方法，但这些工程项目通常都需要聘请专业造价咨询公司进行业务合作。其中，政府投资工程是由政府有关部门负责管理，包括计划、采购、建设咨询、实施和维护，对从工程项目立项到竣工各个环节的工程造价控制都较为严格，遵循政府统一发布的价格指数，通过市场竞争，形成工程造价。目前，英国政府投资工程约占整个国家公共投资的50%

左右，在工程造价业务方面要求必须委托给相应的工程造价咨询机构进行管理。英国建设主管部门的工作重点则是制定有关政策和法律，以全面规范工程造价咨询行为。

对于私人投资工程，政府通过相关的法律法规对此类工程项目的经营活动进行一定的规范和引导，只要在国家法律允许的范围内，政府一般不予干预。此外，社会上还有许多政府所属代理机构及社会团体组织，如英国皇家特许测量师学会（RICS）等协助政府部门进行行业管理，主要对咨询单位进行业务指导和管理从业人员。英国工程造价咨询行业的制度、规定和规范体系都较为完善。

英国工料测量师行经营的内容较为广泛，涉及建设工程全寿命期造价的各个领域，主要包括：项目策划咨询、可行性研究、成本计划和控制、市场行情的趋势预测；招投标活动及施工合同管理；建筑采购、招标文件的编制；投标书的分析与评价，标后谈判，合同文件准备；工程实施阶段的成本控制，财务报表，洽商变更；竣工工程的估价、决算，合同索赔的保护；成本重新估计；对承包商破产或被并购后的应对措施；应急合同的财务管理，后期物业管理等。

8.4.2.2.2 美国工程造价管理

美国拥有世界最为发达的市场经济体系。美国的建筑业也十分发达，具有投资多元化和高度现代化、智能化的建筑技术与管理的广泛应用相结合的行业特点。美国的工程造价管理是建立在高度发达的自由竞争市场经济基础之上的。

美国的建设工程也主要分为政府投资和私人投资两大类，其中，私人投资工程占到整个建筑业投资总额的60%～70%。美国联邦政府没有主管建筑业的政府部门，因而也没有主管工程造价咨询业的专门政府部门，工程造价咨询业完全由行业协会管理。工程造价咨询业涉及多个行业协会，如美国土木工程师协会、总承包商协会、建筑标准协会、工程咨询业协会、国际工程造价促进会等。

美国工程造价管理具有以下特点：

（1）完全市场化的工程造价管理模式。在没有全国统一的工程量计算规则和计价依据的情况下，一方面由各级政府部门制定各自管辖的政府投资工程相应的计价标准，另一方面，承包商需根据自身积累的经验进行报价。同时，工程造价咨询公司依据自身积累的造价数据和市场信息，协助业主和承包商对工程项目提供全过程、全方位的管理与服务。

（2）具有较完备的法律及信誉保障体系。美国工程造价管理是建立在相关的法律制度基础上的。例如：在建筑行业中对合同的管理十分严格，合同对当事人各方都具有严格的法律制约，即业主、承包商、分包商、提供咨询服务的第三方之间，都必须采用合同的方式开展业务，严格履行相应的权利和义务。

同时，美国的工程造价咨询企业自身具有较为完备的合同管理体系和完善的企业信誉管理平台。各个企业视自身的业绩和荣誉为企业长期发展的重要条件。

（3）具有较成熟的社会化管理体系。美国的工程造价咨询业主要依靠政府和行业协会的共同管理与监督，实行"小政府、大社会"的行业管理模式。美国的相关政府管理机构对整个行业的发展进行宏观调控，更多的具体管理工作主要依靠行业协会，由行业协会更多地承担对专业人员和法人团体的监督和管理职能。

（4）拥有现代化管理手段。当今的工程造价管理均需采用先进的计算机技术和现代化的网络信息技术。在美国，信息技术的广泛应用，不但大大提高了工程项目参与各方之间的沟通、文件传递等的工作效率，也可及时、准确地提供市场信息，同时也使工程造价咨询公司收集、整理和分析各种复杂、繁多的工程项目数据成为可能。

8.4.2.2.3　日本工程造价管理

在日本，工程积算制度是日本工程造价管理所采用的主要模式。工程造价咨询行业由日本政府建设主管部门和日本建筑积算协会统一进行业务管理和行业指导。其中，政府建设主管部门负责制定发布工程造价政策、相关法律法规、管理办法，对工程造价咨询业的发展进行宏观调控。

日本建筑积算协会作为全国工程咨询的主要行业协会，其主要的服务范围是：推进工程造价管理的研究；工程量计算标准的编制、建筑成本等相关信息的收集、整理与发布；专业人员的业务培训及个人执业资格准入制度的制定与具体执行等。

工程造价咨询公司在日本被称为工程积算所，主要由建筑积算师组成。日本的工程积算所一般对委托方提供以工程造价管理为核心的全方位、全过程的工程咨询服务，其主要业务范围包括：工程项目的可行性研究、投资估算、工程量计算、单价调查、工程造价细算、标底价编制与审核、招标代理、合同谈判、变更成本积算、工程造价后期控制与评估等。

8.4.2.2.4　香港工程造价管理

香港工程造价管理模式是沿袭英国的做法，但在管理主体、具体计量规则的制定、工料测量事务所和专业人士的执业范围和深度等方面，都根据自身特点进行了适当调整，使之更适合香港地区工程造价管理的实际需要。

在香港，专业保险在工程造价管理中得到了较好应用。一般情况下，由于工料测量师事务所受雇于业主，在收取一定比例咨询服务费的同时，要对工程造价控制负有较大责任。因此，工料测量师事务所在接受委托，特别是控制工期较长、难度较大的项目造价时，都需购买专业保险，以防工作失误时因对业主进行赔偿后而破产。可以说，工程保险的引入，一方面加强了工料测量师事务所防范风险和抵抗风险的能力，也为香港工程造价业务向国际市场开拓提供了有力保障。

从20世纪60年代开始，香港的工料测量事务所已发展为可对工程建设全过程进行成本控制，并影响建筑设计事务所和承包商的专业服务类公司，在工程建设过程中扮演着越来越重要的角色。政府对工料测量事务所合伙人有严格要求，要求合伙人必须具有较高的专业知识和技能，并获得相关专业学会颁发的注册测量师执业资格。否则，领不到公司营业执照，无法开业经营。香港的工料测量师以自己的实力、专业知识、服务质量在社会上赢得声誉，以公正、中立的身份从事各种服务。

香港地区的专业学会是在众多工料测量事务所、专业人士之间相互联系和沟通的纽带。这种学会在保护行业利益和推行政府决策方面起着重要作用，同时，学会与政府之间也保持着密切联系。学会内部互相监督、互相协调、互通情报，强调职业道德和经营作风。学会对工程造价起着指导和间接管理的作用，甚至也充当工程造价纠纷仲裁机构，当承发包双方不能相互协调或对工料测量事务所的计价有异议时，可以向学会提出仲裁申请。

8.4.2.2.5 国际工程造价管理模式特点

分析发达国家和地区的工程造价管理，其特点主要体现在 6 个方面。

（1）政府的间接调控。

发达国家一般按投资来源不同，将项目划分为政府投资项目和私人投资项目。政府对不同类别的项目实行不同力度和深度的管理，重点是控制政府投资工程。

如英国，对政府投资工程采取集中管理的办法，按政府的有关面积标准、造价指标，在核定的投资范围内进行方案设计、施工设计，实施目标控制，不得突破。如遇非正常因素，宁可在保证使用功能的前提下降低标准，也要将造价控制在额度范围内。美国对政府投资工程则采用两种方式，一是由政府设专门机构对工程进行直接管理。美国各地方政府都设有相应的管理机构，如纽约市政府的综合开发部（DGS）、华盛顿政府的综合开发局（GSA）等都是代表各级政府专门负责管理建设工程的机构。二是通过公开招标委托承包商进行管理。美国法律规定，所有的政府投资工程都要进行公开招标，特定情况下（涉及国防、军事机密等）可邀请招标和议标。但对项目的审批权限、技术标准（规范）、价格、指数都需明确规定，确保项目资金不突破审批的金额。

发达国家对私人投资工程只进行政策引导和信息指导，而不干预其具体实施过程，体现政府对造价的宏观管理和间接调控。如美国政府有一套完整的项目或产品目录，明确规定私人投资者的投资领域，并采取经济杠杆，通过价格、税收、利率、信息指导、城市规划等来引导和约束私人投资方向和区域分布。政府通过定期发布信息资料，使私人投资者了解市场状况，尽可能使投资项目符合经济发展的需要。

（2）有章可循的计价依据。

费用标准、工程量计算规则、经验数据等是发达国家和地区计算和控制工程造价的主要依据。如美国，联邦政府和地方政府没有统一的工程造价计价依据和标准，一般根据积累的工程造价资料，并参考各工程咨询公司有关造价的资料，对各自管辖的政府工程制订相应的计价标准，作为工程费用估算的依据。通过定期发布工程造价指南进行宏观调控与干预。有关工程造价的工程量计算规则、指标、费用标准等，一般是由各专业协会、大型工程咨询公司制订。各地的工程咨询机构，根据本地区的具体特点，制订单位建筑面积的消耗量和基价，作为所管辖项目造价估算的标准。

英国也没有类似中国的定额体系，工程量的测算方法和标准都是由专业学会或协会进行负责。因此，由英国皇家测量师学会（RICS）组织制定的《建筑工程工程量计算规则》（SMM）作为工程量计算规则，是参与工程建设各方共同遵守的计量、计价的基本规则，在英国及英联邦国家被广泛应用与借鉴。此外，英国土木工程学会（ICE）还编制有适用于大型或复杂工程项目的《土木工程工程量计算规则》（CESMM）。英国政府投资工程从确定投资和控制工程项目规模及计价的需要出发，各部门均需制订并经财政部门认可的各种建设标准和造价指标，这些标准和指标均作为各部门向国家申报投资、控制规划设计、确定工程项目规模和投资的基础，也是审批立项、确定规模和造价限额的依据。英国十分重视已完工程数据资料的积累和数据库的建设。每个皇家测量师学会会员都有责任和义务将自己经办的已完工程的数据资料，按照规定的格式认真填报，收入学会数据库，同时也取得利用数据库资料的权利。计算机实行全国联网，所有会员资料共享，这不仅为测算各类工程的造价指数提供了基础，同时也为分析暂时没有设计图纸及资料的工程造价数据提供了参考。在英国，对工程造价的调整及价格指数的测定、发布等有一整套比较科学、严密的办法，政府部门要发布《工程调整规定》和《价格指数说明》等文件。

（3）多渠道的工程造价信息。

发达国家和地区都十分重视对各方面造价信息的及时收集、筛选、整理以及加工工作。这是因为造价信息是建筑产品估价和结算的重要依据，是建筑市场价格变化的指示灯。从某种角度讲，及时、准确地捕捉建筑市场价格信息是业主和承包商能否保持竞争优势和取得盈利的关键因素之一。如在美国，建筑造价指数一般由一些咨询机构和新闻媒介来编制，在多种造价信息来源中，工程新闻记录（Engineering News Record，ENR）造价指标是比较重要的一种。编制 ENR 造价指数的目的是为了准确地预测建筑价格，确定工程造价。它是一个加权总指数，由构件钢材、波特兰水泥、木材和普通劳动力 4 种个体指数组成。ENR 共编制两种造价指数，一是建筑造价指数，一是房屋造价指数。这两个指数在计算方法上基本相同，区别仅体现在计算总指数中的劳动力要素不同。ENR 指数资料来源于 20 个美国城市和 2 个加拿大城市，ENR 在这些城市中派有信息员，专门负责收集价格资料和信息。ENR 总部则将这些信息员收集到的价格信息和数据汇总，并在每星期四计算并发布最近的造价指数。

（4）造价工程师的动态估价。

在英国，业主对工程的估价一般要委托工料测量师行来完成。测量师估价大体上是按比较法和系数法进行，经过长期的估价实践，他们都拥有极为丰富的工程造价实例资料，甚至建立了工程造价数据库，对于标书中所列出的每一项目价格的确定都有自己的标准。在估价时，工料测量师将不同设计阶段提供的拟建工程项目资料与以往同类工程项目对比，结合当前建筑市场行情，确定项目单价。对于未能计算的项目（或没有对比对象的项目），则以其他建筑物的造价分析得来的资料补充。承包商在投标时的估价一般要凭自己的经验来完成，往往把投标工程划分为各分部工程，根据本企业定额计算出所需人工、材料、机械等的耗用量，而人工单价主要根据各劳务分包商的报价，材料单价主要根据各材料供应商的报价加以比较确定，承包商根据建筑市场供求情况随行就市，自行确定管理费率，最后做出体现当时当地实际价格的工程报价。总之，工程任何一方的估价，都是以市场状况为重要依据，是完全意义的动态估价。

在美国，工程造价的估算主要由设计部门或专业估价公司来承担，造价工程师（Cost Engineer）在具体编制工程造价估算时，除了考虑工程项目本身的特征因素（如项目拟采用的独特工艺和新技术、项目管理方式、现有场地条件以及资源获得的难易程度等）外，一般还对项目进行较为详细的风险分析，以确定适度的预备费。但确定工程预备费的比例并不固定，随项目风险程度的大小而确定不同的比例。造价工程师通过掌握不同的预备费率来调节造价估算的总体水平。

美国工程造价估算中的人工费由基本工资和附加工资两部分组成。其中，附加工资项目包括管理费、保险金、劳动保护金、退休金、税金等。材料费和机械使用费均以现行的市场行情或市场租赁价作为造价估算的基础，并在人工费、材料费和机械使用费总额的基础上按照一定的比例（一般为10%左右）再计提管理费和利润。

（5）通用的合同文本。

合同在工程造价管理中有着重要的地位，发达国家和地区都将严格按合同规定办事作为一项通用的准则来执行，并且有的国家还执行通用的合同文本。在英国，其建设工程合同制度已有几百年的历史，有着丰富的内容和庞大的体系。澳大利亚、新加坡和香港地区的建设工程合同制度都始于英国，著名的 FIDIC（国际咨询工程师联合会）合同文件，也以英国的合同文件作为母本。英国有着一套完整的建设工程标准合同体系，包括 JCT（JCT 公司）合同体系、ACA（咨询顾问建筑师协会）合同体系、ICE（土木工程师学会）合同体系、皇家政府合同体系。JCT 是英国的主要合同体系之一，主要通用于房屋建筑工程。JCT 合同体系本身又是一个系统的合同文件体系，它针对房屋建筑中不同的工程规模、性质、建造条件，提供各种不同的文本，供业主在发包、采购时选择。

美国建筑师学会（AIA）的合同条件体系更为庞大，分为 A、B、C、D、F、G 系列。其中，A 系列是关于发包人与承包人之间的合同文件；B 系列是关于发包人与提供专业服务的建筑师之间的合同文件；C 系列是关于建筑师与提供专业服务的顾问之间的合同文件；D 系列是建筑师行业所用的文件；F 系列是财务管理表格；G 系列是合同和办公管理表格。AIA 系列合同条件的核心是"通用条件"。采用不同的计价方式时，只需选用不同的"协议书格式"与"通用条件"结合。AIA 合同条件主要有总价、成本补偿及最高限定价格等计价方式。

（6）重视实施过程中的造价控制。

国外对工程造价的管理是以市场为中心的动态控制。造价工程师能对造价计划执行中所出现的问题及时分析研究，及时采取纠正措施，这种强调项目实施过程中的造价管理的做法，体现了造价控制的动态性，并且重视造价管理所具有的随环境、工作的进行以及价格等变化而调整造价控制标准和控制方法的动态特征。

以美国为例，造价工程师十分重视工程项目具体实施过程中的控制和管理，对工程预算执行情况的检查和分析工作做得非常细致，对于建设工程的各分部分项工程都有详细的成本计划。美国的建筑承包商以各分部分项工程的成本详细计划为依据来检查工程造价计划的执行情况。对于工程实施阶段实际成本与计划目标出现偏差的工程项目，首先按照一定标准筛选成本差异，然后进行重要成本差异分析，并填写成本差异分析报告表，由此反映出造成此项差异的原因、此项成本差异对项目其他成本项目的影响、拟采取的纠正措施和实施这些措施的时间、负责人及所需条件等。对于采取措施的成本项目，每月还应跟踪检查采取措施后费用的变化情况。若采取的措施不能消除成本差异，则需重新进行此项成本差异的分析，再提出新的纠正措施，如果仍不奏效，造价控制项目经理则有必要重新审定项目的竣工结算。

美国一些大型工程公司十分重视工程变更的管理工作，建立了较为完善的工程变更管理制度，可随时根据各种变化情况提出变更，修改估算造价。美国工程造价的动态控制还体现在造价信息的反馈系统。各工程公司十分注意收集在造价管理各个阶段中的造价资料，并把向有关部门提出造价信息资料视为一种应尽的义务，不仅注意收集造价资料，也派出调查员实地调查。这种造价控制反馈系统使动态控制以事实为依据，保证了造价管理的科学性。

8.5 中国工程造价管理基本制度

8.5.1 工程造价管理组织系统

工程造价管理的组织系统是指为了实现工程造价管理目标而进行的有效组织活动，以及与造价管理功能相关的有机群体。为了实现工程造价管理目标而开展有效的组织活动，中国设置了多部门、多层次的工程造价管理机构，并规定了各自的管理权限和职责范围。

8.5.1.1 政府行政管理系统

政府在工程造价管理中既是宏观管理主体，也是政府投资项目的微观管理主体。从宏观管理的角度，政府对工程造价管理有一个严密的组织系统，设置了多层管理机构，规定了管理权限和职责范围。

（1）国务院建设主管部门造价管理机构。主要职责是：

①组织制定工程造价管理有关法规、制度并组织贯彻实施；

②组织制定全国统一经济定额和制定、修订本部门经济定额；

③监督指导全国统一经济定额和本部门经济定额的实施；

④制定和负责全国工程造价咨询企业的资质标准及其资质管理工作；

⑤制定全国工程造价管理专业人员执业资格准入标准，并监督执行。

（2）国务院其他部门的工程造价管理机构。包括：水利、水电、电力、石油、石化、机械、冶金、铁路、煤炭、建材、林业、有色、核工业、公路等行业和军队的造价管理机构。主要是修订、编制和解释相应的工程建设标准定额，有的还担负本行业大型或重点建设项目的概算审批、概算调整等职责。

（3）省、自治区、直辖市工程造价管理部门。主要职责是修编、解释当地定额、收费标准和计价制度等。此外，还有审核国家投资工程的标底、结算，处理合同纠纷等职责。

8.5.1.2 企事业单位管理系统

企事业单位对工程造价的管理，属微观管理的范畴。设计单位、工程造价咨询企业等按照业主或委托方的意图，在可行性研究和规划设计阶段合理确定和有效控制建设工程造价，通过限额设计等手段实现设定的造价管理目标；在招标投标工作中编制招标文件、标底，参加评标、合同谈判等工作；在项目实施阶段，通过工程计量与支付、工程变更与索赔管理等控制工程造价。设计单位、工程造价咨询机构通过在全过程造价管理中的业绩，赢得自己的信誉，提高市场竞争力。

工程承包企业的造价管理是企业自身管理的重要内容。工程承包企业设有自己专门的职能机构参与企业的投标决策，并通过对市场的调查研究，利用过去积累的经验，研究报价策略，提出报价；在施工过程中，进行工程造价的动态管理，注意各种调价因素的发生和工程价款的结算，避免收益的流失，以促进企业盈利目标的实现。

8.5.1.3 行业协会管理系统

中国建设工程造价管理协会是经建设部和民政部批准成立的，代表中国建设工程造价管理的全国性行业协会，是亚太区测量师协会（PAQS）和国际工程造价联合会（ICEC）等相关国际组织的正式成员。在各国造价管理协会和相关学会团体的不断共同努力下，目前，联合国已将造价管理行业列入了国际组织认可行业，这对于造价咨询行业的可持续发展和进一步提高造价专业人员的社会地位将起到积极的促进作用。

为了增强对各地工程造价咨询工作和造价工程师的行业管理，近些年来，先后成立了各省、自治区、直辖市所属的地方工程造价管理协会。全国性造价管理协会与地方造价管理协会是平等、协商、相互支持的关系，地方协会接受全国性协会的业务指导，共同促进全国工程造价行业管理水平的整体提升。

8.5.2 工程造价专业人员管理制度

中国工程造价专业人员包括造价工程师和造价员。

根据《注册造价工程师管理办法》（建设部第 150 号部令），造价工程师是指通过全国造价工程师执业资格统一考试，或者通过资格认定或资格互认，取得中华人民共和国造价工程师执业资格，按有关规定进行注册并取得中华人民共和国造价工程师注册证书和执业印章，从事工程造价活动的专业人员。中国实行造价工程师注册执业管理制度。取得造价工程师执业资格的人员，必须经过注册方能以注册造价工程师的名义进行执业。

根据中国建设工程造价管理协会 2011 年修订的《全国建设工程造价员管理办法》，全国建设工程造价员（以下简称造价员）是指通过造价员资格考试，取得《全国建设工程造价员资格证书》，并经登记注册取得从业印章，从事工程造价活动的专业人员。造价员资格证书在全国范围内有效。

8.5.3 工程造价咨询管理制度

工程造价咨询企业是指接受委托，对建设工程造价的确定与控制提供专业咨询服务的企业。工程造价咨询企业可以为政府部门、建设单位、施工单位、设计单位提供相关专业技术服务，这种以造价咨询业务为核心的服务有时是单项或分阶段的，有时覆盖工程建设全过程。

工程造价咨询企业资质等级分为甲级、乙级两类。截至 2012 年，中国共有工程造价咨询企业 6500 多家，其中甲级资质企业 2000 多家，占总数的 31%；乙级资质企业 4500 多家，占总数的 69%。

国务院建设主管部门负责对全国工程造价咨询企业的资质与审批统一进行监督管理；省、自治区、直辖市人民政府建设主管部门负责本行政区域内工程造价咨询企业的资质与审批行使监督管理职能；国务院有关专业部门对本专业工程造价咨询企业的资质与审批实施监督管理。

工程造价咨询企业资质有效期为 3 年。资质有效期届满，需要继续从事工程造价咨询活动的，应当在资质有效期届满 30 日前向资质许可机关提出资质延续申请。资质许可机关应当根据申请作出是否准予延续的决定。准予延续的，资质有效期延续 3 年。

工程造价咨询企业应当依法取得工程造价咨询企业资质，并在其资质等级许可的范围内从事工程造价咨询活动。工程造价咨询企业依法从事工程造价咨询活动，不受行政区域限制。其中，甲级工程造价咨询企业可以从事各类建设项目的工程造价咨询业务；乙级工程造价咨询企业可以从事工程造价 5000 万元人民币以下的各类建设项目的工程造价咨询业务。

工程造价咨询业务范围包括：

（1）建设项目建议书及可行性研究投资估算、项目经济评价报告的编制和审核；

（2）建设项目概预算的编制与审核，并配合设计方案比选、优化设计、限额设计等工作进行工程造价分析与控制；

（3）建设项目合同价款的确定（包括招标工程工程量清单和标底、投标报价的编制）和审核合同价款的签订与调整（包括工程变更、工程洽商和索赔费用的计算）与工程款支付，工程结算、竣工结算和决算报告的编制与审核等；

（4）工程造价经济纠纷的鉴定和仲裁的咨询；

（5）提供工程造价信息服务等。

工程造价咨询企业可以对建设项目的组织实施进行全过程或者若干阶段的管理和服务。

8.5.4　工程造价管理相关法律法规

8.5.4.1　合同法

1999 年 10 月 1 日起施行的《合同法》（国家主席令第 15 号）明确了合同订立、效力、履行、变更与转让、终止、违约责任等有关内容。《合同法》中的合同是指平等主体的自然人、法人、其他组织之间设立、变更、终止民事权利义务关系的协议。

《合同法》中的合同分为 15 类，即买卖合同，供电、水、气、热力合同，赠与合同，借款合同，租赁合同，融资租赁合同，承揽合同，建设工程合同，运输合同，技术合同，保管合同，仓储合同，委托合同，行纪合同，居间合同。

合同的内容由当事人约定，一般包括：当事人的名称或姓名和住所，标的，数量，质量，价款或者报酬，履行的期限、地点和方式，违约责任，解决争议的方法。

《合同法》在分则中对建设工程合同（包括工程勘察、设计、施工合同）内容作了专门规定。勘察、设计合同的内容包括提交基础资料和文件（包括概预算）的期限、质量要求、费用，以及其他协作条件等条款。施工合同的内容包括工程范围、建设工期、中间交工工程的开工和竣工时间、工程质量、工程造价、技术资料交付时间、材料和设备供应责任、拨款和结算、竣工验收、质量保修范围和质量保证期、双方相互协作等条款。

8.5.4.2 价格法

1998 年 5 月 1 日起施行的《中华人民共和国价格法》包括总则、经营者的价格行为、政府的定价行为、价格总水平调控、价格监督检查、法律责任、附则等 7 章 48 条。《价格法》中的价格包括商品价格和服务价格。大多数商品和服务价格实行市场调节价，只有极少数商品和服务价格实行政府指导价或政府定价。中国的价格管理机构是县级以上各级政府价格主管部门和其他有关部门。

8.5.4.3 建筑法

1998 年 3 月 1 日起施行的《中华人民共和国建筑法》分总则、建筑许可、建筑工程发包与承包、建筑工程监理、建筑安全生产管理、建筑工程质量管理、法律责任、附则等 8 章 85 条。《建筑法》主要适用于各类房屋建筑及其附属设施的建造和与其配套的线路、管道、设备的安装活动，但其中关于施工许可、企业资质审查和工程发包、承包、禁止转包，以及工程监理、安全和质量管理的规定，也适用于其他专业建筑工程的建筑活动。

8.5.4.4 建设工程质量管理条例

为了加强对建设工程质量的管理，保证建设工程质量，《建设工程质量管理条例》明确了建设单位、勘察单位、设计单位、施工单位、工程监理单位的质量责任和义务，以及工程质量保修期限。

8.5.4.5 建设工程安全生产管理条例

为了加强建设工程安全生产监督管理，《建设工程安全生产管理条例》明确了建设单位、勘察单位、设计单位、施工单位、工程监理单位及其他与建设工程安全生产有关的单位的安全生产责任，并规定了生产安全事故的应急救援和调查处理。

8.5.4.6 招标投标法

2000 年 1 月 1 日起实施的《中华人民共和国招标投标法》包括总则、招标、投标、开标、评标、责任、附则等 7 章 68 条。根据《招标投标法》，在中华人民共和国境内进行下列工程建设项目（包括项目的勘察、设计、施工、监理以及与工程建设有关的重要设备、材料等的采购），必须进行招标：

(1) 大型基础设施、公用事业等关系社会公共利益、公众安全的项目。

(2) 全部或者部分使用国有资金投资或者国家融资的项目。

(3) 使用国际组织或者外国政府贷款、援助资金的项目。

任何单位和个人不得将依法必须进行招标的项目化整为零或者以其他任何方式规避招标。依法必须进行招标的项目，其招标投标活动不受地区或者部门的限制。任何单位和个人不得违法限制或者排斥本地区、本系统以外的法人或者其他组织参加投标，不得以任何方式非法干涉招标投标活动。有关行政监督部门依法对招标投标活动实施监督，依法查处招标投标活动中的违法行为。

8.5.4.7　招标投标法实施条例

为了规范招标投标活动，《招标投标法实施条例》进一步明确了招标、投标、开标、评标和中标以及投诉与处理等方面的内容，并鼓励利用信息网络进行电子招标投标。

8.5.5　国家投资管理有关规定

2004 年以来，为确立企业在投资活动中的主体地位，规范政府投资管理行为和中央企业投资活动，依法履行出资人职责，提高中央企业投资决策的科学性和民主性，有效防范投资风险，国务院、国家发展和改革委员会、国有资产监督管理委员会相继出台了投资体制改革、投资监督、项目核准等重要政策文件。

8.5.5.1　国家投资管理重要文件

(1)《国务院关于投资体制改革的决定》（国发〔2004〕20 号）；

(2)《政府核准投资项目目录》（2004 年版）；

(3)《关于印发国家发改委核报国务院核准或审批的固定资产投资项目目录（试行）的通知》（发改投资〔2004〕1927 号）；

(4)《企业投资项目核准暂行办法》（发展和改革委员会令第 19 号）；

(5)《境外投资项目核准暂行管理办法》（发展和改革委员会令第 21 号）；

(6)《外商投资项目核准暂行管理办法》（发展和改革委员会令第 22 号）；

(7)《中华人民共和国对外合作开发陆上石油资源条例》（国务院令第 506 号）；

(8)《企业国有资产监督管理暂行条例》（国务院令第 378 号）；

(9)《国务院办公厅关于加强和规范新开工项目管理的通知》（国办发〔2007〕64 号）；

（10）《国务院关于促进节约集约用地的通知》（国发〔2008〕3号）；

（11）《中央企业投资监督管理暂行办法》（国有资产监督管理委员会令第16号）；

（12）《中央企业投资监督管理暂行办法实施细则》（国资发法规〔2006〕133号）；

（13）《国家发展改革委项目申请报告通用文本》（发改投资〔2007〕1169号）；

（14）《关于企业投资项目咨询评估报告的若干要求》（国家发改委公告2008年第37号）；

（15）《关于加强中央企业重大投资项目管理有关问题的通知》（国资规划〔2004〕553号）；

（16）《国家发展改革委关于进一步加强和规范外商投资项目管理的通知》（发改外资〔2008〕1773号）；

（17）《中华人民共和国增值税暂行条例》（国务院令第538号）；

（18）《国防科技工业固定资产投资项目申报和审批若干规定》（科工计〔2009〕233号）；

（19）《境外投资管理办法》（商务部令2009年第5号）。

8.5.5.2　国务院关于投资体制改革决定的有关规定

按照"谁投资、谁决策、谁收益、谁承担风险"的原则，企业投资实行自主决策、自担风险，依法办理项目核准、环保、土地、安全生产、城市规划等许可手续。

（1）取消审批制，实行核准和备案制。企业不使用政府投资的项目，政府不审批项目，实行核准制和备案制。政府对重大项目和限制类项目从维护社会公共利益角度进行核准，其他项目实行备案制。实行核准制的项目，仅需向政府提交项目申请报告，不再经过批准项目建议书、可行性研究报告和开工报告的程序；政府对企业提交的项目申请报告，主要从维护经济安全、合理开发利用资源、保护生态环境、优化重大布局、保障公共利益、防止出现垄断等方面进行核准。项目的市场前景、经济效益、资金来源和产品技术方案等由企业自主决策、自担风险。对于企业使用政府补助、转贷、贴息投资建设的项目，政府只审批资金申请报告。

（2）扩大大型企业集团的投资决策权。对基本建立现代企业制度的特大型企业集团，投资《政府核准投资项目目录》内的项目，可以按项目单独申报核准，也可编制中长期发展建设规划，规划经国务院或国务院投资主管部门批准后，规划中属于《目录》内的项目不再另行申报核准，只需办理备案手续。企业集团要及时向国务院有关部门报告规划执行和项目建设情况。

（3）规范企业投资行为。企业要严格遵守国土资源、环境保护、安全生产等法律法规，严格执行国家产业政策和行业准入标准，不得投资建设国家禁止发展的项目；应诚信守法，维护公共利益，确保工程质量，提高投资效益。国有和国有控股企业要建立和完善国有资产出资人制度、投资风险约束机制、科学民主的投资决策制度和重大投资责任追究制度。严格执行投资项目的法人责任制、资本金制、招标投标制、工程监理制和合同管理制。

（4）加强对企业投资监督管理。政府各有关部门，要依法加强对企业投资活动的监管，凡不符合法律法规和国家政策规定的，不得办理相关许可手续；在投资过程中不遵守有关法律法规的，要责令其及时改正，并依法严肃处理；对于不符合产业政策和行业准入标准的项目，以及不按规定履行相应核准或许可手续而擅自开工建设的项目，要责令其停止建设，并依法追究有关企业和人员的责任；审计机关依法对国有企业的投资进行审计监督，促进国有资产保值增值。

8.5.5.3 投资项目核准相关要求

8.5.5.3.1 国务院核准的项目

（1）石油、天然气开发类：年产 200×10^4t 及以上的新油田开发项目，年产 $30\times10^8m^3$ 及以上新气田开发项目。

（2）炼油化工类：年加工原油 500×10^4t 及以上的炼油项目，年产量 60×10^4t 及以上的乙烯项目。

（3）油气管网、储运类：总投资 50 亿元及以上的跨省（区、市）输油（气）管道干线项目，进口液化天然气接收、储运设施项目，国家原油存储设施项目，新建油气港区项目。

（4）电力类：总装机容量 120×10^4kW 以上火电站项目。

（5）对外合作类：《外商投资产业指导目录》中总投资 5 亿美元及以上的鼓励类、允许类项目和总投资 1 亿美元及以上的限制类项目。

（6）境外投资类：中方投资 2 亿美元及以上资源开发类境外投资项目，中方投资用汇额 5000 万美元及以上的非资源类境外投资项目。

8.5.5.3.2 国务院投资主管部门核准的项目

（1）石油、天然气开发类：年产 $(100\sim200)\times10^4t$ 的新油田开发项目，年产 $(20\sim30)\times10^8m^3$ 新气田开发项目。

（2）炼油化工类：新建炼油及扩建一次能力 500×10^4t 以下的项目，新建乙烯及改扩建新增能力年产 $(20\sim60)\times10^4t$ 乙烯项目，新建 PTA、PX、MDI、TDI 项目，以及 PTA、PX 改造能力超过年产 10×10^4t 的项目，年产 50×10^4t 及以上钾矿肥项目，变性燃料乙醇项目，日产 300t 及以上聚酯项目。

（3）油气管网、储运类：总投资 50 亿元以下的跨省输油干线、输气干线或年输

气能力 $5\times10^8 m^3$ 以上的管网项目（不含油气田集输管网），年吞吐能力 $200\times10^4 t$ 及以上油气专用泊位项目。

（4）机械制造类：新建 $10\times10^4 t$ 及以上造船设施项目（船台、船坞），民用船舶中、低速柴油机生产项目。

（5）电力类：总装机容量 $120\times10^4 kW$ 以下火电站项目，燃煤热电站项目，总装机容量 $5\times10^4 kW$ 及以上风电站项目。

（6）对外合作类：《外商投资产业指导目录》中总投资 1 亿至 5 亿美元及以上的鼓励类、允许类项目和总投资 5000 万至 1 亿美元的限制类项目；《对外合作开发陆上石油资源条例》中规定的油气田总体开发方案审批。

（7）境外投资类：中方投资 3000 万美元及以上资源开发类境外投资项目，中方投资用汇额 1000 万美元及以上的非资源类境外投资项目。

8.5.5.3.3 项目所在地省级政府投资主管部门核准的项目

（1）油气管网、储运类：液化石油气接收、存储设施（不含油气田、炼油厂的配套项目）；输气管网（不含油气田集输管网）；除国务院投资主管部门核准以外，其余项目；年吞吐能力 $200\times10^4 t$ 以下油气专用泊位项目。

（2）化肥类：除国务院投资主管部门核准的年产 $50\times10^4 t$ 及以上钾矿肥项目以外，其他磷、钾矿肥项目。

（3）电力类：除国务院投资主管部门核准的燃煤项目以外的其余热电站项目，总装机容量 $5\times10^4 kW$ 以下风电站项目。

（4）对外合作类：《外商投资产业指导目录》中总投资 1 亿美元以下的鼓励类、允许类项目和总投资 5000 万美元以下的限制类项目。

8.5.5.3.4 投资项目核准相关要求

（1）实行核准制的项目，企业应按国家有关要求编制项目申请报告，报送项目核准机关。中央管理企业可直接向国务院投资主管部门上报项目申请报告，并附项目所在地省级政府投资主管部门意见。国务院核准项目，申请报告报国务院投资主管部门，经国务院投资主管部门核报国务院。

（2）项目申请报告由具备甲级工程咨询资格的机构编制。项目申请报告内容主要包括：申报单位及项目概况；发展规划、产业政策和行业准入分析；资源开发及综合利用分析；节能方案分析；建设用地、征地拆迁及移民安置分析；环境和生态影响分析；经济影响分析；社会影响分析。

（3）向国务院投资主管部门报送申请报告时，需根据国家法律法规的规定附送以下文件：城市规划行政主管部门出具的城市规划意见；国土资源行政主管部门出具的项目用地预审意见；环境保护行政主管部门出具的环境影响评价文件的审批意见；根据有关法律法规应提交的其他文件。

（4）对企业申请核准项目的咨询评估。

国务院投资主管部门对企业投资《政府核准的投资项目目录》的项目，可根据项目具体情况，决定是否需要委托符合资质要求的工程咨询机构，对企业报送的项目申请报告进行评估，咨询评估报告作为项目核准时重要参考依据。

工程咨询机构承担项目申请报告的核准评估工作后，要按照委托方的要求，重点从维护经济安全、合理开发利用资源、保护生态环境、优化重大布局、保障公共利益、防止出现垄断和不正当竞争等角度进行评估论证，编写企业投资项目咨询评估报告，报送委托机关。

8.5.5.4 投资项目备案相关要求

对于《政府核准投资项目目录》以外的企业投资项目，除国家另有规定外，实行备案制。其中：（1）原油、天然气开发项目报国务院投资主管部门备案；（2）境外投资项目报国家发展和改革委员会、商务部备案；（3）其他项目由企业按照属地原则向地方政府投资主管部门备案。

8.5.5.5 国资委对中央企业投资监管有关规定

（1）企业是投资活动的主体，企业必须制定并执行投资决策程序和管理制度，建立健全相应的管理机构，并报国资委备案。

（2）企业应当依据其发展战略和规划编制年度投资计划，企业的主要投资活动应当纳入年度投资计划。企业年度投资计划于当年1月31日前报送国资委。报送的年度投资计划应附有详细的文字说明材料和年度投资计划表。企业在年度投资计划外追加项目，应当及时将有关情况报告国资委。

（3）按国家现行投资管理规定，需由国务院批准的投资项目，或者需由国务院有关部门批（核）准的投资项目，企业应当在上报国务院或国务院有关部门的同时，将其有关文件抄送国资委。

（4）按照国资委要求报送季度投资完成情况、年度投资完成情况和分析材料。

8.5.6 石油工程造价管理相关规定

8.5.6.1 投资管理办法

《中国石油天然气集团公司投资管理办法》所称投资是集团公司和所属企业为未来获得收益，以现金或资本投入到项目，形成资产或权益的经济行为。投资管理包括投资规划与计划、投资项目（预）可行性研究、初步设计、实施、竣工验收、统计、后评价及监督考核等全过程管理。

8.5.6.2 投资项目可行性研究管理规定

本规定所称投资项目是指除无工程建设的股权投资项目之外的投资项目（以下简

称项目）。可行性研究管理按工作进展分为预可行性研究和可行性研究两个阶段，预可行性研究主要研究投资项目的必要性，初步分析项目的可行性，为项目是否开展可行性研究提供依据。可行性研究是在预可行性研究的基础上，为实现技术上先进适用、经济上合理有效、实施上可能可行，对项目所涉及市场需求、投资环境、技术设备、投资估算、项目融资以及投资效益等各个领域进行全面的技术经济分析论证和评价。

可行性研究是项目决策的重要依据。油气开发项目可行性研究报告主要是油田开发方案和气田开发方案，主要内容介绍如下。

8.5.6.2.1　油田开发方案主要内容

（1）总论。主要包括：油田地理与自然条件概况，矿权情况，区域地质与勘探简史，开发方案结论等。

（2）油藏工程方案。主要包括：油田地质，开发原则，开发方式，开发层系，井网和注采系统，监测系统，指标预测，经济评价，多方案的经济比较及综合优选和实施要求等。

（3）钻井工程方案。主要包括：油藏工程方案要点，采油工程要求，已钻井基本情况分析，地层孔隙压力、破裂压力及坍塌压力预测，井身结构设计，钻井装备要求，井控设计，钻井工艺要求，油气层保护要求，录井要求，固井及完井设计，健康安全环境要求，钻井周期设计，钻井工程投资估算等。

（4）采油工程方案。主要包括：油藏工程方案要点，储层保护措施，采油完井设计，采油方式和参数优化设计，注入工艺和参数优化设计，增产增注技术，对钻井和地面工程的要求，健康安全环境要求；采油工程投资估算，其他配套技术等。

（5）地面工程方案。主要包括：油藏工程方案要点，钻井、采油工程方案要点，地面工程建设规模和总体布局，地面工程建设工艺方案，总图运输和建筑结构方案，防腐工程、防垢工程、生产维修、组织机构和定员方案，健康安全环保和节能等方案，地面工程方案的主要设备选型及工程用量，地面工程总占地面积、总建筑面积，地面工程投资估算等。

（6）投资估算和经济效益评价。主要包括：投资估算与资金筹措，成本费用估算，销售收入与流转税金估算，编制损益表，计算相关经济评价指标，编制现金流量与相关经济评价指标计算，不确定性分析，经济评价结论等。

8.5.6.2.2　气田开发方案主要内容

（1）总论。主要包括：气田自然地理及社会依托条件，矿权情况，区域地质，勘探与开发评价简介，开发方案主要结论及推荐方案的技术经济指标等。

（2）市场需求情况。主要包括：目标市场，已有管输能力，气量需求，气质要求，管输压力，价格承受能力等。

（3）地质与气藏工程方案。主要包括：气藏地质，储量分类与评价，产能评价，开发方式论证，井网部署，开发指标预测，风险分析等。通过多方案比选，提出推荐方案和两个备选方案，并对钻井工程、采气工程和地面工程设计提出要求。

（4）钻井工程方案。主要包括：已钻井基本情况及利用可行性分析，地层压力预测，井身结构设计，钻井装备需求，井控设计，钻井工艺要求，储层保护要求，录井、测井要求，固井及完井设计，健康安全环境要求及应急预案，钻井周期预测及钻井工程投资估算等。

（5）采气工程方案。主要包括：完井和气层保护，增产工艺优选，采气工艺及其配套技术优化，防腐、防垢、防砂和防水合物技术筛选，生产中后期提高采收率工艺选择，对钻井工程的要求，健康安全环境要求及应急预案，投资估算等。

（6）地面工程方案。主要包括：地面工程规模和总体布局，集气、输气工程，处理、净化工程，系统配套工程与辅助设施，总体设计，健康安全环境要求及应急预案，工程实施进度，地面工程主要工作量及投资估算等。

（7）开发建设部署与实施要求。主要包括：开发方案应按照"整体部署、分期实施"的原则，提出产能建设步骤，并对产能建设过程中开发井钻井、录井、测井、完井、采气、地面集输、净化处理、动态监测、气田开发跟踪研究等工作提出具体实施要求。

（8）健康安全环境评价。主要包括：健康安全环境的政策与承诺，各种危害因素及影响后果分析，针对可能发生的生产事故与自然灾害设计有关防火、防爆、防泄露、防误操作等设施，提出健康安全环境监测和控制要求，编制应急预案，根据有关规定设计气井、井站和管道的安全距离并编制搬迁方案。

（9）风险评估。主要包括：对方案设计动用的地质储量规模、开发技术的可行性、主要开发指标预测以及开发实施与生产运行过程中可能存在的不确定性分析和评估，并提出相应的削减风险措施。

（10）投资估算及经济评价。主要包括：对地质与气藏工程方案及相应的配套钻井工程、采气工程、地面工程、健康安全环境要求以及削减风险措施等进行投资估算和经济评价，经济评价对比的主要指标包括投资、成本、投资回收期、财务净现值和内部收益率等。

8.5.6.3 年度投资计划管理规定

年度投资计划是对本计划年度投资规模、投资结构、投资项目、投资效益等所作的安排。年度投资计划管理包括年度投资计划的编制、下达、调整、资金拨付、监督、考核等。

8.5.6.4 建设工程投资项目实施管理规定

建设项目实施管理是指项目自通过初步设计审查，开展施工图设计至项目竣工验收阶段的管理，主要包括建设组织模式、施工图设计、招标、采购、实施与控制、试运行、竣工验收管理。

8.5.6.5 工程造价管理规定

《中国石油天然气集团公司工程造价管理规定》适用于集团公司及其全资子公司、直属企事业单位（以下简称所属企业）新建、扩建、改建等各类建设项目的工程造价管理工作。工程造价管理包括工程计价依据管理及投资估算、概算、预（结）算、标底管理、工程造价专业资格管理、工程造价信息管理等。

附录 A 钻井工程工程量计算规则

A.1 钻前工程工程量计算规则

钻前工程由勘测工程、道路工程、井场工程、搬迁工程、供水工程、供电工程、其他作业等 7 个部分构成。钻前工程项目及计算规则如表 A-1 至表 A-7 所示。若有钻前工程项目的子项目未包含在已设立钻前工程项目中，则放在相应的工程项目下面，并补充相关内容。

表 A-1 勘测工程（编码 G101000000）

项目编码	项目名称	项目特征	计量单位	工程量计算规则	工作内容
G101010000	井位测量				
G101010100	井位初测	（1）测量方法；	井次	按测量井次数计算	（1）现场测量井位；
G101010200	井位复测	（2）测量要求			（2）设立井位标志
G101020000	地质勘察	（1）勘察方法； （2）地层分类	井次	按设计井次数计算	（1）钻孔施工； （2）测量标高、进尺； （3）编写报告
G101030000	勘测设计	（1）道路长度； （2）井场面积； （3）勘测要求			（1）沿途勘察路况； （2）测量道路长度； （3）勘察井场环境； （4）编写勘测报告； （5）施工设计

表 A-2 道路工程（编码 G102000000）

项目编码	项目名称	项目特征	计量单位	工程量计算规则	工作内容
G102010000	新建道路				
G102010100	新建公路	（1）地表条件； （2）修建要求	km	按设计新建道路长度计算	（1）挖填土石方； （2）铺垫； （3）碾压； （4）平整； （5）构筑护坡
G102010200	新建进井路				
G102020000	维修道路				

续表

项目编码	项目名称	项目特征	计量单位	工程量计算规则	工作内容
G102020100	维修公路	(1) 道路条件; (2) 维修要求	km	按设计维修道路长度计算	(1) 铺垫; (2) 碾压; (3) 平整
G102020200	维修进井路				
G102030000	修建桥涵				
G102030100	新建桥涵	(1) 桥涵长度; (2) 修建要求	座	按设计新建桥涵数量计算	简易桥涵架设
G102030200	维修桥涵	(1) 桥涵长度; (2) 维修要求	座	按设计维修桥涵数量计算	桥涵加固

表 A-3　井场工程（编码 G103000000）

项目编码	项目名称	项目特征	计量单位	工程量计算规则	工作内容
G103010000	井场修建	(1) 地表条件; (2) 面积; (3) 修建要求	井次	按设计井次数计算	(1) 铺垫; (2) 平整; (3) 压实; (4) 转移余土
G103020000	设备基础构筑				
G103020100	现浇基础构筑				(1) 开挖基础坑; (2) 浇筑基础; (3) 养护基础
G103020200	桩基础构筑	(1) 基础类型; (2) 构筑要求	井次	按设计井次数计算	(1) 桩制作; (2) 运输; (3) 打桩
G103020300	活动基础转摆				(1) 运输; (2) 摆放
G103030000	池类构筑				
G103030100	沉砂池构筑	(1) 体积; (2) 类型; (3) 构筑要求	井次	按设计井次数计算	(1) 开挖土方; (2) 砌筑; (3) 防渗
G103030200	废液池构筑				
G103030300	放喷池构筑				
G103030400	垃圾坑构筑				
G103030500	圆井(方井)构筑				
G103040000	生活区修建	(1) 地表条件; (2) 面积; (3) 修建要求	井次	按设计井次数计算	(1) 铺垫; (2) 平整; (3) 压实; (4) 转移余土
G103050000	围堰构筑	(1) 地表条件; (2) 施工要求			(1) 测量; (2) 铺垫; (3) 砌筑
G103060000	隔离带构筑	(1) 地表条件; (2) 施工要求			(1) 测量; (2) 施工

表 A-4　搬迁工程（编码 G104000000）

项目编码	项目名称	项目特征	计量单位	工程量计算规则	工作内容
G104010000	设备拆安	（1）钻机型号； （2）拆安方式	井次	按设计井次数计算	（1）拆卸； （2）安装
G104020000	设备运移	（1）钻机型号； （2）运输要求； （3）运输距离	井次	按设计井次数计算	（1）装车； （2）运输； （3）卸车； （4）整体运移
G104030000	钻井队动员	钻井队人数	d 或井次	按设计动员时间或井次数计算	（1）人员动员； （2）施工准备

表 A-5　供水工程（编码 G105000000）

项目编码	项目名称	项目特征	计量单位	工程量计算规则	工作内容
G105010000	场内供水	供水要求	井次	按设计井次数计算	（1）设置水罐； （2）铺设管线； （3）水管线安装
G105020000	场外供水	（1）距水源距离； （2）供水要求	井次	按设计井次数计算	（1）设立泵站； （2）铺设管线； （3）设置水罐； （4）水管线安装； （5）运输
G105030000	打水井	（1）水井深度； （2）供水要求	口	按设计水井数量计算	（1）打水井； （2）设立泵站； （3）铺设管线； （4）设置水罐； （5）水管线安装； （6）运输

表 A-6　供电工程（编码 G106000000）

项目编码	项目名称	项目特征	计量单位	工程量计算规则	工作内容
G106010000	场内供电	（1）供电方式； （2）供电要求	井次	按设计井次数计算	（1）架设电线； （2）设备安装
G106020000	场外供电	（1）外接电源距离； （2）供电方式； （3）供电要求			（1）架设电线； （2）设备安装

表 A-7 其他作业（编码 **G107000000**）

项目编码	项目名称	项目特征	计量单位	工程量计算规则	工作内容
G107010000	工程监理	（1）监理类型； （2）人数	井次	按设计井次数计算	钻前监理
G107020000	拆迁补偿	（1）补偿方式； （2）补偿标准			（1）拆迁； （2）补偿

A.2 钻完井工程工程量计算规则

钻完井工程由钻井作业、钻井服务、固井作业、测井作业、录井作业、其他作业等 6 部分构成。钻完井工程项目及计算规则参见表 A-8 至表 A-13。若有钻完井工程项目的子项目未包含在已设立钻完井工程项目中，则放在相应的工程项目下面，并补充相关内容。

表 A-8 钻井作业（编码 **G201000000**）

项目编码	项目名称	项目特征	计量单位	工程量计算规则	工作内容
G201010000	钻井施工				
G201010100	一开钻进				（1）起下钻； （2）钻进； （3）划眼、扩眼； （4）循环钻井液； （5）测斜
G201010200	一开完井				（1）配合测井； （2）下套管； （3）配合固井作业
G201010300	二开钻进	（1）钻机类型； （2）完钻井深	d	按设计钻井周期计算	（1）起下钻； （2）钻进； （3）划眼、扩眼； （4）循环钻井液； （5）测斜
G201010400	二开完井				（1）配合测井； （2）通井； （3）下套管； （4）配合固井作业
……					

项目编码	项目名称	项目特征	计量单位	工程量计算规则	工作内容
G201020000	钻井材料				
G201020100	钻头				
G201020101	一开钻头	(1) 钻头尺寸;	只	按设计钻头数量计算	(1) 现场检测;
G201020102	二开钻头	(2) 钻头类型;			(2) 现场使用;
……		(3) 钻头要求			(3) 现场维护
G201020200	钻井液材料				
G201020201	一开材料	(1) 钻井液体系;	m³ 或 t	按设计消耗数量计算	(1) 现场检测;
G201020202	二开材料	(2) 钻井液性能;			(2) 现场使用;
……		(3) 材料要求			(3) 现场维护
G201020300	生产用水				
G201020301	钻井液用水				
G201020302	固井用水				(1) 现场检测;
G201020303	设备用水	(1) 用水范围;	m³	按设计消耗数量计算	(2) 现场使用;
G201020304	锅炉用水	(2) 用水性能			(3) 现场维护
G201020305	消防用水				
……					
G201030000	钻井材料运输				
G201030100	钻头运输	(1) 规格、数量; (2) 运输要求	t·km	按设计运输数量计算	(1) 装车;
G201030200	钻井液材料运输	(1) 重量或体积;			(2) 运输;
G201030300	生产用水运输	(2) 运输要求			(3) 卸车

表 A-9　钻井服务（编码 G202000000）

项目编码	项目名称	项目特征	计量单位	工程量计算规则	工作内容
G202010000	管具服务	(1) 管具类型; (2) 服务要求	d	按设计服务时间计算	(1) 管具检测; (2) 管具运输; (3) 管具维修
G202020000	井控服务	(1) 设备规格; (2) 服务要求	d	按设计服务时间计算	(1) 设备拆安; (2) 现场服务
G202030000	钻井液服务	(1) 仪器规格; (2) 人员数量; (3) 服务要求	d	按设计服务时间计算	(1) 钻井液设计; (2) 钻井液配制; (3) 现场服务

项目编码	项目名称	项目特征	计量单位	工程量计算规则	工作内容
G202040000	定向井服务	(1) 仪器型号; (2) 工具类型; (3) 施工要求	d	按设计服务时间计算	(1) 接定向工具; (2) 定向施工; (3) 卸定向工具
G202050000	欠平衡服务	(1) 设备型号; (2) 工具类型; (3) 施工方式	d	按设计服务时间计算	(1) 接欠平衡工具 (2) 欠平衡施工; (3) 卸欠平衡工具
G202060000	取心服务	(1) 取心方法; (2) 工具类型; (3) 施工要求	d	按设计服务时间计算	(1) 接取心工具; (2) 取心施工; (3) 卸取心工具
G202070000	顶驱服务	(1) 设备规格; (2) 人员数量	d	按设计服务时间计算	(1) 设备拆安; (2) 现场服务
G202080000	旋转导向服务	(1) 仪器规格; (2) 服务要求	d	按设计服务时间计算	(1) 仪器拆安; (2) 现场服务
G202090000	中途测试	(1) 工具类型; (2) 服务要求	d	按设计服务时间计算	(1) 工具拆安; (2) 现场服务
G202100000	打捞服务	(1) 打捞项目; (2) 服务要求	d	按设计服务时间计算	(1) 打捞准备; (2) 现场服务
G202110000	生活服务	(1) 服务人数; (2) 服务要求	d	按设计服务时间计算	(1) 餐饮服务; (2) 营地管理
G202120000	供暖服务	(1) 供暖方式; (2) 供暖要求	d	按设计服务时间计算	(1) 设备线路安装; (2) 现场供暖服务; (3) 设备线路拆卸

表 A-10　固井作业（编码 G203000000）

项目编码	项目名称	项目特征	计量单位	工程量计算规则	工作内容
G203010000	固井施工				
G203010100	一次固井施工	(1) 车组类型; (2) 井深; (3) 套管尺寸、下深; (4) 固井方法; (5) 水泥量	次	按设计固井次数计算	(1) 施工准备; (2) 注水泥施工
G203010200	二次固井施工				
……					
G203020000	固井材料				
G203020100	套管				

项目编码	项目名称	项目特征	计量单位	工程量计算规则	工作内容
G203020101	一开套管	（1）外径； （2）壁厚； （3）单重； （4）扣型； （5）钢级	m	按设计下入套管长度计算	（1）现场检测； （2）现场使用； （3）现场维护
G203020102	二开套管				
……					
G203020200	套管附件				
G203020201	一开附件	（1）品种； （2）规格	套或只	按设计下入附件数量计算	（1）现场检测； （2）现场使用； （3）现场维护
G203020202	二开附件				
……					
G203020300	固井工具				
G203020301	一开工具	（1）品种； （2）规格	套或只	按设计下入工具数量计算	（1）现场检测； （2）现场使用； （3）现场维护
G203020302	二开工具				
……					
G203020400	水泥				
G203020401	一开水泥	（1）品种； （2）级别	t	按设计用量计算	（1）现场检测； （2）现场使用； （3）现场维护
G203020402	二开水泥				
……					
G203020500	水泥外加剂				
G203020501	一开外加剂	（1）品种； （2）规格	m³ 或 t	按设计用量计算	（1）现场检测； （2）现场使用； （3）现场维护
G203020502	二开外加剂				
……					
G203030000	固井材料运输				
G203030100	套管运输	（1）长度； （2）重量； （3）运输要求	t·km	按设计运输数量计算	（1）装车； （2）运输； （3）卸车
G203030200	套管附件运输	（1）品种； （2）重量； （3）运输要求			
G203030300	固井工具运输	（1）品种； （2）重量或体积； （3）运输要求			
G203030400	水泥运输	（1）品种； （2）重量； （3）运输要求			
G203030500	水泥外加剂运输	（1）品种； （2）重量或体积； （3）运输要求			

续表

项目编码	项目名称	项目特征	计量单位	工程量计算规则	工作内容
G203040000	套管检测	(1) 套管尺寸; (2) 检测方法; (3) 检测项目	m 或根	按设计检测长度或根数计算	在基地检测套管性能
G203050000	水泥试验	(1) 试验项目; (2) 性能指标	次	按设计试验次数计算	在实验室进行水泥性能分析化验和检测
G203060000	水泥混拌	(1) 水泥规格; (2) 外掺料规格; (3) 混拌要求	t	按设计混拌量计算	采用专用装置干混水泥和外加剂、外掺料
G203070000	下套管服务	(1) 套管规格; (2) 服务要求	m 或根	按设计下套管长度或根数计算	采用专用设备下套管
G203080000	注水泥塞	(1) 水泥量; (2) 车型及数量	次	按设计施工次数计算	现场注水泥塞
G203090000	试压	(1) 试压压力; (2) 服务要求	次	按设计施工次数计算	现场试压

表 A-11　测井作业（编码 G204000000）

项目编码	项目名称	项目特征	计量单位	工程量计算规则	工作内容
G204010000	测井施工				
G204010100	一次测井施工	(1) 测井设备; (2) 测井项目	计价米	按仪器入井深度及测量井段长度计算	(1) 起下仪器; (2) 资料采集
G204010200	二次测井施工				
……					
G204020000	资料处理解释	(1) 测井项目; (2) 处理解释要求	处理米	按设计处理解释长度计算	(1) 资料处理; (2) 成果解释
G204030000	井壁取心	(1) 取心方式; (2) 取心要求	颗	按设计取心颗数计算	(1) 起下仪器; (2) 采集岩心

表 A-12　录井作业（编码 G205000000）

项目编码	项目名称	项目特征	计量单位	工程量计算规则	工作内容
G205010000	录井施工				
G205010100	一开录井施工	(1) 录井方法; (2) 录井要求	d	按设计录井施工时间计算	(1) 录井准备; (2) 现场施工
G205010200	二开录井施工				
……					

项目编码	项目名称	项目特征	计量单位	工程量计算规则	工作内容
G205020000	录井信息服务	(1) 传输方式； (2) 服务要求	d	按设计服务时间计算	(1) 信息传输； (2) 信息分析； (3) 信息处理
G205030000	化验分析	(1) 项目； (2) 要求	次或个	按设计化验分析数量计算	(1) 取样； (2) 分析
G205040000	资料整理	(1) 项目； (2) 整理要求	口井	按设计井数计算	(1) 资料整理； (2) 资料初步解释
G205050000	单项服务				
G205050100	地质导向服务	(1) 设备类型； (2) 服务要求	d	按设计服务时间计算	(1) 设备调试； (2) 现场服务
G205050200	单井跟踪评价	(1) 评价项目； (2) 评价要求			(1) 钻井跟踪； (2) 数据分析； (3) 编写报告
……					

表 A-13　其他作业（编码 G206000000）

项目编码	项目名称	项目特征	计量单位	工程量计算规则	工作内容
G206010000	环保处理				
G206010100	废弃物拉运	(1) 拉运方式； (2) 拉运数量	m³ 或 t	按设计拉运数量计算	(1) 装车； (2) 拉运； (3) 卸车
G206010200	废弃物处理	(1) 处理方式； (2) 处理数量	m³ 或 t	按设计处理数量计算	(1) 处理； (2) 检验
G206020000	地貌恢复	(1) 场地面积； (2) 回填要求	井次	按设计井次数计算	(1) 清除垃圾； (2) 回填池坑； (3) 平整场地

A.3　试油工程工程量计算规则

　　试油工程由试油准备、试油作业、录井作业、测井作业、射孔作业、测试作业、压裂作业、酸化作业、其他作业等 9 部分构成。试油工程项目及计算规则如表 A-14 至表 A-22。若有试油工程项目的子项目未包含在已设立试油工程项目中，则放在相应的工程项目下面，并补充相关内容。

表 A-14　试油准备（编码 G301000000）

项目编码	项目名称	项目特征	计量单位	工程量计算规则	工作内容
G301010000	土建工程				
G301010100	维修道路	（1）道路条件； （2）维修要求	km	按设计维修道路长度计算	（1）铺垫； （2）碾压； （3）平整
G301010200	维修井场	（1）井场条件； （2）维修要求	井次	按设计井次数计算	（1）铺垫； （2）平整
G301020000	搬迁工程				
G301020100	设备拆安	（1）修井机型号； （2）拆安方式			（1）拆卸； （2）安装
G301020200	设备运移	（1）修井机型号； （2）运输要求； （3）运输距离	井次	按设计井次数计算	（1）装车； （2）运输； （3）卸车； （4）整体运移
G301020300	作业队动员	作业队人数	d 或井次	按设计动员时间或井次数计算	（1）人员动员； （2）施工准备

表 A-15　试油作业（编码 G302000000）

项目编码	项目名称	项目特征	计量单位	工程量计算规则	工作内容
G302030000	试油施工				
G302010100	一次井筒施工	（1）修井机类型； （2）施工要求	d	按设计试油周期计算	（1）通井； （2）替钻井液； （3）刮削； （4）洗井； （5）探底； （6）试压； （7）替射孔液； （8）降液面； （9）下管柱
G302010200	一次排液求产				（1）射孔； （2）压裂（酸化）； （3）测试； （4）排液； （5）求产； （6）装井口装置； （7）交井

项目编码	项目名称	项目特征	计量单位	工程量计算规则	工作内容
G302010300	二次井筒施工	（1）修井机类型； （2）施工要求	d	按设计试油周期计算	（1）压井； （2）起管柱； （3）封层； （4）替射孔液； （5）降液面； （6）下管柱
G302010400	二次排液求产				（1）射孔； （2）压裂（酸化）； （3）测试； （4）排液； （5）求产； （6）装井口装置； （7）交井
……					
G302020000	试油材料				
G302020100	井口装置				
G302020101	一次作业井口	（1）品种； （2）规格	套	按设计摊销量计算	（1）现场检测； （2）现场使用； （3）现场维护
G302020102	二次作业井口				
……					
G302020200	油管				
G302020201	一次作业油管	（1）外径； （2）壁厚； （3）单重； （4）扣型； （5）钢级	m	按设计下入油管摊销长度计算	（1）现场检测； （2）现场使用； （3）现场维护
G302020202	二次作业油管				
……					
G302020300	洗井液				
G302020302	一次洗井液	性能要求	m³	按设计用量计算	（1）现场检测； （2）现场使用； （3）现场维护
G302020302	二次洗井液				
……					
G302020400	射孔液				
G302020401	一次射孔液	性能要求	m³	按设计用量计算	（1）现场检测； （2）现场使用； （3）现场维护
G302020402	二次射孔液				
……					
G302020500	压井液				
G302020501	一次压井液	性能要求	m³	按设计用量计算	（1）现场检测； （2）现场使用； （3）现场维护
G302020502	二次压井液				
……					

项目编码	项目名称	项目特征	计量单位	工程量计算规则	工作内容
G302020600	试油工具				
G302020601	一次试油工具	(1) 品种； (2) 规格	套或只	按设计工具数量或摊销量计算	(1) 现场检测； (2) 现场使用； (3) 现场维护
G302020602	二次试油工具				
……					
G302030000	试油材料运输				
G302030100	井口装置运输	(1) 规格、数量； (2) 运输要求	t·km	按设计运输数量计算	(1) 装车； (2) 运输； (3) 卸车
G302030200	油管运输	(1) 长度、重量； (2) 运输要求			
G302030300	洗井液运输	(1) 重量或体积； (2) 运输要求			
G302030400	射孔液运输				
G302030500	压井液运输				
G302030600	试油工具运输	(1) 品种、数量； (2) 运输要求			
G302040000	配合施工				
G302040100	泵车	(1) 车辆数量； (2) 施工要求	次	按设计施工次数计算	(1) 路途行驶； (2) 现场施工
G302040200	液氮罐车				
G302040300	液氮泵车				
G302040400	水罐车				
G302040500	锅炉车				
G302040600	连续油管车				
G302040700	救护车				
G302040800	消防车				
……					

表 A-16　录井作业（编码 G303000000）

项目编码	项目名称	项目特征	计量单位	工程量计算规则	工作内容
G303010000	录井施工	(1) 录井方法； (2) 录井要求	d	按设计录井施工时间计算	(1) 录井准备； (2) 现场施工
G303020000	录井信息服务	(1) 传输方式； (2) 服务要求	d	按设计服务时间计算	(1) 信息传输； (2) 信息分析； (3) 信息处理
G303030000	化验分析	(1) 项目； (2) 要求	次或个	按设计化验分析数量计算	(1) 取样； (2) 分析
G303040000	资料整理	(1) 项目； (2) 整理要求	口井	按设计井数计算	(1) 资料整理； (2) 资料初步解释

表 A-17　测井作业（编码 G304000000）

项目编码	项目名称	项目特征	计量单位	工程量计算规则	工作内容
G304010000	测井施工				
G304010100	一次测井施工	（1）测井设备； （2）测井项目	计价米	按仪器入井深度及测量井段长度计算	（1）起下仪器； （2）资料采集
G304010200	二次测井施工				
……					
G304020000	资料处理解释	（1）测井项目； （2）处理解释要求	处理米	按设计处理解释长度计算	（1）资料处理； （2）成果解释

表 A-18　射孔作业（编码 G305000000）

项目编码	项目名称	项目特征	计量单位	工程量计算规则	工作内容
G305010000	射孔施工				
G305010100	一次射孔施工	（1）射孔方法； （2）射孔枪规格； （3）射孔弹规格	射孔米	按设计射孔段长度计算	（1）射孔准备； （2）射孔施工
G305010200	二次射孔施工				
……					
G305020000	下电缆桥塞	（1）施工设备； （2）施工要求	次	按设计施工次数计算	（1）施工准备； （2）现场施工
G305030000	爆炸切割				

表 A-19　测试作业（编码 G306000000）

项目编码	项目名称	项目特征	计量单位	工程量计算规则	工作内容
G306010000	地面计量	（1）主要设备； （2）计量要求	d	按设计计量时间计算	（1）建立流程； （2）计量； （3）求取数据
G306020000	地层测试	（1）工具类型； （2）测试方法	d	按设计测试时间计算	（1）接测试工具； （2）现场测试； （3）卸测试工具
G306030000	试井作业	（1）主要工具； （2）施工要求	d	按设计试井时间计算	（1）拆接工具； （2）下井施工； （3）拆接井口
G306040000	钢丝作业	（1）主要工具； （2）施工要求	d	按设计施工时间计算	（1）拆接工具； （2）下井施工； （3）拆接井口

表 A-20　压裂作业（编码 G307000000）

项目编码	项目名称	项目特征	计量单位	工程量计算规则	工作内容
G307010000	压前配液	（1）配液量； （2）配液要求	次	按设计配液次数计算	（1）施工准备； （2）现场配液

续表

项目编码	项目名称	项目特征	计量单位	工程量计算规则	工作内容
G307020000	压裂施工				
G307020100	一段压裂施工	（1）车组类型； （2）井深； （3）油管尺寸、下深； （4）压裂方法； （5）压裂液量	次	按设计施工次数计算	（1）施工准备； （2）压裂施工
G307020200	二段压裂施工				
……					
G307030000	压裂材料				
G307030100	一段压裂材料	（1）品种； （2）规格	m³ 或 t	按设计用量计算	（1）现场检测； （2）现场使用； （3）现场维护
G307030200	二段压裂材料				
……					
G307040000	压裂材料运输	（1）重量或体积； （2）运输要求	t·km	按设计运输数量计算	（1）装车； （2）运输； （3）卸车
G307050000	爆燃压裂作业	（1）压裂方式； （2）压裂要求	次	按设计施工次数计算	（1）施工准备； （2）现场施工
G307060000	微地震监测	（1）仪器类型； （2）监测方法	d	按设计监测时间计算	（1）接监测仪器； （2）现场监测； （3）卸监测仪器

表 A-21 酸化作业（编码 G308000000）

项目编码	项目名称	项目特征	计量单位	工程量计算规则	工作内容
G308010000	酸前配液	（1）配液量； （2）配液要求	次	按设计配液次数计算	（1）施工准备； （2）现场配液
G308020000	酸化施工				
G308020100	一段酸化施工	（1）车组类型； （2）井深； （3）油管尺寸、下深； （4）酸化方法； （5）酸化液量	次	按设计施工次数计算	（1）施工准备； （2）酸化施工； （3）收尾
G308020200	二段酸化施工				
……					
G308030000	酸化材料				
G308030100	一段酸化材料	（1）品种； （2）规格	m³ 或 t	按设计用量计算	（1）现场检测； （2）现场使用； （3）现场维护
G308030200	二段酸化材料				
……					
G308040000	酸化材料运输	（1）重量或体积； （2）运输要求	t·km	按设计运输数量计算	（1）装车； （2）运输； （3）卸车

表 A-22　其他作业（编码 G309000000）

项目编码	项目名称	项目特征	计量单位	工程量计算规则	工作内容
G309010000	环保处理				
G309010100	废弃物拉运	（1）拉运方式； （2）拉运数量	m³ 或 t	按设计拉运数量计算	（1）装车； （2）拉运； （3）卸车
G309010200	废弃物处理	（1）处理方式； （2）处理数量	m³ 或 t	按设计处理数量计算	（1）处理； （2）检验
G309020000	地貌恢复	（1）场地面积； （2）回填要求	井次	按设计井次数计算	（1）清除垃圾； （2）回填池坑； （3）平整场地

A.4　工程建设其他项目工程量计算规则

　　工程建设其他项目由建设管理、工程设计、土地、环保管理、工程保险和贷款利息等 6 个部分构成。工程建设其他项目及计算规则如表 A-23 至表 A-28。若有工程建设其他项目的子项目未包含在已设立工程建设其他项目中，则放在相应的工程建设其他项目下面，并补充相关内容。

表 A-23　建设管理（编码 Q100000000）

项目编码	项目名称	项目特征	计量单位	工程量计算规则	工作内容
Q101000000	建设单位管理	管理单位	口井	按设计井数计算	（1）钻井工程方案编制； （2）钻井设计管理； （3）钻井过程管理； （4）钻井与地质监督管理； （5）钻井资料与信息化管理； （6）工程技术研究与应用； （7）健康安全环境管理
Q102000000	钻井工程监督				
Q102010000	钻井监督	（1）监督类型； （2）人数	d	按设计监督时间计算	（1）驻井监督； （2）巡井监督
Q102020000	地质监督				
Q102030000	测井监督				
Q102040000	试油监督				

表 A-24　工程设计（编码 Q200000000）

项目编码	项目名称	项目特征	计量单位	工程量计算规则	工作内容
Q201000000	钻井设计				
Q201010000	钻井地质设计	（1）设计单位； （2）设计要求	套	按设计套数计算	（1）资料调研； （2）编写设计； （3）设计审核
Q201020000	钻井工程设计				
Q201030000	钻井工程预算				
Q202000000	试油设计				
Q202010000	试油地质设计	（1）设计单位； （2）设计要求	套	按设计套数计算	（1）资料调研； （2）编写设计； （3）设计审核
Q202020000	试油工程设计				
Q202030000	压裂工程设计				

表 A-25　土地（编码 Q300000000）

项目编码	项目名称	项目特征	计量单位	工程量计算规则	工作内容
Q301000000	临时租地	（1）租用时间； （2）地貌条件	亩或 m²	按设计租用面积计算	（1）现场实测； （2）办理手续； （3）建立档案
Q302000000	临时用地				
Q303000000	建设用地				

表 A-26　环保管理（编码 Q400000000）

项目编码	项目名称	项目特征	计量单位	工程量计算规则	工作内容
Q401000000	环境影响评价	（1）评价单位； （2）评价项目	井次	按设计井次数计算	（1）现场调查； （2）编写报告
Q402000000	环保监测	（1）监测单位； （2）监测项目			（1）现场监测； （2）编写报告
Q403000000	地质灾害评估	（1）评估单位； （2）评估项目			（1）现场调查； （2）编写报告
Q404000000	水土保持评估				
Q405000000	矿产压覆调查	（1）调查单位； （2）调查项目			（1）现场调查； （2）编写报告

表 A-27　工程保险（编码 Q500000000）

项目编码	项目名称	项目特征	计量单位	工程量计算规则	工作内容
Q500000000	工程保险	（1）保险单位； （2）相关规定	口井	按规定取费标准计算	

表 A-28　贷款利息（编码 Q600000000）

项目编码	项目名称	项目特征	计量单位	工程量计算规则	工作内容
Q600000000	贷款利息	（1）贷款单位； （2）相关规定	口井	按相关规定要求计算	

附录 B 钻井工程概算指标模式

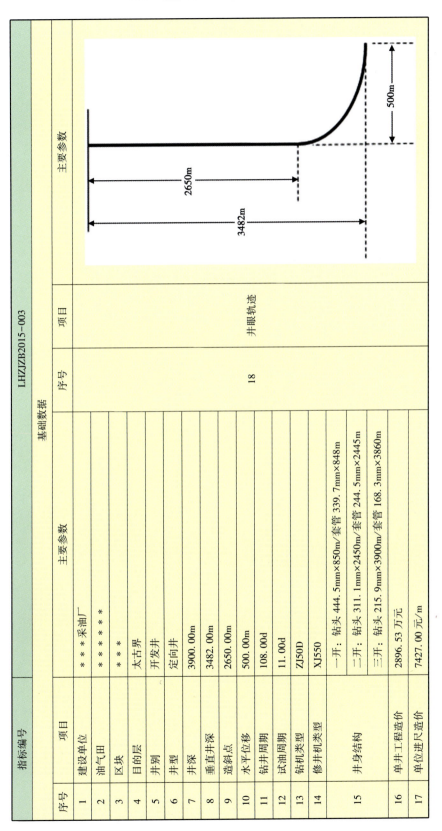

指标编号			LHZJZB2015-003		
基础数据					
序号	项目	主要参数	序号	项目	主要参数
1	建设单位	＊＊＊采油厂	18	井眼轨迹	
2	油气田	＊＊＊＊＊＊			
3	区块	＊＊＊			
4	目的层	太古界			
5	井别	开发井			
6	井型	定向井			
7	井深	3900.00m			
8	垂直井深	3482.00m			
9	造斜点	2650.00m			
10	水平位移	500.00m			
11	钻井周期	108.00d			
12	试油周期	11.00d			
13	钻机类型	ZJ50D			
14	修井机类型	XJ550			
15	井身结构	一开：钻头 444.5mm×850m/套管 339.7mm×848m 二开：钻头 311.1mm×2450m/套管 244.5mm×2445m 三开：钻头 215.9mm×3900m/套管 168.3mm×3860m			
16	单井工程造价	2896.53 万元			
17	单位进尺造价	7427.00 元/m			

续表

工程量清单计价

序号	项目编码	项目名称	项目特征	计量单位	工程量	综合单价（元）	金额（元）	备注
1	G000000000	工程费					2647813.00	
2	G100000000	钻前工程费					561754.43	
3	G101000000	勘测工程费					16500.00	
4	G101010000	井位测量费					7000.00	
5	G101010100	井位初测	全站仪测量	井次	1.00	3500.00	3500.00	
6	G101010200	井位复测	全站仪测量	井次	1.00	3500.00	3500.00	
7	G101020000	地质勘察费		井次	1.00	4500.00	4500.00	
8	G101030000	勘测设计费		井次	1.00	5000.00	5000.00	
9	G102000000	道路工程费					181304.00	
10	G102010000	新建道路费					151304.00	
11	G102010200	新建进井路费	在基本农田上修建临时进井路，铺碎石	km	0.80	189130.00	151304.00	
12	G102030000	维修道路费					30000.00	
13	G102030200	维修进井路费	加宽加固农田机耕道	km	2.00	15000.00	30000.00	
14	G103000000	井场工程费					199158.50	
15	G103010000	井场修建费	平整井场 9000m²	井次	1.00	20365.00	20365.00	
16	G103020000	设备基础构筑费					110000.00	
17	G103020100	现浇基础构筑费	混凝土浇筑基础	井次	1.00	110000.00	110000.00	
18	G103030000	池类构筑费					65793.50	
19	G103030100	沉砂池构筑费		井次	1.00	28927.50	28927.50	
20	G103030200	废液池构筑费		井次	1.00	25160.00	25160.00	
21	G103030300	放喷池构筑费		井次	1.00	6400.00	6400.00	
22	G103030400	垃圾坑构筑费		井次	1.00	1856.00	1856.00	

续表

序号	项目编码	项目名称	项目特征	计量单位	工程量	综合单价（元）	金额（元）	备注
23	G103030500	圆井（方井）构筑费		井次	1.00	3450.00	3450.00	
24	G103040000	生活区修建费	平整生活区 3000m²	井次	1.00	3000.00	3000.00	
25	G104000000	搬迁工程费	ZJ50D 钻机				140830.00	
26	G104010000	设备拆安费		井次	1.00	16850.00	16850.00	
27	G104020000	设备运移费		井次	1.00	88980.00	88980.00	
28	G104030000	钻井队动员费		井次	1.00	35000.00	35000.00	
29	G105000000	供水工程费		井次	1.00		6000.00	
30	G105010000	场内供水费		井次	1.00	6000.00	6000.00	
31	G106000000	供电工程费		井次	1.00		10000.00	
32	G106010000	场内供电费		井次	1.00	10000.00	10000.00	
33	G107000000	其他作业费		井次	1.00		2400.00	
34	G107010000	工程监理费		井次	1.00	2400.00	2400.00	
35	G108000000	税费				0.01	5561.93	
36	G200000000	钻完井工程费					23469134.00	
37	G201000000	钻井作业费					11127676.00	
38	G201010000	钻井施工费		d	108.00	76900.00	8305200.00	
39	G201020000	钻井材料费					2352037.50	
40	G201020100	钻头费					916083.00	
41	G201020101	一开钻头费					73611.00	
42	G201020101IB001	444.5mm 牙轮钻头	MP1-1，进尺 850m	只	3.00	24537.00	73611.00	
43	G201020102	二开钻头费					533506.00	
44	G201020102ZB001	311.1mm 牙轮钻头	SHT22R-1，进尺 280m	只	2.00	38995.00	77990.00	
45	G201020102ZB002	311.1mm 牙轮钻头	MP2R-1，进尺 240m	只	2.00	26263.00	52526.00	

续表

序号	项目编码	项目名称	项目特征	计量单位	工程量	综合单价（元）	金额（元）	备注
46	G201020102022B003	311.1mm 牙轮钻头	HJ517G，进尺570m	只	3.00	59108.00	177324.00	
47	G201020102022B004	311.1mmPDC 钻头	BD536，进尺510m	只	0.50	451332.00	225666.00	
48	G201020103	三开钻头费					308966.00	
49	G201020103B001	215.9mm 牙轮钻头	HJ517G，进尺1450m	只	8.00	38620.75	308966.00	
50	G201020200	钻井液材料费					1375519.50	
51	G201020201	一开材料费					164533.00	
52	G201020201B001	膨润土粉		t	9.00	720.00	6480.00	
53	G201020201B002	重晶石	$BaSO_4$	t	0.80	560.00	448.00	
54	G201020201B003	烧碱	NaOH	t	0.53	1800.00	945.00	
55	G201020201B004	两性离子包被剂	FA-367	t	2.00	24120.00	48240.00	
56	G201020201B005	两性离子降黏剂	XY-27	t	2.60	24500.00	63700.00	
57	G201020201B006	两性离子降滤失剂	JT-888	t	0.90	24200.00	21780.00	
58	G201020201B007	液体润滑剂	HY-203	t	2.00	11470.00	22940.00	
59	G201020202	二开材料费					344882.70	
60	G201020202B001	膨润土粉		t	28.00	720.00	20160.00	
61	G201020202B002	重晶石	$BaSO_4$	t	4.20	560.00	2352.00	
62	G201020202B003	纯碱	Na_2CO_3	t	0.85	1450.00	1226.70	
63	G201020202B004	烧碱	NaOH	t	1.25	1800.00	2250.00	
64	G201020202B005	两性离子包被剂	FA-367	t	4.20	24120.00	101304.00	
65	G201020202B006	两性离子降黏剂	XY-27	t	3.43	24500.00	84035.00	
66	G201020202B007	两性离子降滤失剂	JT-888	t	3.73	24200.00	90145.00	
67	G201020202B008	液体润滑剂	HY-203	t	3.00	11470.00	34410.00	
68	G201020202B009	盐	NaCl	t	12.00	750.00	9000.00	

续表

序号	项目编码	项目名称	项目特征	计量单位	工程量	综合单价（元）	金额（元）	备注
69	G201020203	三开材料费					866103.75	
70	G201020202033B001	膨润土粉		t	25.00	720.00	18000.00	
71	G201020202033B002	重晶石	$BaSO_4$	t	117.00	560.00	65520.00	
72	G201020202033B003	纯碱	Na_2CO_3	t	5.28	1450.00	7648.75	
73	G201020202033B004	烧碱	$NaOH$	t	3.48	1800.00	6255.00	
74	G201020202033B005	两性离子包被剂	FA-367	t	2.73	24120.00	65727.00	
75	G201020202033B006	两性离子黏剂	XY-27	t	9.93	24500.00	243285.00	
76	G201020202033B007	两性离子降滤失剂	JT-888	t	9.29	24200.00	224697.00	
77	G201020202033B008	液体润滑剂	HY-203	t	4.00	11470.00	45880.00	
78	G201020202033B009	消泡剂	YHP-008	t	2.00	16910.00	33820.00	
79	G201020202033B010	羧甲基纤维素钠盐	CMC	t	4.50	2400.00	10800.00	
80	G201020202033B011	磺化酚醛树脂	SMP-II	t	2.50	11290.00	28225.00	
81	G201020202033B012	油溶性暂堵剂	EP-1	t	4.50	14460.00	65070.00	
82	G201020202033B013	暂堵剂	ZD-1	t	4.00	2490.00	9960.00	
83	G201020202033B014	碱式碳酸锌	$2ZnCO_3 \cdot 3Zn(OH)_2$	t	3.20	12880.00	41216.00	
84	G201020300	生产用水费					60435.00	
85	G201020301	钻井液用水费		m^3	2230.00	16.50	36795.00	
86	G201020302	固井用水费		m^3	360.00	16.50	5940.00	
87	G201020303	设备用水费		m^3	270.00	35.00	9450.00	
88	G201020305	消防用水费		m^3	500.00	16.50	8250.00	
89	G201030000	钻井材料运输费					470438.50	
90	G201030200	钻井液材料运输费	往返路程200km	t·km	91956.67	0.65	59771.83	
91	G201030300	生产用水运输费	往返路程200km	t·km	746666.67	0.55	410666.67	

续表

序号	项目编码	项目名称	项目特征	计量单位	工程量	综合单价（元）	金额（元）	备注
92	G202000000	钻井服务费					3817000.00	
93	G202010000	管具服务费		d	108.00	11000.00	1188000.00	
94	G202020000	井控服务费		d	108.00	2500.00	270000.00	
95	G202040000	定向井服务费		d	30.00	30000.00	900000.00	
96	G202070000	顶驱服务费		d	108.00	13000.00	1404000.00	
97	G202090000	中途测试费		d	2.00	25000.00	50000.00	
98	G202100000	打捞服务费		d	1.00	5000.00	5000.00	
99	G203000000	固井作业费					5779077.08	
100	G203010000	固井施工费					128000.00	
101	G203010100	一开固井施工	2000型水泥车组	次	1.00	38000.00	38000.00	
102	G203010200	二开固井施工	2000型水泥车组	次	1.00	50000.00	50000.00	
103	G203010300	三开固井施工	2000型水泥车组	次	1.00	40000.00	40000.00	
104	G203020000	固井材料费					5346024.20	
105	G203020100	套管费					4821169.70	
106	G203020101	一开套管费					643360.64	
107	G2030201011B001	339.7mm套管	壁厚10.92mm，单重90.86kg/m，长圆扣，钢级J55	m	848.00	758.68	643360.64	
108	G203020102	二开套管费					1658013.50	
109	G2030201022B001	244.5mm套管	壁厚11.99mm，单重70.01kg/m，长圆扣，钢级L80	m	205.00	665.10	136345.50	
110	G2030201022B002	244.5mm套管	壁厚11.05mm，单重64.79kg/m，长圆扣，钢级L80	m	1480.00	615.51	910954.80	
111	G2030201022B003	244.5mm套管	壁厚11.99mm，单重70.01kg/m，长圆扣，钢级TP110	m	760.00	803.57	610713.20	
112	G203020103	三开套管费					2519795.60	
113	G2030201033B001	168.3mm套管	壁厚10.59mm，单重41.71kg/m，VAM扣，钢级SM90	m	900.00	635.79	572211.00	
114	G2030201033B002	168.3mm套管	壁厚10.59mm，单重41.71kg/m，VAM扣，钢级L80	m	820.00	596.45	489089.00	

续表

序号	项目编码	项目名称	项目特征	计量单位	工程量	综合单价（元）	金额（元）	备注
115	G2030201033B003	168.3mm套管	壁厚12.07mm，单重47.66kg/m，VAM扣，钢级L80	m	2140.00	681.54	1458495.60	
116	G203020200	套管附件费					70280.00	
117	G203020201	一开套管附件费					25200.00	
118	G2030202011B001	339.7mm浮箍		只	1.00	8500.00	8500.00	
119	G2030202011B002	339.7mm浮鞋		只	1.00	8300.00	8300.00	
120	G2030202011B003	弹簧扶正器		只	20.00	420.00	8400.00	
121	G203020202	二开套管附件费					28000.00	
122	G2030202022B001	244.5mm浮箍		只	1.00	6600.00	6600.00	
123	G2030202022B002	244.5mm浮鞋		只	1.00	6400.00	6400.00	
124	G2030202022B003	弹簧扶正器		只	60.00	250.00	15000.00	
125	G203020203	三开套管附件费					17080.00	
126	G2030202033B001	168.3mm浮箍		只	1.00	2200.00	2200.00	
127	G2030202033B002	168.3mm浮鞋		只	1.00	2000.00	2000.00	
128	G2030202033B003	弹簧扶正器		只	50.00	200.00	10000.00	
129	G2030202033B004	钢性扶正器		只	4.00	720.00	2880.00	
130	G203020300	固井工具费					28500.00	
131	G203020301	一开固井工具费					28500.00	
132	G2030203011B001	内管法注水泥器		套	1.00	28500.00	28500.00	
133	G203020400	水泥费					181700.00	
134	G203020401	一开水泥费	G级	t	100.00	550.00	55000.00	
135	G203020402	二开水泥费	G级	t	130.00	550.00	71500.00	
136	G203020403	三开水泥费	G级加砂水泥	t	80.00	690.00	55200.00	
137	G203020500	水泥外加剂费					244374.50	

续表

序号	项目编码	项目名称	项目特征	计量单位	工程量	综合单价（元）	金额（元）	备注
138	G203020502	二开水泥外加剂费					3414.00	
139	G2030205022B001		HT123	t	0.15	22760.00	3414.00	
140	G203020503	三开水泥外加剂费					240960.50	
141	G2030205033B001		OMEX-93L	t	1.79	27940.00	50012.60	
142	G2030205033B002		OMEX-89L	t	5.53	29820.00	164904.60	
143	G2030205033B003		OMEX-61L	t	0.43	36990.00	15905.70	
144	G2030205033B004		OMEX-19L	t	0.24	42240.00	10137.60	
145	G203030000	固井材料运输费					117687.38	
146	G203030100	套管运输费					67312.38	
147	G203030101	一开套管运输	重量77.05t，往返路程200km	t·km	19262.50	0.65	12520.63	
148	G203030102	二开套管运输	重量163.45t，往返路程200km	t·km	40862.50	0.65	26560.63	
149	G203030103	三开套管运输	重量173.73t，往返路程200km	t·km	43432.50	0.65	28231.13	
150	G203030400	水泥运输费					50375.00	
151	G203030401	一开水泥运输	重量100t，往返路程200km	t·km	25000.00	0.65	16250.00	
152	G203030402	二开水泥运输	重量130t，往返路程200km	t·km	32500.00	0.65	21125.00	
153	G203030403	三开水泥运输	重量80t，往返路程200km	t·km	20000.00	0.65	13000.00	
154	G203040000	套管检测费		m	7153.00	3.50	25035.50	
155	G203050000	水泥试验费		次	3.00	6800.00	20400.00	
156	G203060000	水泥混拌费		t	310.00	180.00	55800.00	
157	G203070000	下套管服务费	244.5mm套管和168.3mm套管	m	6305.00	10.00	63050.00	
158	G203090000	试压费	2000型水泥车	次	5.00	4616.00	23080.00	
159	G204000000	测井作业费					1304713.20	
160	G204010000	测井施工费					1219631.60	

续表

序号	项目编码	项目名称		项目特征	计量单位	工程量	综合单价（元）	金额（元）	备注
161	G204010100	一次测井施工	小数控					44064.00	
162	G2040101001B001	自然电位			计价米	1700.00	4.42	7514.00	
163	G2040101001B002	自然伽马			计价米	1700.00	5.76	9792.00	
164	G2040101001B003	普通电阻率			计价米	1700.00	5.94	10098.00	
165	G2040101001B004	井径			计价米	1700.00	5.12	8704.00	
166	G2040101001B005	井斜			计价米	1700.00	4.68	7956.00	
167	G204010200	二次测井施工	小数控					27384.00	
168	G2040102002B001	自然伽马			计价米	1680.00	5.76	9676.80	
169	G2040102002B002	磁定位			计价米	1680.00	2.30	3864.00	
170	G2040102002B003	CBL			计价米	1680.00	8.24	13843.20	
171	G204010300	三次测井施工	3700					175932.00	
172	G2040103003B001	自然电位			计价米	4050.00	8.82	35721.00	
173	G2040103003B002	自然伽马			计价米	4050.00	10.64	43092.00	
174	G2040103003B003	普通电阻率			计价米	4050.00	8.52	34506.00	
175	G2040103003B004	井径			计价米	4050.00	7.34	29727.00	
176	G2040103003B005	井斜			计价米	4050.00	8.12	32886.00	
177	G204010400	四次测井施工	3700					61569.60	
178	G2040104004B001	自然伽马			计价米	4040.00	5.76	23270.40	
179	G2040104004B002	磁定位			计价米	4040.00	2.30	9292.00	
180	G2040104004B003	CBL			计价米	4040.00	7.18	29007.20	
181	G204010500	五次测井施工	3700					528259.00	
182	G2040105005B001	自然电位			计价米	5350.00	8.82	47187.00	
183	G2040105005B002	自然伽马			计价米	5350.00	10.64	56924.00	

序号	项目编码	项目名称	项目特征	计量单位	工程量	综合单价（元）	金额（元）	备注
184	G2040105005B003	双感应/微球形聚焦		计价米	5350.00	16.64	89024.00	
185	G2040105005B004	补偿声波		计价米	5350.00	14.58	78003.00	
186	G2040105005B005	补偿中子		计价米	5350.00	14.46	77361.00	
187	G2040105005B006	补偿密度		计价米	5350.00	18.10	96835.00	
188	G2040105005B007	井径		计价米	5350.00	7.36	39376.00	
189	G2040105005B008	井斜		计价米	5350.00	8.14	43549.00	
190	G204010600	六次测井施工	5700				382423.00	
191	G2040106006B001	自然伽马	自然电位、自然伽马、普通电阻率、井径、井斜	计价米	7700.00	12.26	94402.00	
192	G2040106006B002	磁定位	自然伽马、磁定位、CBL	计价米	7700.00	11.72	90244.00	
193	G2040106006B003	CBL	自然电位、自然伽马、普通电阻率、井径、井斜	计价米	7700.00	13.68	105336.00	
194	G2040106006B004	VDL	自然伽马、磁定位、CBL	计价米	4850.00	19.06	92441.00	
195	G204020000	资料处理解释费	自然电位、自然伽马、双感应/微球形聚焦、补偿声波、补偿中子、补偿密度、井径、井斜				85081.60	
196	G204020100	一次资料处理费		处理米	4250.00	1.84	7820.00	
197	G204020200	二次资料处理费		处理米	2520.00	1.84	4636.80	
198	G204023000	三次资料处理费		处理米	8000.00	1.84	14720.00	
199	G204024000	四次资料处理费		处理米	7320.00	1.84	13468.80	
200	G204025000	五次资料处理费		处理米	11600.00	1.84	21344.00	
201	G204026000	六次资料处理费	自然伽马、磁定位、CBL、VDL	处理米	12550.00	1.84	23092.00	
202	G205000000	录井作业费					1116200.00	
203	G205010000	录井施工费	综合录井	d	108.00	9000.00	972000.00	
204	G205020000	录井信息服务费		d	108.00	1300.00	140400.00	
205	G205040000	资料整理费		口井	1.00	3800.00	3800.00	

序号	项目编码	项目名称	项目特征	计量单位	工程量	综合单价（元）	金额（元）	备注
206	G206000000	其他作业费					92100.00	
207	G206010000	环保处理费					72100.00	
208	G206010100	废弃物拉运费		m³	2560.00	10.00	25600.00	
209	G206010200	废弃物处理费		t	620.00	75.00	46500.00	
210	G206020000	地貌恢复费		井次	1.00	20000.00	20000.00	
211	G207000000	税费				0.01	232367.66	
212	G300000000	试油工程费					2446924.30	
213	G301000000	试油准备费					38750.00	
214	G301020000	搬迁工程费	XJ550 修井机				38750.00	
215	G301020100	设备拆安费		井次	1.00	22650.00	22650.00	
216	G301020200	设备运移费		井次	1.00	11100.00	11100.00	
217	G301020300	作业队动员费		井次	1.00	5000.00	5000.00	
218	G302000000	试油作业费					606871.90	
219	G302030000	试油施工费		d	11.00	13700.00	150700.00	
220	G302040000	试油材料费					379231.00	
221	G302040100	井口装置费					117500.00	
222	G302040101	一次施工井口费	简易施工井口装置	套	0.10	75000.00	7500.00	
223	G302040102	二次施工井口费	KYS25/66DG 采油树	套	1.00	110000.00	110000.00	
224	G302040200	油管费					206763.00	
225	G302040201	一次施工油管费					127735.50	
226	G302040201B001	88.9mm 通井油管	壁厚 9.53mm，单重 19.27kg/m，长圆扣，钢级 N80，3500m	m	350.00	123.00	43050.00	
227	G302040201B002	88.9mm 射孔油管	壁厚 9.53mm，单重 19.27kg/m，长圆扣，钢级 N80，3480m	m	348.00	123.00	42804.00	

续表

序号	项目编码	项目名称	项目特征	计量单位	工程量	综合单价（元）	金额（元）	备注
228	G3020402011B003	88.9mm 下桥塞油管	壁厚9.53mm，单重19.27kg/m，长圆扣，钢级N80，3405m	m	340.50	123.00	41881.50	
229	G302040202	二次施工油管费		m			79027.50	
230	G3020402022B001	88.9mm 射孔油管	壁厚9.53mm，单重19.27kg/m，长圆扣，钢级N80，3325m	m	332.50	123.00	40897.50	
231	G3020402022B002	88.9mm 下桥塞油管	壁厚9.53mm，单重19.27kg/m，长圆扣，钢级N80，3100m	m	310.00	123.00	38130.00	
232	G302040300	洗井液费	3‰活性水，密度1.02g/cm³	m³	130.00	8.50	1105.00	
233	G302040400	射孔液费	1%KCL+0.3%A-26+清水，密度1.02g/cm³	m³	110.00	11.60	1276.00	
234	G302040500	压井液费	无固相压井液，密度1.25~1.30g/cm³	m³	65.00	39.80	2587.00	
235	G302040600	试油工具费					50000.00	
236	G302040601	一次试油工具费					50000.00	
237	G3020406011B001	可捞式桥塞	FXY-114A	只	2.00	25000.00	50000.00	
238	G302050000	试油材料运输费					53028.90	
239	G302050100	井口装置运输费	KYS25/65DG 采油树1套，往返路程200km	t·km	2000.00	0.65	1300.00	
240	G302050200	油管运输费	88.9mm油管长4200m，重80.93t，往返路程200km	t·km	20232.50	0.65	13151.13	
241	G302050300	洗井液运输费	130m³，往返路程200km	t·km	28888.89	0.55	15888.89	
242	G302050400	射孔液运输费	110m³，往返路程200km	t·km	24444.44	0.55	13444.44	
243	G302050500	压井液运输费	65m³，往返路程200km	t·km	14444.44	0.55	7944.44	
244	G302050600	试油工具运输费	2只桥塞，往返路程200km	t·km	2000.00	0.65	1300.00	
245	G302060000	配合施工费					23912.00	
246	G302060100	泵车费	1台泵车，试压	次	6.00	1800.00	10800.00	
247	G302060200	液氮罐车费	1台液氮罐车，降液面	次	2.00	756.00	1512.00	

续表

序号	项目编码	项目名称	项目特征	计量单位	工程量	综合单价（元）	金额（元）	备注
248	G302060300	液氮泵车费	1台液氮泵车，降液面	次	2.00	5800.00	11600.00	
249	G304000000	测井作业费					18618.00	
250	G304010000	测井施工费					18618.00	
251	G304010100	一次测井施工费	磁定位测井	计价米	3480.00	2.80	9744.00	
252	G304010200	二次测井施工费	井温测井	计价米	3480.00	2.55	8874.00	
253	G305000000	射孔作业费					182741.90	
254	G305010000	射孔施工费					182741.90	
255	G305010100	一次射孔施工费	油管传输射孔3460~3470m，TY114-13-90射孔枪，127-4射孔弹	射孔米	10.00	8306.45	83064.50	
256	G305020000	二次射孔施工费	油管传输射孔3300~3312m，TY114-13-90射孔枪，127-4射孔弹	射孔米	12.00	8306.45	99677.40	
257	G306000000	测试作业费					52450.00	
258	G306010000	地面计量费	三项分离器1台，计量罐2个，工程车1台，两次计量施工	d	5.00	10490.00	52450.00	
259	G307000000	压裂作业费					1481915.50	
260	G307010000	压前配液费		次	1.00	81000.00	81000.00	
261	G307020000	压裂施工费					854000.00	
262	G307020100	一段压裂施工费	2000型车组	次	1.00	854000.00	854000.00	
263	G307030000	压裂材料费					477204.40	
264	G307030100	一段压裂材料费					477204.40	
265	G3070301001B001	清水		m³	430.00	16.50	7095.00	
266	G3070301001B002	陶粒		t	54.30	2991.00	162411.30	
267	G3070301001B003	胶凝剂GHPG		t	1.83	38889.00	71166.87	
268	G3070301001B004	KCL		t	12.15	5641.03	68538.51	

续表

序号	项目编码	项目名称	项目特征	计量单位	工程量	综合单价（元）	金额（元）	备注
269	G3070301001B005	杀菌剂		t	1.25	10256.00	12820.00	
270	G3070301001B006	助排剂		t	2.00	16838.00	33676.00	
271	G3070301001B007	交联剂		t	2.88	21368.00	61539.84	
272	G3070301001B008	PH调节剂		t	0.10	18376.00	1837.60	
273	G3070301001B009	黏土稳定剂		t	2.00	15128.00	30256.00	
274	G3070301001B010	破胶剂		t	0.40	24359.00	9743.60	
275	G3070301001B011	胶囊破胶剂		t	0.08	226496.00	18119.68	
276	G3070401000	压裂材料运输费		t·km	126747.50	0.55	69711.13	
277	G3090000000	其他作业费					41350.00	
278	G3090100000	环保处理费					26350.00	
279	G3090100100	废弃物拉运费		m³	2560.00	10.00	25600.00	
280	G3090100200	废弃物处理费		t	10.00	75.00	750.00	
281	G3090200000	地貌恢复费		井次	1.00	15000.00	15000.00	
282	G3100000000	税费				0.01	24226.97	
283	Q0000000000	工程建设其他费					1108200.00	
284	Q1000000000	建设管理费					159200.00	
285	Q1010000000	建设单位管理费		口井	1.00	20000.00	20000.00	
286	Q1020000000	钻井工程监督费					139200.00	
287	Q1020010000	钻井监督费		d	108.00	600.00	64800.00	
288	Q1020020000	地质监督费		d	108.00	600.00	64800.00	
289	Q1020030000	测井监督费		d	5.00	600.00	3000.00	
290	Q1020040000	试油监督费		d	11.00	600.00	6600.00	
291	Q2000000000	工程设计费					93000.00	

续表

序号	项目编码	项目名称	项目特征	计量单位	工程量	综合单价（元）	金额（元）	备注
292	Q201000000	钻井设计费					48000.00	
293	Q201010000	钻井地质设计费		套	1.00	20000.00	20000.00	
294	Q201020000	钻井工程设计费		套	1.00	18000.00	18000.00	
295	Q201030000	钻井工程预算费		套	1.00	10000.00	10000.00	
296	Q202000000	试油设计费					45000.00	
297	Q202010000	试油地质设计费		套	1.00	15000.00	15000.00	
298	Q202020000	试油工程设计费		套	1.00	15000.00	15000.00	
299	Q202030000	压裂工程设计费		套	1.00	15000.00	15000.00	
300	Q300000000	土地费					816000.00	
301	Q301000000	临时租地费		m²	3000.00	17.00	51000.00	
302	Q303000000	建设用地费		m²	5000.00	153.00	765000.00	
303	Q400000000	环保管理费					40000.00	
304	Q401000000	环境影响评价费		井次	1.00	25000.00	25000.00	
305	Q402000000	环保监测费		井次	1.00	15000.00	15000.00	
306	Y000000000	预备费					1379300.60	
307	Y100000000	基本预备费				0.05	1379300.60	

附录 C 钻井工程估算指标模式

指标编号　LHGSZB2015-005

基础数据

序号	项目	主要参数	序号	项目	主要参数	备注
1	建设单位	***采油厂	7	井深	3900.00m	
2	油气田	******	8	井身结构	三开	
3	区块	***	9	钻井周期	108.00d	
4	目的层	太古界	10	试油周期	11.00d	
5	井别	开发井	11	单井工程造价	3034.46万元	
6	井型	定向井	12	单位进尺造价	7780.67元/m	

工程量清单计价

序号	项目编码	项目名称	项目特征	计量单位	工程量	综合单价（元）	金额（元）	备注
1	C000000000	工程费					26477813.00	
2	G100000000	钻前工程费					561754.43	
3	G101000000	勘测工程费					16500.00	
4	G101010000	井位测量费		口井	1.00	7000.00	7000.00	
5	G101020000	地质勘察费		口井	1.00	4500.00	4500.00	
6	G101030000	勘测设计费		口井	1.00	5000.00	5000.00	
7	G102000000	道路工程费					181304.00	
8	G102010000	新建道路费		口井	1.00	151304.00	151304.00	
9	G102030000	维修道路费		口井	1.00	30000.00	30000.00	
10	G103000000	井场工程费					199158.50	
11	G103010000	井场修建费	平整井场 9000m²	口井	1.00	20365.00	20365.00	
12	G103020000	设备基础构筑费		口井	1.00	110000.00	110000.00	

续表

序号	项目编码	项目名称	项目特征	计量单位	工程量	综合单价（元）	金额（元）	备注
13	G103030000	池类构筑费		口井	1.00	65793.50	65793.50	
14	G103040000	生活区修建费	平整生活区 3000m²	口井	1.00	3000.00	3000.00	
15	G104000000	搬迁工程费	ZJ50D 钻机				140830.00	
16	G104010000	设备拆安费		口井	1.00	16850.00	16850.00	
17	G104020000	设备运移费		口井	1.00	88980.00	88980.00	
18	G104030000	钻井队动员费		口井	1.00	35000.00	35000.00	
19	G105000000	供水工程费		口井	1.00		6000.00	
20	G105010000	场内供水费		口井	1.00	6000.00	6000.00	
21	G106000000	供电工程费		口井	1.00		10000.00	
22	G106010000	场内供电费		口井	1.00	10000.00	10000.00	
23	G107000000	其他作业费		口井	1.00		2400.00	
24	G107010000	工程监理费		口井	1.00	2400.00	2400.00	
25	G108000000	税费				0.01	5561.93	
26	G200000000	钻完井工程费					23469134.00	
27	G201000000	钻井作业费					11127676.00	
28	G201010000	钻井施工费		d	108.00	76900.00	8305200.00	
29	G201020000	钻井材料费					2352037.50	
30	G201020100	钻头费		m	3900.00	234.89	916083.00	
31	G201020200	钻井液材料费		m	3900.00	352.70	1375519.50	
32	G201020300	生产用水费		m	3900.00	15.50	60435.00	
33	G201030000	钻井材料运输费		口井	1.00	470438.50	470438.50	
34	G202000000	钻井服务费					3817000.00	
35	G202010000	管具服务费		d	108.00	11000.00	1188000.00	
36	G202020000	井控服务费		d	108.00	2500.00	270000.00	
37	G202040000	定向井服务费		d	108.00	8333.33	900000.00	

序号	项目编码	项目名称	项目特征	计量单位	工程量	综合单价（元）	金额（元）
38	G202070000	顶驱服务费		d	108.00	13000.00	1404000.00
39	G202090000	中途测试费		d	2.00	25000.00	50000.00
40	G202100000	打捞服务费		口井	1.00	5000.00	5000.00
41	G203000000	固井作业费					5779077.08
42	G203010000	固井施工费	2000型水泥车	口井	1.00	128000.00	128000.00
43	G203020000	固井材料费					5346024.20
44	G203020100	套管费		m	3900.00	1236.20	4821169.70
45	G203020200	套管附件费		口井	1.00	70280.00	70280.00
46	G203020300	固井工具费		口井	1.00	28500.00	28500.00
47	G203020400	水泥费		m	3900.00	46.59	181700.00
48	G203020500	水泥外加剂费		m	3900.00	62.66	244374.50
49	G203030000	固井材料运输费		口井	1.00	117687.38	117687.38
50	G203040000	套管检测费		口井	1.00	25035.50	25035.50
51	G203050000	水泥试验费		口井	1.00	20400.00	20400.00
52	G203060000	水泥混拌费		口井	1.00	55800.00	55800.00
53	G203070000	下套管服务费		口井	1.00	63050.00	63050.00
54	G203090000	试压费		口井	1.00	23080.00	23080.00
55	G203000000	测井作业费					1304713.20
56	G204010000	测井施工费		m	3900.00	312.73	1219631.60
57	G204020000	资料处理解释费		m	3900.00	21.82	85081.60
58	G205000000	录井作业费					1116200.00
59	G205010000	录井施工费	综合录井	d	108.00	9000.00	972000.00
60	G205020000	录井信息服务费		d	108.00	1300.00	140400.00
61	G205040000	资料整理费		口井	1.00	3800.00	3800.00
62	G206000000	其他作业费					92100.00

续表

序号	项目编码	项目名称	项目特征	计量单位	工程量	综合单价（元）	金额（元）	备注
63	G206010000	环保处理费		口井	1.00	72100.00	72100.00	
64	G206020000	地貌恢复费		口井	1.00	20000.00	20000.00	
65	G207000000	税费				0.01	232367.66	
66	G300000000	试油工程费					2446924.30	
67	G301000000	试油准备费				38750.00	38750.00	
68	G301020000	搬迁工程费	XJ550 修井机	口井	1.00	38750.00	38750.00	
69	G302000000	试油作业费					606871.90	
70	G302010000	试油施工费		d	11.00	13700.00	150700.00	
71	G302020000	试油材料费					379231.00	
72	G302020100	井口装置费		口井	1.00	117500.00	117500.00	
73	G302020200	油管费		m	3900.00	53.02	206763.00	
74	G302020300	洗井液费		m	3900.00	0.28	1105.00	
75	G302020400	射孔液费		m	3900.00	0.33	1276.00	
76	G302020500	压井液费		m	3900.00	0.66	2587.00	
77	G302020600	试油工具费		口井	1.00	50000.00	50000.00	
78	G302030000	试油材料运输费		口井	1.00	53028.90	53028.90	
79	G302040000	配合施工费		口井	1.00	23912.00	23912.00	
80	G304000000	测井作业费		m	3900.00	4.77	18618.00	
81	G305000000	射孔作业费		口井	1.00	182741.90	182741.90	
82	G306000000	测试作业费		口井	1.00	52450.00	52450.00	
83	G307000000	压裂作业费		口井	1.00	1481915.50	1481915.50	
84	G307010000	压前配液费		口井	1.00	81000.00	81000.00	
85	G307020000	压裂施工费		口井	1.00	854000.00	854000.00	

序号	项目编码	项目名称	项目特征	计量单位	工程量	综合单价（元）	金额（元）	备注
86	G307030000	压裂材料费		口井	1.00	854000.00	477204.40	
87	G307040000	压裂材料运输费		口井	1.00	477204.40	69711.13	
88	G309000000	其他作业费					41350.00	
89	G309010000	环保处理费		口井	1.00	26350.00	26350.00	
90	G309020000	地貌恢复费		口井	1.00	15000.00	15000.00	
91	G310000000	税费				0.01	24226.97	
92	Q000000000	工程建设其他费					1108200.00	
93	Q100000000	建设管理费					159200.00	
94	Q101000000	建设单位管理费		口井	1.00	20000.00	20000.00	
95	Q102000000	钻井工程监督费		口井	1.00	139200.00	139200.00	
96	Q200000000	工程设计费					93000.00	
97	Q201000000	钻井设计费		口井	1.00	48000.00	48000.00	
98	Q202000000	试油设计费		口井	1.00	45000.00	45000.00	
99	Q300000000	土地费					816000.00	
100	Q301000000	临时租地费		口井	1.00	51000.00	51000.00	
101	Q303000000	建设用地费		口井	1.00	765000.00	765000.00	
102	Q400000000	环保管理费					40000.00	
103	Q401000000	环境影响评价费		口井	1.00	25000.00	25000.00	
104	Q402000000	环保监测费		口井	1.00	15000.00	15000.00	
105	Y000000000	预备费					2732385.60	
106	Y100000000	基本预备费		口井	1.00	0.10	2732385.60	

参 考 文 献

［1］万仁溥．现代完井工程（第二版）［M］．北京：石油工业出版社，2000

［2］王震，郑炯，赵林，等．跨国石油投资与并购［M］．北京：石油工业出版社，2010

［3］中国石油天然气总公司勘探局．油气勘探经营管理［M］．北京：石油工业出版社，1998

［4］中国石油天然气集团公司．中国石油员工基本知识读本（一）：政治经济［M］．北京：石油工业出版社，2012

［5］中国石油天然气集团公司．中国石油员工基本知识读本（四）：管理［M］．北京：石油工业出版社，2012

［6］全国造价工程师执业资格考试培训教材编审委员会．建设工程计价（2014年修订）［M］．北京：中国计划出版社，2014

［7］全国造价工程师执业资格考试培训教材编审委员会．建设工程造价管理（2013年版）［M］．北京：中国计划出版社，2014

［8］刘广志．中国钻探科学技术史［M］．北京：地质出版社，1998

［9］刘宝和．中国石油勘探开发百科全书：工程卷［M］．北京：石油工业出版社，2008

［10］严玲，尹贻林．工程计价学［M］．北京：机械工业出版社，2006

［11］严玲，尹贻林．工程造价导论［M］．天津：天津大学出版社，2004

［12］李华启，等．油气勘探项目可行性研究指南［M］．北京：石油工业出版社，2003

［13］张卫东．新制度经济学［M］．大连：东北财经大学出版社，2010

［14］徐向艺，陈振化，李治国．中国上市公司关联交易生成机制及规范治理研究［M］．北京：经济科学出版社，2010

［15］高德利．钻井科技发展的历史回顾、现状分析与建议［J］．石油科技论坛．2004，（4）：29~39

［16］郭婧娟．工程造价管理［M］．北京：清华大学出版社，北京交通大学出版社，2005

［17］唐广庆．建设工程实施阶段的项目管理［M］．北京：知识产权出版社，2005

［18］黄伟和，刘文涛，司光，魏伶华．石油天然气钻井工程造价理论与方法［M］．北京：石油工业出版社，2010

［19］黄伟和，孙立国，司光，刘海．国际石油钻井市场运作模式发展分析与启示［J］．国际石油经济，2011，19（12）：60~65

［20］黄伟和，魏伶华，司光．新形势下石油钻井工程造价管理模式探讨［J］．工程造价管理，2010，（5）：56~58

［21］黄伟和．石油天然气钻井工程工程量清单计价方法［M］．北京：石油工业出版社，2012

［22］黄伟和．石油钻井工程市场定价机制研究［M］．北京：石油工业出版社，2013

［23］黄伟和．石油钻井关联交易长效管理机制研究［M］．北京：石油工业出版社，2014

［24］黄伟和．石油钻井系统工程造价技术体系研究［M］．北京：石油工业出版社，2008

［25］戚安邦．工程项目全面造价管理［M］．天津：南开大学出版社，2000

［26］龚光明．油气会计准则研究［M］．北京：石油工业出版社，2002

［27］谭庆刚．新制度经济学——分析框架与中国实践［M］．北京：清华大学出版社，2011

［28］魏伶华，黄伟和，周建平．石油天然气勘探与钻井工程量清单计价规范研究［M］．北京：石油工

业出版社，2007

[29] ［法］菲利普·赛比耶-洛佩兹. 石油地缘政治 ［M］. 潘革平，译. 北京：社会科学文献出版社，2008.

[30] ［美］M. J. 埃克诺米德斯，L. T. 沃特斯，S. 邓恩-诺曼. 油井建井工程——钻井·油井完井 ［M］. 万仁溥，张琪，编译. 北京：石油工业出版社，2001

[31] ［美］弗雷德里克·泰勒. 科学管理原理 ［M］. 马风才，译. 北京：机械工业出版社，2014

[32] ［美］利奥尼德·赫维茨，斯坦利·瑞特. 经济机制设计 ［M］. 田国强，等，译. 上海：格致出版社，上海三联书店，上海人民出版社，2009

[33] ［美］斯科特 L. 蒙哥马利. 全球能源大趋势 ［M］. 宋阳，姜文波，译. 北京：机械工业出版社，2012.

[34] 《气田开发项目可行性研究报告编制指南》编委会. 气田开发项目可行性研究报告编制指南 ［M］. 北京：石油工业出版社，2003

[35] 《石油勘探工程与工程造价》编委会. 石油勘探工程与工程造价——概论 ［M］. 北京：中国广播电视出版社，2005

[36] 《石油勘探工程与工程造价》编委会. 石油勘探工程与工程造价——钻井工程与工程造价 ［M］. 北京：中国广播电视出版社，2005

[37] 《石油勘探开发建设项目管理》编委会. 石油勘探开发建设项目管理 ［M］. 北京：石油工业出版社，1991

[38] 《油气勘探工程定额与造价管理》编写组. 油气勘探工程定额与造价管理 ［M］. 北京：石油工业出版社，1999

[39] 《油田开发项目可行性研究报告编制指南》编委会. 油田开发项目可行性研究报告编制指南 ［M］. 北京：石油工业出版社，2003